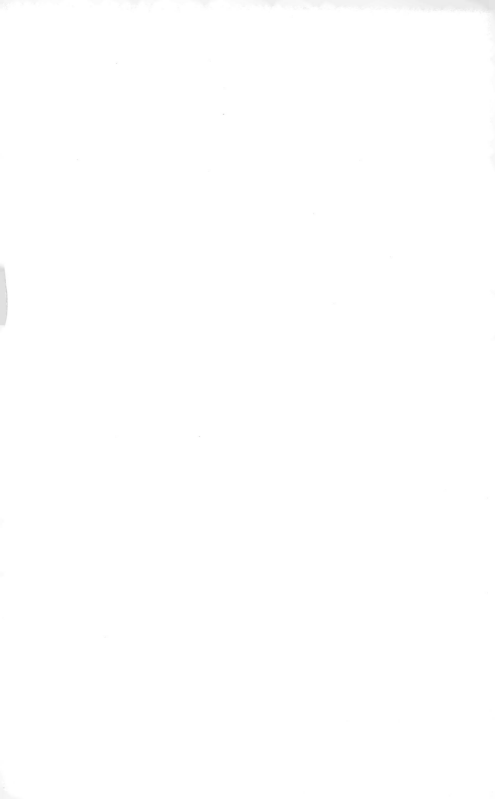

第四册

明孝宗弘治八年起
明武宗正德十六年止

明通鑑

卷三十八至卷四十九

中華書局

明通鑑卷三十八

紀三十八 起旃蒙單閼（乙卯）盡著雍敦牂（戊午）凡四年。

江西永寧知縣當塗夏燮編輯

孝宗敬皇帝

弘治八年（乙卯、一四九五）

1 春，正月，乙未，大祀南郊。以太皇太后不豫，免慶成宴。

2 壬子，韃靼寇涼州。時韃靼北部伊畢喇伊木王舊作亦卜剌因。等入套駐牧，小王子及陀羅海之子舊作脱羅干。和碩舊作火篩。居賀蘭山後，與之相倚，勢日强，至是入寇。甘肅總兵官劉寧與戰，禽斬五十餘人。相持至暮，收輜重南行，寇復來襲，禽其長一人。明日，參將顏玉來援，副將陶禎兵亦至，寇乃遁，俘其稚弱，獲馬駝牛羊二千。

論功，進寧右都督。

未幾，寇犯宣府。是年三入遼東，卒爲東西諸邊患。

3 二月，乙卯朔，日有食之。【考異】諸書皆作「三月乙酉朔日食」。明史推曆改正，今從之。

4 戊午，邱濬卒。

濬在内閣五年，嘗以寬大啓上心，忠厚變士習，廉介嗜學。所居邸第極湫隘，四十年不易。既老，右目失明，猶披覽不輟。然議論好矯激，譏范仲淹多事，謂「岳飛未必能恢復，秦檜有再造功。」聞者頗駭其言。性褊隘，與劉健議事不合，至投冠于地。言官建白不當意，輒面折之。

與王恕不相得，至不交一言，卒嗾所私劉文泰訐之去。及是卒，文泰往弔，濬妻叱之出，曰：「以若故，使相公齮王公，負不義名，何弔焉！」

贈太傅，諡文莊。

論曰：黄南雷明儒學案，謂「邱文莊喜進惡退，一見之于定山，再見之于白沙，與尹直相去不遠。」今按尹直瑣綴録，言「邱濬修憲宗實録，謂『陳獻章作十絕句媚梁芳，自是爲世所鄙』」。予謂此即尹直平日以此誣白沙者，濬遂據而筆之實録中。又據王弇州引憲宗實録，謂「獻章貌謹厚，詩文亦有可取者，然于理學未究也。一時好事者妄加推尊，形諸薦奏，雖其鄉里前輩以德行文章自負者亦疑之。及授官歸，沿途擁騶從，列仗槊，揚揚得志而去」云云。薛氏憲章録謂「此語出自張元禎之筆，不過因鄉里前輩之語，非出于濬之所自道。」然又安知非出于濬之所指授，遂筆之實録中！南雷見元禎極稱獻章，遂以爲尹直等之所爲。然元禎固力詆康齋者，而白沙則康齋弟子也。憲宗實録主自邱濬，而張、尹二人實秉筆焉。乃至藉代言之體以逞其撼樹之誣，豈非昔人之所云穢史哉！

5 乙丑，以禮部侍郎李東陽、少詹事謝遷入内閣預機務。

時遷方居憂，力辭。許俟服除拜命。

6 己卯，黄陵岡河工成。

先是劉大夏治張秋決口成，復上言：「安平既塞，下流已治，惟黄陵岡居安平鎮之上流，河口廣九十餘丈，荆隆等口又居黄陵岡之上流，廣四百三十餘丈，黄河至此，寬漫奔放，必築塞諸口，導河上流，使南下徐、淮，庶可爲運道久安之計。」廷議從之。

是年正月，大夏乃興工築塞黄陵岡及荆隆等口凡七處，五旬而畢。于是上流河勢復歸蘭陽、考城，徑歸德、徐州入運河，會淮水東注于海，南流故道以復。又築大名府之長隄，亘三百六十里，起胙城，抵徐州。復築荆隆口等隄凡一百六十里，起于家店，歷銅瓦廂，抵小宋集。大小二隄相翼，培以石壩，潰決之患始息。敕建黄河神祠以鎮之，賜額曰「昭應」。

初，黄河自金明昌中南北分流，其後南流盛而北流漸微。國朝正統、景泰間，嘗東決大清河入海，雖即修治，而支渠猶有存者。至是黄陵岡塞，黄河始全入于海，而北流遂絶。【考異】據明史河渠志，議築黄陵岡在去年張秋河成後，興工在本年正月，成于二月己卯。則三編所云「五旬」者確合。志以爲「旬有五日」。未知何據，今從三編。

國朝孫嘉淦論治河曰：北之大清河爲濟水，南之大清河爲淮水，皆能滌河之淤。宋熙寧二年，河決澶州，分而爲二：一由南清河入海，一由北清河入海，南北分流，歷久無患。南渡以後，河遂南徙。論者謂地勢南高北下，宜順水之性，導之北行，不可引之南下。至正初決金隄等處，命賈魯治之，大開黄河故道，水遂安流。賈魯稱善治河，乃道之北行，未嘗令南徙也。

明洪武初，河決陽武，東過開封，南入於淮，而河之故道遂淤。正統十三年，河決張秋、沙灣，東流入於海。景泰時又決張秋，弘治時又決金龍口，趨張秋，衝會通河以入海。張秋之東不及百里，即東阿之山，山下即大清河。黄河決水不能踰山東走，必自順河北行，故凡言決張秋者，皆由大清河以入海也。自劉大夏築大行隄二百餘里，逼河南行，河遂全入於淮，逆水性而禍民生，亦可謂拙於謀矣。

我朝運道、河流，皆沿舊制。順治、康熙年間，決北岸者十之九，決南岸者十之一。北岸決後，潰運道者半，不潰運道者亦半，凡其潰運道者，皆由大清河以入海者也。蓋以大清河之東南皆泰山之支脚，故其道亘古不壞，亦不遷移。從前南北分流之時，已受黄河之半，嗣後張秋潰決之日，又受黄河之全。然史但言由此入海而已，並未聞有衝城郭，淹人民之事，則此河之有利而無害，亦百試而足徵矣。

至於運道，尤易爲力。即從張秋入海，順河北行，五六日可至利津，距天津海道不過五六百里。計大清河所經之處，不過東阿、濟陽、濱州、利津等四五州縣，即有漫溢，不過偏災。忍四五州縣之偏災，即可減兩江二三十州縣之積水，并解淮、揚兩府之急難，此其利害之輕重，不待智者而後知也。

7 三月，壬辰，免湖廣被災税糧。

8 己亥，陝西、寧夏地震十二次，聲如雷。

9 夏，四月，甲寅，蘇、松各府治水工成。凡修濬河涇、港瀆、湖塘、斗門、隄岸百三十有五所，役夫二十餘萬。徐貫悉以任之祝萃，功爲多。然是時迫于成功，疏白茆未深廣，十數年後，仍復壅塞。

10 壬戌，諭吏部、都察院：「考察進退人才，務得實跡以聞。」

11 乙丑，封后弟張延齡爲建昌伯。

12 壬午，録囚。

13 是月，下山東副使楊茂元于獄。——茂元，吏部侍郎守陳子也。

初，上遣中官李興等偕劉大夏治河，興威虐，縶辱按察使，且多索供億。茂元代攝司事，上言：「治河之役，官多而責不專。有司供億，日糜百金。諸臣初祭河，天色陰晦，帛不能燃，所焚之餘，宛然人面，具耳目口鼻，觀者駭異。鬼神示怪，夫豈偶然！乞召還興及陳鋭二人，專委大夏，功必可成。」且言：「后戚家威權太盛，請加禁防。畫工藝士，宜悉放遣。山東既有内臣鎮守，復命李全鎮臨清，徒滋民擾，亦宜撤還。」疏入，下山東撫按官勘奏，言「焚帛之異誠有之，所奏供億，多過其實。」而興、鋭連章劾茂元妖言，詔遣錦衣百户胡節逮之。

茂元蒞官有惠政，父老遮道愬節，乞還楊副使。比入見，茂元長跪不伏，上怒，下錦衣獄。節偏叩中官，備述父老愬冤狀，中官多感動。會言官交論救，部議贖杖還職，特謫長沙同知，尋謝病歸。【考異】諸書多記茂元事于去年五月遣李興、陳鋭下，證之明史本傳，茂元上書在李興等既至之後，下獄當在八年。三編據實録系之是年之四月，今從之。

14 五月，己丑，免南畿被災秋糧。

時應天之蘇、松等府，浙江之嘉、湖等府，並以災告，因命工部侍郎徐貫協同巡撫何鑑振之。凡給穀米五十六萬三千餘石，帑金三千九百五十餘兩，所活饑民百二十萬有奇。【考異】明史本紀，是月但書「免南畿秋糧」，不及振應天、浙江，今據三編綱目增入。

15 是月，定國子監生撥歷事期。

初，洪武中，國子監設六堂課，諸生行積分法，以八分爲率，不及者仍坐堂肄業。又令諸生分習吏事，謂之「歷事」，又謂之「撥歷」，其期以入監之年月爲先後，送吏部選用。其超異者，奏請上裁，多擢顯官；其常調者，爲府、州、縣六品以下官。已而進士日重，監生日輕，雖積分、歷事不改初法，而監生漸多淹滯，撥歷或至十餘年之久。景泰以後，乃頻減撥歷歲月以疏通之，每歲揀選優者，輒與撥歷，遂有坐監未及一年者。

及是監生在監者少，而吏部聽選至萬餘人，又不得官。禮部尚書倪岳乃定議，「監生諸司歷事，一依舊例，必日月滿後方許分撥」。由是諸生在監稍久，而選人亦不至壅滯矣。時林瀚爲祭酒，以監生不敷撥歷，請增貢額，岳亦議行之。

瀚典國學垂十年，饌銀歲以百計，悉貯之官，以次營立署舍，師儒免僦居自瀚始。

16 秋，七月，丁亥，封宋儒楊時將樂伯，從祀孔子廟廷。初，正統中，訓導王昌請以時入祀孔廟，下禮部議，未及行。其後祭酒謝鐸亦以爲言。至是特命從祀，位司馬光之次。三編質實：「孝宗實録言『時位在司馬光之次』，而明史禮志所述先儒位次，光之次爲程頤。頤之次爲時，蓋分列兩廡，則時位次光，而統左右廡序之，則時又居頤之次也。」

17 戊子，廣西府江、平樂獞叛。府江者，灕江之水自興安流入桂林府東北，復繞而南行，入平樂府境。夾江兩岸皆高山，紆迴六七百里，猺、獞之所聚也。由府江而西南百六十里曰永安州，州之西有茶山、力山諸獞，憑險阻與府江賊相聲援，遂並起爲亂。總督閔珪調兵六萬，分四哨討之。參將歐磐，自象州、修仁直擣六峒，所向摧破，偕諸軍連破山寨百八十六，斬首六千有奇。磐以功進都指揮，遷廣西副總兵。

18 是月，召崇王見澤，不果。見澤以成化十年就藩，至是太后以春秋高，思一見之，因敕召。工部尚書倪岳言：「數年來，諸王之國，道路供億，民力殫竭，今召王復來，往返勞費。兼水旱洊臻，舟車所經，恐有他虞。親王入朝，雖有故事，然英宗復辟，襄王奉詔來朝，實以塞疑謗之隙，非故事也。」大學士徐溥亦以爲言。上重違太后意，不允；既而言官交章論之，乃已。【考異】事見諸王及徐溥、倪岳傳，而崇王傳中特書于是年之七月，今據之。

19 八月，癸亥，以四方災異數見，敕群臣修省。

時耿裕主吏部，大臣應詔陳時政者，禮部侍郎周經爲具奏草，而斥戲樂一事，語尤切直。上遣中官廉草奏者，裕曰：「疏首吏部，裕實具草。」經曰：「疏草實出經手，即有罪罪經。」時兩賢之。

20 是月，命右副都御史金澤總制江西、湖廣、福建軍務，剿撫群盜。是時上杭盜復起，故有是命。【考異】明書、憲章録、典彙諸書，皆系上杭盜起于六月，命金澤總制三省在八月，本紀不載，今據增。

21 改馬湖土知府爲流官知府。

馬湖爲安氏世襲知府，傳至鰲者，殘虐其民，歲計口斂財以萬計；縱淫所部土婦；用妖僧百足，魘魅殺人；怒其屬長官王大慶不阿己，遣人殺之，大慶聞而逃，乃殺其弟；横恣且二十年，有司利鰲賄不問。及是僉事曲鋭請遣巡按御史張鸞按治，按察使洪鍾贊決之，捕鰲送京師，置極刑。

馬湖自漢爲牂柯郡地，尋没于蠻；唐設羈縻州四，統名馬湖郡；安氏租稅其地，爲所據者蓋數百年，至是始設流官云。

22 九月，南京地震。

23 是秋，召劉大夏還，授左副都御史，尋遷户部侍郎。

24 冬，十月，陝西妖僧據終南山爲逆，巡撫張敷華禽之，送京師伏誅。先是朝廷議用兵，會敷華自山西移撫入陝，兵部尚書馬文升曰：「張都御史能辦此。」敷華果以計縛僧，平之。【考異】敷華移撫陝西，諸書皆系之是年之四月。明書系誅妖僧于十月，正敷華涖任後事也，今據之。

25 南京地再震。【考異】憲章録載南京地震于十月。明史五行志云：「是歲南京地再震。」證之二申野録，則九、十兩月也，今據之。

26 詹事謝遷服闋，始至京師。遷儀觀俊偉，秉節直亮，與劉健、李東陽同輔政，而遷見事明敏，善持論。時人爲之語曰：「李公謀，劉公斷，謝公尤侃侃。」天下稱賢相焉。

27 十一月，己酉，免直隸被災税糧。

28 是月，僉都御史許進進兵討土爾番。初，土爾番既執善巴，令牙蘭據守哈密，僭稱可汗，侵沙州，迫罕東諸部附己。兵尚馬文升謂：「此寇桀驁，不大創終不知畏，宜用漢陳湯故事襲斬之。」乃薦進巡撫甘肅。又以指揮楊翥熟悉番情，召詢方略，翥備陳罕東至哈密道路，「請調罕東兵三千爲前鋒，漢兵三千繼之，持數日糧，間道兼程進，可得志」。文升喜，請敕發罕東、赤斤及哈密兵，令副總兵彭清將之，令受進節制。

進蒞鎮，與總兵官劉寧厚結土爾番世讎什埒圖，舊作小禿列。使以四千騎先往，殺數百人。什埒圖中流矢卒，其子布拉噶岱舊作卜六阿歹。憤，欲報父仇，進復厚結之，使斷賊道，無令東援伊蘭，而重犒赤斤、罕東及哈密遺種之居苦峪者，令出兵助討。

至是清以精騎五百出嘉峪關前行，寧與中官陸誾統二千五百騎繼之，越八日，至伊濟穆爾川，舊作羽集乜川。諸軍俱會。薄暮，大風揚沙，軍士寒栗僵卧。進出帳外勞軍，有異鳥悲鳴，將士多雨泣，進慷慨曰：「男兒報國，死沙場幸耳，何泣爲！」將士皆感奮。夜半，風止，大雨雪。時番兵俱集，惟罕東兵未至。衆欲待之，進曰：「潛師遠襲，利在捷速。兵已足用，不須待也。」及明，冒雪倍道進。

又六日，奄至哈密城下，伊蘭已先遁去，餘賊拒守。官軍四面並進，十二月，辛酉，拔其城，復善巴妻女。俘其守者八百人，則皆哈密人爲伊蘭所劫者。或欲盡殲之，進不可，遣使撫諭，悉降，遣分守要害。而疏請懷輯罕東諸衛爲援，散土爾番黨與以孤其勢，遂班師。【考異】明史本紀系克土爾番之衆在十二月辛酉，此據其拔城之月日也。證之進傳，彭清進兵在十一月，下云，「越八日至羽集乜川，又六日抵哈密城下」，計辛酉在十二月之上旬，是十一月進兵，十二月克也，今分書之。

29 丙子，湖廣長沙大雷電。

丁丑，江西南昌、彭湖俱大雷電，雨雪雹，大木折。

30 是月，詔撰三清樂章。

時上崇信齋醮，命内閣爲之。閣臣徐溥等言：「天至尊無對，漢祀五帝，儒者猶非之。況三清乃道家妄説耳，一天之上，安得有三大帝！且以周柱下史李耳當其一，列人鬼于天神，矯誣實甚。郊祀樂章皆太祖親製，今使製爲時俗詞曲以享神明，褻瀆尤甚。臣等誦讀儒書，不敢以非道事陛下。」上嘉納之，遂寢前命。【考異】事見明史徐溥傳。傳中特書「八年十二月」，三編據之。明鑑系之八月下，蓋彙書于是年之末耳。今仍據三編年月。

31 是歲，占城復奏安南侵擾。上欲遣大臣往，大學士徐溥等上言：「春秋，王者不治夷狄。安南雖奉正朔，修職貢，然恃險負固。今遣使至其國，小必掩過飾非，大或執迷抗命。若置而不問，損威已多；若問罪興師，貽患尤大。」上命已之。

32 西北別部默克埒，其長曰亦剌思王，曰滿哥王，曰亦剌因王，各遣使款肅州塞，求貢且互市。巡撫許進、總兵官劉寧爲之請，尚書馬文升言：「互市可許，入貢不可許。」乃却之。

33召巡撫貴州右都御史鄧廷瓚掌南京都察院事，甫數月，命提督兩廣軍務兼巡撫。

九年（丙辰、一四九六）

1春，正月，壬辰，大祀南郊。

2是月，吏部尚書耿裕卒。

裕在吏部，秉銓數年，無愛憎，亦不徇毁譽，銓政稱平。自奉澹泊，兩世貴盛，家業蕭然，父子並以名德稱。

贈太保，謚文恪。【考異】諸書皆系裕卒于八年之二月。證之明史本傳，特書「九年正月卒」，七卿表同，今據之。

踰月，以都御史屠滽爲吏部尚書。

3土爾番之敗也，阿哈穆特始知畏懼，欲還善巴。而哈密屢破，遺民入居者，旦暮虞寇。至是阿哈穆特復來攻，固守不下。訖散去，諸人自以窮窘難守，盡焚室廬，走肅州求濟。邊臣以聞，詔賜牛具穀種，并發流寓之回回等三部番人及哈密之寄居赤斤者，盡赴苦峪及瓜沙州，俾自耕牧以圖興復。【考異】事見明史哈密傳。明書系之是年正月下，今從之。

4 二月，己酉朔，太白晝見。

辛亥，歲星晝見四日。

5 庚午，免河南被災税糧。

6 辛未，詔右通政張璞、大理少卿馬中錫閱邊。尋擢中錫爲右副都御史，巡撫宣府。

7 是月，增文廟佾舞七十二人，如天子之制。【考異】據明史禮志，增文廟佾舞在九年，明書系之是年之二月，今從之。

8 三月，丙申，賜朱希周等進士及第、出身有差。

9 閏月，上御文華殿，少詹事王華進講。

時上方信任中官李廣，華進講大學衍義，至唐李輔國與張后表裏用事，指陳甚切，上命中官賜食勞焉。【考異】事見明史王守仁傳。明書及紀事本末皆系之閏三月，今從之。

10 夏，四月，戊子，下武岡知州劉遜及給事中龐泮、御史劉紳等六十二人于獄。

遜以偕南京御史姜綰等劾中官蔣琮得罪，謫澧州判官，尋遷武岡知州。岷王膺鉟以支歲禄不時給，訐遜于朝，詔錦衣官校逮遜按治。于是泮、紳等偕同官上言：「錦衣天子親軍，非重事不宜輕遣。遜坐給禄愆期事微，而王奏牽佐證百人，勢難盡逮，請敕撫按官勘報。」上以親王劾一州官，輒交章奏沮，乃下泮等同官四十二人、紳等同官二十人于錦衣衛獄。六科署空，吏部尚書屠滽請命尚寶司及中書代收部院封事。侍讀學士楊守阯，貽書極詆滽失，尋滽與府部諸臣申救泮等。尋釋遜，貶四川行都司斷事。而守阯書頗傳于世，滽甚憾之。——守阯，侍郎守陳弟也。

11 丙午，録囚。

12 是月，户部尚書葉淇致仕，以禮部侍郎周經代之。

時上寬仁，而户部尤奸蠹所萃，挾勢行私者不可勝紀，少不如意，謗毁隨之。經悉按祖宗成法無所顧，寬逋緩征，裁節冗濫。四方告災，必覆奏蠲除，每委官監税，課入多者與下考，苛切之風爲之少衰。

13 改禮部尚書倪岳爲南京吏部尚書。

先是南吏尚缺。廷推吏部侍郎徐瓊，而瓊與后家有（運）〔連〕，謀代岳。至是詔加岳太子少保，改南，而瓊果代爲禮部尚書。尋改岳南京兵部尚書，參贊軍務。

14 以閔珪爲左都御史。

珪時遷南京刑部尚書，至是以屠滽擢吏部，召珪代之。

15 六月，庚子，免江西被災税糧。

時江西南昌等九府並以災告，共免稅糧五十萬八千餘石。

16 是月，詔舉將才。

初，宣德間，定舉將才之制，令天下都司歲選一人，資送京師都督府甄別録用。自天順末立武舉法，材勇多由科目進，後雖特詔舉用將才，罕有應者。至是兵部尚書馬文升「請廣選舉，令府部臺省諸人別其材所堪者以聞，仍會官考校，如武舉制」。上然其言，故有是詔。

已而給事中蔚春，又「請敕天下郡縣訪有山林之士，材堪將帥者，以禮聘遣，或擢總兵營，或命專大鎮，逮有成效，賞及舉者」。上亦從之，然卒無以應詔也。

17 致仕尚書尹直上表賀萬壽，並以太子年當出閣，上承華箴，引先朝少保黃淮事，冀召對。上鄙其獻諛希恩，却之。【考異】直賀聖節，據明史本傳在是年。明書系之六月，蓋七月孝宗萬壽節也，憲章録系之十月。今從明書。

18 秋，七月，小王子等連犯大同、宣府。

19 八月，壬寅，免湖廣被災秋糧。

20 是月，擢工部侍郎徐貫爲本部尚書，以劉璋罷也。

21 九月，己酉，禁勢家侵奪民利。

是時外戚長寧伯周彧與壽寧侯張鶴齡，經營私利，兩家忿爭，至聚衆相鬥，都下震駭。

尚書屠滽偕九卿上言：「憲宗皇帝詔：『勳戚之家，不得占據關津陂澤，設肆開廛，侵奪民利。違者許所在官司執治以聞。』皇上踐極，亦惟先帝之法是訓是遵。而勳戚諸臣，不能恪守先詔，縱家人列肆通衢，邀截商貨。都城内外，所在有之。觀永樂間榜例：『王公僕從二十人，一品不過十二人』，今勳戚多者以百數，大乖舊制。其間多市井無賴，冒名罔利，利歸群小，怨叢一身，非計之得。邇者長寧伯周彧、壽寧侯張鶴齡兩家，以瑣事忿爭，喧傳都邑，失戚里之觀瞻，損朝廷之威重。伏望綸音戒諭，俾各修舊好，凡有店肆，悉皆停止。更敕都察院揭榜禁戒，擾商賈奪民利者，聽巡城巡按御史及所在有司執治。仍考永樂間榜例，裁定勳戚家人，不得濫收。」科、道亦以爲言，上嘉納之。【考異】事見明史周能傳，特書「九年九月」，今明史本紀系之八月己酉下。八月無己酉，蓋上文漏去「九月」二字也。證之五行志，亦書「九月己酉」，今更正。

22 乙丑，録囚。

23 冬，十月，中使取寶坻港銀魚，巡撫順天都御史屠勳以爲横索害民，詔止之。

24 十二月，刑部吏徐珪，上書請革東廠。

上初即位，員外張倫請革東廠，不報。及是司廠中官羅祥、楊鵬用事，遂起滿倉兒之獄。法司承鵬指，問擬失平，珪憤，因抗疏論之。

滿倉兒者，千户吴能女也。先是能以女付媒者鬻于樂婦張，紿曰：「此慶雲侯家。」後轉鬻樂工袁璘所，能殁，妻聶訪得之。女怨母鬻己，詭言非己母，聶與子劫女歸。璘訟于刑部，郎中丁哲、員外郎王爵訊得情，璘語不遜，哲笞璘。璘歸，數日而死，御史陳玉、主事孔琦驗瘞之。鵬從子嘗與女淫，教璘妻訴冤于鵬，而令張指女爲妹，引前媒者證「聶女固鬻于侯家，此非是」。奏下鎮撫司，坐哲，爵等罪。復下法司錦衣衛讞，索女慶雲侯周彧家，無有；復命府、部大臣及給事中、御史廷訊，張與女始吐實。法司坐哲因公杖人死，當徒，爵、玉、琦及聶母當杖，而科女罪與母同。

珪言：「聶女之獄，哲斷之審矣。鵬拷聶使誣服，鎮撫司共相蔽欺。陛下令法司、錦衣會問，懼東廠，莫敢明，至鞫之朝堂，乃不能隱。夫女誣母僅擬杖，哲反坐徒。輕重倒置如此，皆東廠威劫所致也。臣在刑部三年，見鞫問盜賊，多東廠鎮撫司緝獲，或校尉挾私誣陷，或爲人報讎，或受首惡贓令傍人抵罪。刑官洞見其情，無敢擅更一字，以致枉殺多人。臣願陛下革去東廠以絶禍原，則太平可致。臣一介微軀，左右前後皆東廠鎮撫司之人，禍必不免。顧與其死于此輩，孰若死于朝廷，願陛下斬臣首，行臣言，雖死無恨。」上以其狂誕，發原籍爲民。哲等亦放歸。

觀政進士孫磐上疏曰：「近者言官劾人，率乘勢敗，而排觸奸倖，反出胥吏，議者羞之。請定建言爲四等：最上彈劾權貴，其次補拾闕遺，又其次建白時政。有裨國家，皆分別擢敘。粉飾文具，循默不言者黜之。」時不能用。

25 是冬，無雪。

十年（丁巳、一四九七）

1 春，正月，庚戌，大祀南郊。

2 甲寅，歲星晝見，凡三日。

3 戊午，京師、山西地震。

4 甲子，太白晝見，凡四日。

5 是月，吏部考察京、外官。侍講學士楊守阯時掌院事，上言：「臣等各有屬員，進與吏部會考所屬則坐堂上，退而聽考又當候階下。我朝優假學士，慶成侍宴，班四品上；車駕幸太學，坐彝倫堂内，視三品；此故事也。今四品不與考察，則學士亦不應與。臣等職司講讀，可否在聖鑒，何待考察！」詔可。——學士不與考察自守阯始。

6 二月，上游後苑畢，御講筵。

侍講學士王鏊，進講「文王不敢盤于遊畋」，反覆規切，上爲動容。講罷，上顧李廣曰：「講官所指，殆爲若輩。好爲之！」自是遂罷游獵。【考異】事見明史鏊傳。明書及紀事本末俱系之是年之二月，今從之。

7 上自八年後，視朝漸晏。中官李廣，以齋醮燒鍊被寵。大學士徐溥等上疏極論曰：「舊制，内殿日再進奏，事重者不時上聞，又嘗面召儒臣咨訪政事。今奏事日止一次，朝參之外，不得一望天顏。章奏批答，不時斷決，或稽留數月，或竟不施行，事多壅滯，有妨政體。經筵進講，每歲不過數日，正士疎遠，邪說得行。近聞有以齋醮、修鍊之說進者。宋徽宗崇道教，信符籙，卒至乘輿播遷。金石之藥，性多酷烈，唐憲宗信柳泌以隕身，其禍可鑒。今龍虎山、上清宫、神樂觀、祖師殿及内府番經廠，皆焚毁無餘，彼如有靈，何不自保？天厭其穢，亦已明甚。陛下若親近儒臣，明正道，行仁政，福祥喜慶，不召自至，何假妖妄之說哉！

自古奸人蠱惑君心者，必以太平無事爲言。唐臣李絳有云：『憂先于事，可以無憂；事至而憂，無益于事。』今承平日久，溺于晏安，目前視之，雖若無事。然工役繁興，科斂百出，士馬罷敝，閭閻困窮。愁嘆之聲，上干天和，致熒惑失度，太陽無光，天鳴地震，草木爲妖，四方奏報，殆無虚日。將來之患，灼然可憂。陛下高居九重，言官皆畏罪緘嘿。臣等若復不言，誰肯爲陛下言者？」

疏入，上爲之感動。【考異】諸書皆系溥等上疏于去年之冬，證之明史溥傳，特書「是年二月」，蓋三月召溥等議政，此其張本也。今分書之。

8 三月，辛亥，以旱蝗，敕群臣修省，求直言。

户部主事胡爟，蕪湖人，首應詔上書，言：「陛下深居九重，左右蒙蔽。今李廣、楊鵬，引用劉良輔輩，藉左道濫設齋醮，惑亂聖聰，耗蠹國儲。乃有不肖士大夫，昏暮乞憐于其門，交通請託，不以爲恥。言官有所舉劾，輒瞻前顧後，苟且塞責。陰盛陽微，災何由弭！」因極論方士、中官傳奉冗員之害，疏入，留中不報。

同時祠祭司郎中王雲鳳、給事中葉紳，御史張縉等，皆應詔陳時事，大略如爟言。紳疏八事，而末言去大奸，則專劾李廣八大罪：「誑陛下以燒鍊而進不經之藥，罪一；爲太子立寄壇而興煖疏之説，罪二；撥置皇親，希求恩寵，罪三；盜引玉泉經繞私第，罪四；首開倖門，大肆奸貪，罪五；太常崔志端、真人王應裿輩稱廣爲教主真人，廣即代求善官，乞賜玉帶，罪六；假果户爲名，侵奪畿民土地，幾至激變，罪七；四方輸納上供，威取勢逼，致民破産，罪八。内而皇親、駙馬事之如父，外而總兵、鎮守稱之爲公，陛下奈何養此大奸于肘腋而不思驅斥哉！」

雲鳳則請斬廣首以弭災變，語尤激厲。廣銜雲鳳次骨，令校尉日伺其出入，欲中傷之，不得。會上祠祭省牲還，雲鳳騎馬從駕後，遂劾下錦衣獄，謫知陝州。時人皆爲爟等危。踰年，廣得罪，爟等竟得免。【考異】諸書皆記胡爟上書在八年十二月，蓋彼時亦有修省求直言之詔也。然證之明史爟傳及三編，皆系于是年之二月，蓋本之實録也。又，諸書皆系旱蘊求言于四月或五月，今悉據正史。

9 甲子，上御經筵罷，召徐溥、劉健、李東陽、謝遷于文華殿，從閣臣之請也。既至，授以諸司題奏曰：「與先生輩議。」溥等擬旨上，上應手改定。事端多者，健請出外詳閱，上曰：「盍就此面議！」既畢，賜茶而退。自成化間憲宗召對彭時、商輅後，至此始再見，舉朝傳爲盛事。然終溥在位，亦止此一召而已。

溥時年七十，引年求退，不許，詔風雨寒暑免朝參。【考異】明史本紀，言「召閣臣議政，後以爲常」，此例語耳。至憲章録書「七月復召溥等」。法傳録又有明年正月之召，皆歸美孝宗之語，獨溥傳載「〔止〕此一召」爲得其實。證之十二年張弘至之疏，言「自十年二月後不復再召」，與溥傳合，今據之。

10 是月，命内閣及翰林儒臣纂修大明會典。

上以累朝典制散見疊出，宜會于一，乃命溥等條次。「以本朝官職、制度爲綱，事物、名數、儀文等級爲目，類以頒降群書，附以歷年事例，使官領其屬，事職于官，以成一代之制。」【考異】修會典在是年三月，具見明會典卷首敕諭中，通紀據書，今從之。

11 夏，四月，加屠滽太子太保。

滽驟擢六卿之長，又晉宮銜，時言官交章論劾，以爲交通李廣得之云。

12 五月，戊辰，小王子犯潮河川，指揮王玉偕劉欽等出禦。敵佯走，追之，遇伏，敗績，欽等二十七人戰死，玉僅以身免。己巳，復縱兵犯大同，連營二十里，巡撫劉瓛等惟報寇警而已。

時寇數入邊無虛歲，京師民訛言震驚，兵部請榜諭。給事中屈伸曰：「若榜示，人心愈驚。漢建始中，都人訛言大水至，議令吏民上城避之。王商不從，頃之果定。今當以爲法。」事遂寢。

明年，洪鐘撫順天，以潮河川去京師二百里，居兩山間，廣百餘丈，水漲成巨浸，水退則坦然平陸。因言：「古北口東三里許，其山外高內卑，約餘二丈，可鑿爲兩渠，分殺水勢。而于口外斜築石堰以束水，置關堰內，守以百人，使寇不得馳突，可免京師北顧憂，且得屯種河壖地。」兵部尚書馬文升等請從之。比興工鑿山，山石崩，壓死者數百人。言者請罷役，不聽。

未幾工成，侍郎張達往視，還言：「石洞僅洩小水，地近邊垣，多沙石，不利耕種。」屈仲因劾鐘欺妄罪，諸言官及兵部皆請逮鐘。上以鐘爲國繕邊，不當罪，停俸三月。

13 六月，丙子，太白經天。

14 己卯，命侍郎劉大夏、李介俱兼僉都御史，督理宣府、大同軍餉。

兵部尚書周經謂大夏曰：「塞上勢家子以市糴爲私利，公毋以剛賈禍。」大夏曰：「處天下事，以理不以勢，俟至彼圖之。」初，塞上糴買，必粟千石，芻萬束，乃得告納，以故中官武臣得操利權。大夏令「有芻、粟者，自百束、十石以上皆許售」，于是勢家欲牟利無所得。不兩月，(諸)〔儲〕積充羨，邊人蒙其利。

時寇已退，介乃大修戎備，察核官田牛具錢還之軍，以其資償軍所逋馬價，邊人感悦。先後條上便宜二十事，下所司議行。

15 秋，七月，癸丑，命都督楊玉率京營軍備永平。

先是大同警報至，上命中官武臣練京營兵以待。至是聞寇退，命備永平以防內犯。

16 八月，癸未，太白晝見。

17 九月，振山東水災。

時濟、兗、青、登、萊五府皆大水，命有司分振之。

18 加兵部尚書馬文升柱國。

文臣之加柱國者，始自正統間，以授大學士楊士奇、楊榮，然猶内閣也；成化間加吏尚尹旻，然亦吏部也。至是文升以兵部得之，時稱異數云。【考異】文升柱國，見七卿表，與尹旻同。然宰輔表楊士奇、楊榮皆不見，本傳亦無之，今據王弇州柱國表序。

19 冬，十月，壬申，録囚。

20 是月，起王越總制三邊軍務。

越夤緣中官，以中旨召掌都察院事，被劾而罷。至是韃靼諸部數犯邊，遼東、宣大、延綏、甘肅俱被蹂躪。廷議復設總制，先後會舉七人，不稱旨。屠滽乃以越名上，詔起原官，總制甘、涼軍務。越言：「甘鎮兵弱，非藉延、寧兩鎮兵，難以克敵，請兼制兩鎮。」從之。

21 兵部尚書馬文升言：「歷代兵制，不使權歸一人。漢制有南、北軍，南軍守王宮，主禁衛，北軍護京師，聽征討，各有所掌，而南軍尤託以心腹。我太祖法古，置十六衛親軍指揮使司，不隸五府，爲禁兵，即古之南軍也；其他衛屬五府以備征討，即古之北軍也。永樂中，增置十二衛，又選精壯數千人屬御馬監，更番上直。近年禁兵廢弛，請敕大臣揀選操練，令更番直各門，官爲鈐束出入。」從之。

22 十一月，庚子，土爾番歸哈密善巴，乞通貢，許之。

時諸番以朝廷閉關絶貢，不得入，咸怨阿哈穆特，阿哈穆特始悔之，因送善巴及哈密之衆，乞通貢如故。廷議謂：「無番文，不可驟許，必令具文，乃從其請。善巴既還，且令暫居甘州。俟衆頭目歸心，然後修復哈密城塹，使復舊業。」從之。會王越總制三邊，命兼經理哈密。

23 是月，振四川水災。

24 是歲，免南畿、山西、陝西被災税糧。【考異】明史本紀十年之末云：「是年，免南畿、山西、陝西被災税糧，振山東、四川水災。」今據三編，振山東在九月，振四川在十一月。其免税無月日，仍系之是歲之末。

25 中官李廣，勸上建毓秀亭于萬歲山，復遣官至河間修建廟宇。吏科給事中周璽上疏，略曰：「陛下即位之初，諭天下有司，『一夫不許擅役，一錢不許擅科。』乃近來興作相繼，費出無經，民困于科派，軍困于力役。壽寧侯宅第與毓秀亭之建，未得休息，近又遣官至河間修蓋廟宇。夫京師，腹心也；河間數府，肢體也；若肢體傷矣，腹心能無恙乎！伏望陛下深憫斯民，罷止興作，則太平可致也。」疏入，上嘉納之。【考異】此疏明史本傳不載，今據明鑑增入是年之末。

26 壽寧侯張鶴齡兄弟，出入宮禁。嘗侍内廷宴，上如廁，鶴齡倚酒戴上冠，中官何鼎，性忠直，怒鶴齡無禮。他日，鶴齡復窺御帷，鼎持大瓜欲擊之，奏言「二張大不敬。」皇后聞之，激上怒，下鼎錦衣獄。

給事中龐泮、御史吴山、張泰、主事李昆、進士吴宗周等論救，上怒，詰「外廷何由知内廷事」，令對狀。大學士徐溥、尚書周經等復以爲言，乃罷諸言官不問。后怒鼎甚，竟使太監李廣杖殺之。上後追思鼎，賜祭，勒其文于碑。【考異】事見明史何鼎傳，證之徐溥、周經諸傳，正是年事也，今據增。

27 始設南贛巡撫，兼理南贛汀、韶等處。明年改提督軍務。

十一年（戊午、一四九八）

1 春，正月，丁未，大祀南郊。

2 二月，己巳，小王子遣使求貢。

3 是月，以皇太子將出閣講讀，加徐溥少師兼太子太師，劉健少傅兼太子太傅，李東陽、謝遷皆太子少保。改健户部尚書，東陽禮部尚書，遷兵部尚書，皆兼大學士。又，六部尚書屠滽等、都御史閔珪皆兼東宮官。

4 三月，皇太子出閣就學。

先是太子方四齡，馬文升即請「早諭教，擇醇謹老成知書史如衛聖楊夫人者，保抱扶持，凡言語動作，悉導之以正。若内廷曲宴、鐘鼓司承應、元宵鰲山、端午競渡諸戲，皆勿令見。至于佛、老之教，尤宜屏絶，恐惑眩心志。」上深納之。至是太子八歲矣，給事中葉紳請擇講官侍讀，尋有是命。

時東宫宦豎不欲太子近儒臣，數以事間講讀。詹事吴寬上疏曰：「東宫講學，寒暑風雨則止，朔望令節則止，一年不過數月，一月不過數日，一日不過數刻，進講之時少，輟講之日多，豈容復以他事妨之！古人八歲就傅，即居宿于外，欲令離近習，親正人。庶民且然，況太子天下本哉！」上納之。

5 夏，四月，辛卯，録囚。

6 五月，戊申，小王子犯肅州，參將楊翥擊敗之于黑山。

7 六月，丙子，桂林地有聲如雷，旋陷九處，大者四十七丈，小者七丈或三丈。

8 是月，京師有熊自西直門入城。兵部主事何孟春曰：「當備盜，亦備火。宋紹興間，熊抵永嘉城，州守高世則以『熊』字『能火』，戒郡中慎火，果延燒廬舍，此其兆也。」是年，城内多火災。未幾，遂有清寧之異。【考異】事見明史五行志，憲章録亦載之，今據增。

9 河決歸德管河。

工部員外郎謝緝上言：「黃河一支，先自徐州城東小浮橋流入漕河，南抵邳州宿遷。今黃河上流於歸德州小壩子等處衝決，與黃河別支會流，經宿州、睢寧，由宿遷小河口流入漕河，于是小河口北抵徐州，水流漸細，河道淺阻。且徐、吕二洪惟賴沁水接濟，自沁源、河内、歸德至徐州小浮橋流出，雖與黃河異源，而比年河、沁之流，合而爲一。今黃河自歸德南決，恐牽引沁水俱往南流，則徐、吕二洪必至淺阻。請亟塞歸德決口，遏黃水入徐以濟漕，而挑沁水之淤使入徐以濟徐、吕，則水深廣而漕便利矣。」上從其請。【考異】諸書不載，見明史河渠志中。下文「八月，振祥符民被河患者」，即是時河決歸德後也。今據志，並增入謝緝請治河大略如此。

10 秋，七月，己酉，總制三邊王越，襲小王子于賀蘭山後，敗之。

時小王子居山後久，熟知徑路，招伊瑪克埒舊作野乜克力。等擾邊無虛日。至是越分三路進，俱有斬獲。日晡收兵，別伏他道，寇至，復追殺至柳溝，獲駝馬牛羊器械千數。

頻年寇出入宣大、延綏間，守臣不能禦，至是越等連敗之，邊人咸以戰勝賀。捷聞，論功，進越少保。

未幾，古北口報警，寇入遼東，指揮王臣死之。

11 癸亥，華蓋殿大學士徐溥致仕。

溥以目眚乞休，上眷留之，三疏乃許。

溥在內閣十二年，值上方向治，所言多聽從。承劉吉恣睢之後，鎮以安靜，務守成法。與同列劉健、李東陽、謝遷，協心輔治，事有不可，輒共争之。遇大獄，必委曲調劑，天下陰受其福焉。

踰年卒，贈太師，謚文靖。

12 八月，癸未，振祥符民被河患者。

13 甲申，歲星晝見。

14 是月，王越經略哈密，上言：「哈密不可棄，善巴亦不可廢。宜仍其舊封，令先還哈密，量給修城築室之費，犒賜三種番人及赤斤、罕東、什埒圖、舊作小禿列，見前。默克埒即乜克力，見前。諸部，以獎前勞，且責後效。」報可。于是復封善巴爲忠順王。

上年土爾番之請貢也，時哈密無主，都督奄克孛剌爲之長，亦遣其黨舍音和珊舊作寫亦虎仙。等來貢，給幣帛酬之。使臣猶久留，大肆咆烋，禮官徐瓊等極論其罪，乃驅之去。至是善巴復立。奄克孛剌者，哈商弟也，與善巴不相能。當事患之，令善巴娶哈商女，與之結好。然善巴嗜酒，掊克失衆心，部下阿爾保喇舊作阿孛剌。等咸怨之。

15 是秋，上以少監莫英等三人監督倉場。

自成化之末，裁減倉場監督中官，至是復增之。户部尚書周經上疏力争，上以已遣，不聽。

會内靈臺請錦衣餘丁百人供洒掃，經等諫，不納。經曰：「祖宗設内臺，其地至密。今一旦增百人，將必有漏洩妄言者。」上立已之。

崇王見澤乞河南退灘地二十餘里，經言不宜予。興王祐杬前後乞赤馬諸河泊所及近湖地千三百餘頃，經三疏争之，竟不許。

上以肅、寧諸縣地四百餘頃賜壽寧侯張鶴齡，其家人因侵民地三倍，且毆民至死，下巡撫高銓勘報。銓言「可耕者無幾，請仍賦民」，不許。時王府勳戚莊田，例畝徵銀三分，鶴齡奏加徵二分，且概加之沙鹻地，經抗章執奏，命侍郎許進偕太監朱秀復覈。經言：「地已再勘，今復遣使，徒滋煩擾。昔太祖以劉基故，減青田賦徵米五合，欲使基鄉里子孫世世頌基。今興濟篤生皇后，正宜恤民減賦，俾世世戴德，何乃使小民銜怨無已也！」頃之，進等還，言「此地乃憲廟皇親柏權及民恒産，不可奪。」上竟與鶴齡，如其請加税，而命償權直，除民租額。經等復抗疏言：「權乃先帝妃家，亦戚畹也。名雖償直，實乃奪之，天下將謂陛下惟厚椒房親，不念先朝外戚。」上終不納。

大同缺戰馬，馬文升請太倉銀以市，經言「糧馬各有司存，文升不宜以兵部侵户部權。」上爲改撥太僕銀給之。

給事中魯昂,請盡括稅役金錢輸太倉,經曰:「不節織造、賞賚、齋醮、土木之費,而欲括天下之財,是殃也。」內官傳旨索太倉銀三萬兩爲燈費,持不予。

經剛介方正,好強諫,雖重忤旨不惜,一時宦官貴戚皆憚而疾之。【考異】周經事見明史本傳,特書「是年秋」。紀事本末系之九月,今類記之。

16 僉都御史劉大夏,三疏請移疾。歸,築東山草堂,讀書其中。

17 冬,十月,丙寅,命工作不得役團營軍士。

18 丁卯,録囚。

19 甲戌,清寧宮災。——清寧者,太皇太后宮也。

于是大學士劉健等言:「近年以來,災異頻仍,而清寧宮之災爲尤異。恐議者謂『天道渺茫,變不足畏』,此乃慢天之說;或謂『天下太平,患不足慮』,此乃誤國之言;或「以齋醮祈禱爲弭災」,此乃邪妄之術適足以褻天;或「以縱囚赦罪爲修德」,此乃姑息之敝,適足以長惡。向來奸佞之徒,每以此熒惑聖聽,妨蠹聖政。賄賂公行,賞罰失當,紀綱廢弛,賢否混淆,工役繁興,徵斂百出,公私耗竭,軍民困憊。而大小臣僚,被其脅制,畏罪避禍,箝口結舌,下情不達,上澤不宣,愁歎之聲,仰干和氣,災異之積,職此之由。伏望特降綸音，戒諭臣工，痛加修省，廣求直言，指陳弊政，並加采擇，次第施行，以收人心，以回天意，實宗社生民之福。」疏入，上嘉納之。

丁亥，以災告天地宗廟社稷。罷明年上元燈火。敕「群臣修省，言時政闕失」。

20 是月，太監李廣有罪自殺。

廣以符籙禱祀獲上寵，會毓秀亭成，幼公主殤，未幾清寧宮災，日者謂建亭犯歲忌。太皇太后恚曰：「今日李廣，明日李廣，果然禍及矣！」廣懼，遂飲酖死。

上疑廣有異書，遣使即其家索之，得賄籍，多文武大臣名，餽黃白米各百千石。上曰：「廣食幾何，乃受米如許？」左右曰：「隱語耳，黃者金，白者銀也。」上怒，下法司按問。諸臣皆懼，昏夜赴壽寧侯張鶴齡求解。

時方以宮災求直言，編修羅玘因言：「今日之事如瘻瘤，（之割）〔割之〕去易而身危，消之去遲而身安。竊見文武官賄廣求進，廉恥掃地。其間有部寺之尊，將帥之寄，天下四裔，方以爲丙、魏、姚、宋、方、召、衛、霍，今一旦指名暴其惡，恐啓遠人慢朝廷心，雖實有方、召、丙、魏之徒亦不復信，此大可憂也。如遂已之，廉恥愈衰。臣請降敕密諭賄廣者使引疾退，或可消已成之黨，絕未起之禍。」章下所司。

而言者猶訐大臣不已。一時未得賄籍主名，各以意揣。遂及尚書周經，經憤甚，上疏曰：「昨科、道劾廷臣奔競李廣，闌入臣名。雖蒙恩不問，臣實含傷忍痛，無以自明。夫人奔競李廣，冀其進言左右，圖寵眷耳。陛下試思，廣在時曾言及臣否？且賄籍具在，乞檢有臣姓名否？請嚴鞫廣家人，臣如有寸金尺帛遺廣，或曾一造其門，即治臣交結之罪，斬首市曹，以爲奔競無恥之戒。若無毫毛干涉，亦乞爲臣洒雪。否則含污忍垢，即填溝壑，目且不瞑。」上慰答之，並下其章于所司。

廣雖懼罪自殺，上猶憐之。廣黨蔡昭等復爲之請，詔予祠額祭葬。大學士劉健以廣贓跡昭著，爭不當予，乃罷給祠額，仍撰文賜祭。

21 免畿内順天、廣平、順德、河間、保定五府旱災税糧凡四萬七千八百餘石。【考異】明史本紀免兩畿、山西、陝西、廣西、廣東被災税糧于是年之末，三編據實録系免畿内糧于是年之十月，今據之。

22 十一月，壬子，罷陝西織造羊絨。

23 是月，給事中吴仕偉，以李廣贓敗，因疏論「宦官不可用，乞盡召鎮守中官還」，上不能從。

然是時中官出鎮者，屢申敕戒諭之。福建鄧原，浙江麥秀，河南藍忠，宣府羅清，頗以廉潔愛民稱，賜敕奬勵。

24 閏月，壬戌朔，日有食之。

25 己巳，詔「自壽節祈報外，所有齋醮悉罷之」。

26 乙酉，罷福建織造綵布。

27 是月，下御史胡獻，給事中胡易于獄。

獻舉九年進士，改庶吉士，至是改御史。踰月，即極論時政數事，言：「屠滽爲吏部尚書，王越、李蕙爲都御史，皆交通中官李廣得之。廣得售奸，皆陛下任廣太過也。今廣事已往，然當慎于將來。今之弊政有亟宜革者。京、通二倉總督監督中官，每收米萬石，人索白金十兩，以歲運四百萬石計之，人四千兩。夫監督倉儲，自有户部，焉用中官！乞賜罷遣。京操軍士自數千里至，總兵坐營等官勒令辦納月錢，乞嚴革以蘇其困。東廠校尉，本以緝奸，邇者但爲中官、外戚泄憤報怨。如御史武衢忤壽寧侯張鶴齡及太監楊鵬，主事毛廣忤太監韋泰，廠校推求細事，誣以罪名，舉朝皆知其枉，無敢言者。臣亦知言之必爲所陷，然臣弗懼也。」又言：「陛下遇災修省，去春求言，諫官及郎中王雲鳳，主事胡爟，皆有論奏，留中不報，雲鳳尋得罪。如此則與不修省何異！」疏入，上不懌。鶴齡與泰各疏辨。

會易劾監庫中官賀彬貪黷八罪，彬亦訐易，遂並獻下詔獄。謫獻藍山丞。

久之，釋易。獻未赴官，遷宜陽知縣。馬文升數薦于朝，遷南都察院經歷。【考異】胡獻等下獄事見本傳，諸書皆不載。三編、明鑑系之是年閏十一月，今據增。

28 十二月，庚子，榜禁中外奢靡踰制。

29 壬子，以清寧宮災，詔赦天下。【考異】據詔書，在是年十二月二十一日，是月壬辰朔。

時以修清寧宮，議採木于四川，尚書馬文升請發内帑，免徵派，詔停採木之役。

30 是月，以吏部侍郎似鍾爲右都御史。

31 是冬，王越卒。

越方經理甘肅，會李廣得罪死，言官交章劾廣黨，皆及越。越聞，憂恚，卒于甘州。

初，越舉景泰二年進士，廷試對策，忽旋風起，颺其卷去，更給卷，乃畢事。及秋，朝鮮使至，言其王視朝時，有卷從風中墮，謹持以獻，視之乃越卷也。帝語吏部曰：「此當任憲官」，因授越御史。不五年，即擢大同巡撫。其後屢告邊功，晉威寧伯。

督兵既久，健將武校多出其門，賞予略無吝惜。嘗一夕值大雪，越故豪縱，方圍爐飲，諸伎擁琵琶侍。一小校詗敵還，陳敵情未竟，越喜，酌金卮命飲，即賜之卮；語畢，益大喜，指伎絕麗者立予之。校感激，所至爲盡死力。

越膽智過人，自負豪傑，而比汪直得封爵，既罷，復結李廣謀起用，士大夫以其破敗名檢，咸鄙之。

32 清寧之災，給事中華昶上言二事：「一請廣言路以開天下之壅蔽，一請明國法以誅天下之大奸。」謂：「李廣雖死，其餘黨猶蟠據中外。諸大臣賄賂公行，納諸宦官之門以爲固結之計，乞亟發廣私籍，收其私人合其數十百萬之賂，內充帑藏之虛，外舒軍國之用，亦足以寬一分之民力，非止弭災之一端也。」

檢討劉瑞，請罷醮壇，治故閹李廣、汪直之黨，起用直言之楊茂元、王雲鳳等。

户科給事中叢蘭，疏陳弭災六事，末言：「中官梁芳、陳喜、汪直、韋興等，先以罪貶斥，復夤緣還京師，請按治。」

33 時南北言官指陳時政，皆有論劾，上以劉健、李東陽之請，皆置不問。國子生江瑢，劾健、東陽杜抑言路，健等請罷，上慰留之，而下瑢于獄。二人力救，乃得釋。

34 是歲，免南畿、山西、陝西、廣東、廣西被災稅糧。

明通鑑卷三十九

江西永寧知縣當塗夏燮編輯

紀三十九起屠維協洽（己未），盡玄黓掩茂（壬戌），凡四年。

孝宗敬皇帝

弘治十二年（己未、一四九九）

1 春，正月，辛未，大祀南郊。免慶成宴。

2 是月，遼東總兵官李杲等誘殺朵顏三衛人，以捷聞。初，三衛自成化末爲韃靼所逼，走匿邊塞，勢衰久不振。自小王子及和碩即火篩，譯見前。相倚日强，爲東西諸邊患，遼塞屢失事。杲與巡撫張玉、鎮守中官任良，欲冒功掩罪，策三衛積弱可欺，乃令都指揮崔鑑、王璽、魯勳設酒席，誘其來市者三百餘人，盡殺之，而詭稱「三衛分道入寇，官軍敗之」，遂以捷聞。廷臣以三衛安輯久，頗疑杲等詐，顧未有以發也。既而朵顏諸部來貢，訴其事，乃命副都御史顧佐往覈之。

3 二月，壬辰，免山東被災夏税。

4 戊申，嚴左道惑衆之禁。

5 三月，戊辰，太白晝見，凡五日。

6 丁丑，賜倫文敘等進士及第、出身有差。

7 是科禮部之試士也，大學士李東陽、禮部侍郎程敏政爲考試官。舉人徐經、唐寅，預作文與試題合，給事中華昶劾敏政鬻題，乃下經、寅及昶于獄。

時榜未揭，詔敏政毋閲卷。其已録者，令東陽會同考官覆覈，二人卷皆不在所録中。東陽以聞，上意欲置之，而給事中林廷玉復攻敏政可疑者六事，敕廷臣會鞫。

8 夏，四月，癸巳，敕宣大、延綏備邊。

9 是月，免湖廣、江西被災税糧。

10 下程敏政及林廷玉等獄。坐徐經嘗贄見敏政，寅嘗從敏政乞文，皆黜爲吏，敏政勒致仕。而昶以言事不實，與廷玉俱調謫。

敏政出獄，憤恚發疽卒。後贈禮部尚書。

或言敏政之獄，傅瀚欲奪其位，令昶奏之，雖事祕莫能明，而敏政自言夙搆試題，爲

其家僮竊賣，則瀚之搆釁，亦敏政自有以取之云。三編質實：「按明史選舉志，程敏政、唐寅傳，具載此獄。志于寅有惜詞，敏政傳于此獄有疑詞。惟唐寅傳云，『江陰富人徐經鬻題于敏政家僮』，然言之不詳。蓋由明孝宗實録極詆溥瀚、華昶，以爲瀚嫁禍于敏政，故明史存疑而不詳其顛末，敏政傳所謂『事祕莫能明』者，亦以此也。」考雷禮列卿記載禮部尚書徐瓊事蹟，附記此獄頗悉，又王世貞史乘考誤，則謂實録所載，乃焦芳爲敏政掩覆之詞，今並録以備考。列卿記云：「瓊于己未知貢舉，是年，主考爲李東陽、程敏政。敏政發策，以劉静修退齋記爲題，人罕知者。其昵幸門生徐經，平日獨伺得之，嘗與南畿解元唐寅陳説。至是果以發難，舉答無遺，二子矜誇雀躍。輿論沸騰，謂敏政賣題受賄。給事中華昶劾之，瓊關知，敏政在闈，皇惑無措。自首『夙搆試目，爲家僮竊賣』。乃繙閱試卷，凡知策問出處者俱黜落。揭曉後，給事中林廷玉復疏言：『敏政受賄雖無指實，而自言家人竊賣，跡有可疑。』詔逮敏政、經等俱下獄。經服稱『平日嘗以雙綺饋敏政，敏政受之，出入門下。夙搆試目，實從家人購得之。』獄成，敏政勒致仕，經、寅俱黜爲吏。」史乘考誤云：「焦芳修孝宗實録，謂：『傅瀚嫁禍程敏政，後果代其位。時劉健當國，既偏溺于恚怒，莫之能辨。適大學士謝遷、諭德王華俱憾敏政，而都御史閔珪，與遷、華皆同鄉，乃屬科、道數輩，内外併力交攻，羅織成獄。而華昶之甘心鷹犬者，不足道也。』世貞按，傅文穆有傾程之意，人亦知之。至于家僮鬻題，事已彰著，且與劉、謝不相關。蓋芳乃李南陽賢門客，程則南陽婿也，故頗爲掩覆。而劉、謝與芳有隙，遂肆其醜詆若此。」按三編所載，全據明史敏政傳，而發明中謂「敏政有自取之咎」，今從之。

11 **前禮部主事楊循吉上言：「建文君乃高皇帝適孫，躬受神器。後太宗入繼大統，削**

其位號，百餘年來，未蒙顯復。夫建文雖以左右非人，得罪社稷，而實則生民之主也。請復尊號如景皇帝故事，庶幾裨益先聖，有光大孝。」下禮部議，仍格不行。【考異】諸書但載六年吴世忠請卹建文諸臣，而是年循吉請復建文位號事軼之。三編增入目中，並及六年事，今分書之。

12 五月，戊寅，免南畿被災秋糧。

13 六月，甲辰，闕里文廟災。

户部郎中陳仁，疏請修省，給事中吴世忠，亦因災陳八事，時不能盡用。

14 秋，七月，己卯，遣太常卿李傑詣曲阜祭告先師，並敕山東撫按官重建。【考異】明史本紀統書于六月甲辰下，明史稿别系遣官祭告于七月，蓋奏報在先，遣使在後也。今據分書之。

15 八月，復免南畿及河南被災夏税。

16 九月，壬午，普安賊婦米魯作亂。

米魯者，霑益州土知州安民女，普安司土判官隆暢妻也。【考異】三編引實録，以米魯爲隆暢之妾，實録前以魯爲安民女，後又言「魯匿其姪安民家」，是又以米魯爲安民之姑，蓋奏報異詞也。今據明史土司傳。

初以罪爲暢所出，居其父家。暢老，子禮襲。有營長曰阿保者，與米魯通，因諷禮迎歸，同烝之。暢聞怒，誅禮，毁阿保寨。阿保挾米魯與其子阿鮓等攻暢，暢走雲南。時東寧伯焦俊爲總兵官，與巡撫錢鉞和解之。既歸，米魯于道中酖暢死，遂與阿保據寨反。暢別有妾曰適烏，生二子，出居安南衛，阿保欲並殺之，築寨圍其城。又別築三寨于普安，而令阿鮓等防守，名所居寨曰承天，自號無敵天王，出入乘黃轎，官軍不能制。鎮巡官以聞，乃發諸衛及土兵萬三千人，分道討之。

17 甲申，重建清寧宮成。

上孝事兩宮太后甚謹，而兩宮皆好佛老，至是宮成，命灌頂國師設壇慶讚，又遣中官齎真武像建醮武當山，使使詣泰山進神袍，或白晝散燈市上。大學士劉健等力諫，而上重違太后意，曲從之，但優詔褒答而已。

18 是月，小王子入居河套。

初，小王子通貢，遂駐牧套中，然冰堅則來，冰泮則去，雖出沒爲寇，猶不廢朝貢。尋以入貢賞薄，益大肆虜掠。至是入居河套，延綏之間益爲敵衝矣。【考異】小王子入貢在元年，入套駐牧在八年以後，皆見明史韃靼傳。惟復入河套，紀、傳皆書于十三年之冬，三編改系之是年之九月，蓋本實録，今從之。

19 冬，十月，己亥，録囚。

20 是月，命採珠于廉州。

舊制，廣東珠池十年一採，而守珠中官，英宗始設。天順間，嘗一採之，至是以中官請，復有是命。【考異】采珠見明書及法傳録，在是年之十月，今據增。

21 十一月，乙丑，太皇太后還居清寧宮。

太后弟長寧伯周彧，家有賜田，有司請釐正之，上未之許。太后曰：「奈何以我故骫皇帝法！」卒使歸其地于官。【考異】太后以是年清寧宮成還居之，見明史后妃傳，其月日據明書增入。

22 十二月，吏部尚書屠滽、兵部尚書馬文升等請罷傳奉官。

上初即位，罷成化時傳奉官。尋修京城河橋成，從太監李興請，授工匠四人官。已，又傳陞通政司經歷沈禄爲參議，王恕、周經争之不能止。嗣後傳奉漸多，及是一月中陞授二百餘人。

滽言：「傳陞文職過多，請惜名器之濫，究夤緣之奸。」文升言：「祖宗設武階以待軍功，非有臨戰斬獲不得輕授，實欲奔走天下豪傑，責其效死以報國家。今傳奉指揮張玘輩，特畫工耳，歲有俸，月有給，亦既可償其勞。或優寵之，賞以金帛，榮以冠帶，足矣。乃竟槩銓武職，悉注錦衣，准其襲替，則介胄之士，衝冒矢石著績邊疆者，陛下更何以待之！倖門一開，恐不足爲天下勸。」不報。

是時言官亦皆上疏極諫，而給事中張弘至，陳初政漸不克終八事，其言尤切。曰：

「初汰傳奉官殆盡，近匠官張廣寧等一傳至百二十餘人，少卿李綸，指揮張玘等再傳至一百八十餘人，異初政者一。初戮方士李孜省，斬僧繼曉，近則燒煉齋醮不息，異初政者二。初去萬安、李裕輩，朝彈夕斥，近被劾數十疏如尚書徐瓊者，猶靦然居位，異初政者三。初嘗論有大政召大臣面諭，近自十年三月召見文華殿，不復再召，上下否隔，異初政者四。初停增設內官，近已還者復去，已革者復增，異初政者五。初慎重詔旨，左右不敢妄干，近陳情乞恩，率奉俞允，異初政者六。初令兵部由舊章，有妄乞陞武職者奏治，近乞陞無違拒，異初政者七。初節光祿供億，近冗食日繁，移太倉銀賒市廛物，異初政者八。」章下所司而已。【考異】此據三編在是年十二月，據實録也。明鑑系之十一年十二月，蓋明鑑漏去十二年不書，其所記此事及王守仁疏陳邊務，此二條實十二年事也。今據三編書之。

23 是歲，餘姚王守仁成進士，奉使治王越葬還。

時朝議方急西北邊，守仁條八事上之：「一曰蓄才以備急。聚公侯之子教之武學生，歲升其超異者，兵部兩侍郎更迭巡邊，擇科道二三人以從，使周知虛實，則一旦有急，不患無人。二曰舍短以取長。邊將驍勇者，多以過失擯棄，誠使立功自贖，賢於不知地利者遠矣。三曰簡軍以省費。邊將之請京軍，徒以事不濟則責有所分耳，誠以賞京軍者賞邊卒，數萬之銳卒可立致也。四曰屯田以給食。三邊之戍，不輟耕農，誠使京軍分屯，各食其力，可以少息輸餽也。五曰行法以振威。邊將失機，立正軍法，則軍威肅矣。六曰敷恩以激怒。兵方失利，士氣銷沮，誠恤其孤寡，宣以國恩，喻以復仇，則氣可奮矣。七曰損小以全大。小有剽掠，一以爲當救，一以爲可邀，遂以疲勞致敗，今許以便宜，惟責大效而小挫不問，則我師常逸矣。八曰嚴守以乘敝。嬰城固守，使食足威成，然後出奇制勝，所謂立于不敗之地而後能敗敵也。」疏上，授刑部主事。【考異】明鑑書守仁陳邊務，上文漏去「十二年」字，辨見上。蓋守仁以是年成進士，王越以去年十二月卒，明史本傳謂「治王越葬還」，正十二年事也。今據明鑑，仍改入是年之末。

24 起丁憂布政使雍泰爲右副都御史，巡撫宣府。

泰莅任，參將王傑有罪，泰劾之，下泰逮問。泰又請按千户八人。上以泰屢抑武臣，方詔都察院行勘。而參將李稽坐事，畏泰重劾，乞受杖，泰取大杖决之。稽乃奏泰凌虐，上遣給事中徐仁偕錦衣千户往按。傑復使人走登聞鼓下，訟泰妄逮將校至八十六人，并及其壻納賂事。法司覈上，褫爲民。【考異】據明史泰傳，泰撫宣府在是年，其劾參將被逮事當在次年。今類記于是年之末。

25 初，田州土知府岑溥，以岑欽等既死，命復還田州。事見弘治三年。九年，總督鄧廷瓚請復溥職，令帶土兵赴梧州聽調。是年，溥爲子猇所弑，猇亦自殺。次子猛，方四歲，溥母岑氏及頭目黃驥護之，赴制府告襲。未幾，驥争權首亂，又黨于思恩土官岑濬，攻劫田州，殺掠萬計。廷瓚奏「請治濬罪，而田州岑猛，亦宜乘此區畫，降府爲州，毋基異日尾大之患」。從之。然是時濬方據舊田州，不果行。

十三年（庚申、一五〇〇）

1 春，正月，乙丑，大祀南郊。

2 己卯，禁民間收鬻軍器。

3 二月，戊子，免山西被災税糧。

4 庚寅，詔更定刑部條律。

初，洪、永間定制，法司斷獄，一依律擬議。英、憲以後，巧法之吏，往往舍律用例，于是條例日繁。五年，以鴻臚少卿李鐩請，命刑部尚書彭韶删定問刑條例。

及是給事中楊廉復言：「高皇帝肇造之初，特命劉基、陶安等詳定律令，且諭之曰：『立法貴簡，若條例繁多，可輕可重，吏得因緣爲奸。』聖祖重律輕例之意見矣。百三十年來，律行既久，條例漸多，近令法司詳議，汰其繁瑣。臣以爲非深于經者不足以議律，非深于律者不足以議例。望特選素有經術深明律意者專理其事，以太祖立法貴簡之意爲主，一切近代冗雜之例，悉爲革去，俾以例通律之窮，不以例淆律之正，庶刑官有所遵守。」上嘉納之。乃下尚書白昂會九卿定議，擇條例可行者二百九十餘事，與律並行。詔如所請，頒之中外。

時上所任前後刑官，如何喬新、彭韶及昂、閔珪，持法皆平，會情比律，一歸仁恕，天下翕然稱頌焉。

5 乙未，嚴旌舉連坐之法。

6 是月，檢討陳獻章卒。

獻章自序其爲學，言：「年二十七，始發憤從吳聘君學，其于古聖賢垂訓之書，無所不講，然未知入處。比歸白沙，杜門不出，專求所以用力之方。既無師友指引，日靠書册尋之，忘寢忘食。如是者數年，而未得此心此理之湊泊處。于是舍彼之繁，求吾之約，静坐久之，然後見吾此心之體，隱然呈露。以之應物，種種應酬，隨吾所欲，如馬之御銜勒也；以之認理，稽諸聖訓，各有頭緒來歷，如水之有源委也。始涣然自信曰：『作聖之功，其在是乎！』」

張元禎敘其學，謂其「静坐之久，乃大悟廣大高明，不離日用；一真萬事，本自圓成，不假人力。無動静，無内外，大小精粗，一以貫之。」

後之論者，以爲實開姚江之宗派，而于禪學亦遂不能無疑云。【考異】據憲章録，在是月，稽之明儒學案，則二月十日也。今據系于二月之末。

[7]夏，四月，甲午夜，彗星見室、壁間，芒尺許，漸長至三尺餘。

給事中屈伸上言：「災異頻仍，邊方多警，願惕然敬畏以應天，赫然震怒以禦侮。」納之。

[8]庚子，歲星、太白同晝見，凡六日。

[9]和碩寇大同。

先是寇自大青山數道入威遠衛，游擊將軍王杲登城望之，見敵騎不多，易之，曰：「失此不擊，令他人分吾功！」都指揮鄧洪固止之，不聽，遂率兵出。寇佯走，杲馳赴之。既，見敵騎漸衆，知墮計，急駐兵。伏騎七千餘噪而出，衝突官軍，陣離爲五。裨將死者五十二人，軍士失亡千餘人，戰馬兵仗稱是。時副總兵馬昇，參將秦恭，分兵列營，距杲戰所僅十里許，逗留不敢進，杲孤軍無援，遂大敗。守臣諱，不以實聞，命給事中許天錫往勘。

乙巳，以平江伯陳鋭爲靖虜將軍，充總兵官，太監金輔監軍，户部侍郎許進提督軍務禦之。

尋天錫還，言狀，論杲、恭、昇罪死，總兵王璽謫戍，巡撫洪漢奪官。

10 庚戌，録囚。

11 壬子，召閣臣議軍政。

先是大同之警，京師戒嚴。兵部請甄別京營諸將，上乃召劉健、李東陽、謝遷至平臺，出英國公張懋等自陳疏，面議去留，乃罷遂安伯陳韶、成山伯王鏞、寧晉伯劉福三人。【考異】議軍政事，見明史劉健傳，特書「是年四月」。三編據實録，在是月壬子，蓋二十九日也。

12 五月，甲寅朔，日有食之。

13 丙辰，復召劉健等三人面議朝政。上親書手敕，召鎮遠侯顧溥督團營。

時上視朝頗晏，健等復以爲言，頷之而已。【考異】據此，則召閣臣面議，自十年三月以後，至此始連月行之，以邊警故也。然孝宗之倦勤，亦于此見矣。

14 癸亥，和碩復寇大同。

時寇以威遠得志去，乃復擁五萬騎入大同左衞縱掠。游擊將軍張俊，【考異】俊，明史本紀作「浚」，三編據實録及明史本傳改，今從之。遣兵三百邀其前，復分兵三百爲策應，而親率軍出擊，面被數箭，猶力戰，敵乃却。

時陳鋭爲大帥，怯懦無將略，副總兵劉寧從鋭軍，雖宿將，顧已老病，又與鋭不協，敵至，銳令諸軍堅壁毋出戰，故敵所向無阻。俊獨奮擊之，以少卻衆，爲一時奇功。上聞，大喜，立擢都督僉事，頃之，代王璽爲總兵官。

15 辛巳夜，彗由太微垣入紫微垣，踰月而滅。

16 是月，吏部尚書屠滽，户部尚書周經，禮部尚書徐瓊，刑部尚書白昂，工部尚書徐貫，皆以星變請致仕，許之。滽加柱國，經、瓊加太子太保，昂、貫太子太傅，賜敕馳驛。

廷臣爭上章留經，一時中外論薦者至八十餘疏，咸報寢。

17 以右都御史似鍾爲户部尚書，禮部侍郎傅瀚爲本部尚書，左都御史閔珪爲刑部尚書，工部侍郎曾鑑爲工部尚書。

18 起侍郎劉大夏爲右都御史，總督兩廣軍務。

敕使及門，攜二僮行。廣人故思大夏，鼓舞稱慶。大夏爲清吏治，捐供億，禁内外鎮守官私役軍士，盜賊爲之衰止。【考異】據明史大夏本傳，「以十年移疾歸，越二年，起總督兩廣。」憲章錄系之是年之五月，今從之。

19 六月，甲申，免江西被災秋糧，停山、陝採辦物料。

20 庚子，言官劾陳銳、金輔等玩寇無功，並及許進，皆召還。進尋致仕去。

復益兵，改命保國公朱暉爲靖虜將軍，太監扶安監軍。

21 是月，召南京吏部尚書倪岳爲吏部尚書。

屠滽既罷，廷推馬文升掌吏部。御史魏英等言「兵部非文升不可」，上亦以爲然，乃命岳代，而加文升少傅以慰之。

22 召南京刑部尚書戴珊爲左都御史。又以侍郎史琳爲右都御史，經略紫荆關。

23 秋，七月，己巳，京師地震。【考異】三編目云：「是月十七日己巳夜也。」是月癸丑朔。

24 八月，辛卯，江西復以水災告，詔巡撫等官發粟振之。

25 九月，下行人司行人王雄于獄。

時上方召還陳鋭，代以朱暉，出師禦寇。雄上言：「克敵在將得其人，選任不可不慎。比者寇入大同，廷臣首推陳鋭，以衆之死生，國之存亡，試之謀勇無聞之人，寇益猖獗。今斥鋭而用朱暉，特以暉從父征伐，嘗經戰陣。顧錐之處囊，末猶未見，安知暉之多于鋭耶！願陛下及暉未發而止其行，責前日舉鋭之罪。然後拔其生長邊陲、久歷行陣者，俾專閫外，勿署監軍提督以撓之。今之監督，即唐觀軍容使與監軍之任也，以郭子儀、李光弼之勇略，而魚朝恩爲觀軍容使，九節度皆潰相州，況其下乎！」上以雄妄言，下獄，謫縣丞。

比暉至，寇已退，乃還。

26 冬，十月，丁未，太白晝見，凡三日。

27 戊申，兩京地震，鳳陽亦同日震。【考異】鳳陽震見明史五行志，今據增。

28 是月，小王子諸部復寇大同。

29 十二月，辛丑，和碩寇大同，南掠百餘里，張俊亦竟不能禦也。

30 是歲，小王子以居河套，犯延綏神木堡。

時廷議用兵延綏，吏部尚書倪岳論西北邊患。

其略曰：「近年來寇屢入邊，蓋緣河套之中，水草甘肥，易于屯牧，故敵頻據其地，擁衆寇掠。諸將怯懦，率嬰城自守，遇敵驟至，既莫敢折其前鋒，又不能邀其歸路，致命將徂征，四年三舉，曾無寸功。且軍旅一動，輒報捷音以希爵賞，甚至妄殺平民，謬稱首級。功賞所加，非私家子弟，即權門廝養，而什伍之卒，轉餉之民，則委骨荒城，膏血野草，天怒人怨，非細故也。京營素號冗怯，留鎮京師，猶恐不及，顧乃輕于出禦，用褻天威，爲敵人所侮。

且延綏邊也，去京師遠；宣、大亦邊也，去京師近。彼有門庭之喻，此無陛楯之嚴，可乎？頃兵部建議，令宣府出兵五千，大同一萬，并力以援延綏，而不慮其相去既遠，往返不逮，人心苦于轉移，馬力疲于奔軼。夫聲東擊西者，寇盜之奸態也；批亢擣虚者，兵家之長策也。精鋭既盡于西，老弱乃留于北，萬一北或有警而西未可離，必至首尾衡決，遠近坐困。

至于延綏，士馬屯集，糧餉不貲。乃以山西、河南之民任飛芻轉粟之役，徒步千里，夫運而妻供，父輓而子荷，道路愁怨，井落空虚。幸而得至，束芻百錢，斗粟倍直；不幸遇寇，身且不保，他何足云！輸將不足，則有輕齎，輕齎不足，又有預徵。水旱不可先知，豐歉未能逆卜，如何其可預也？又令民輸粟補官，輸粟給鹽，官爵日輕，鹽法日沮，而邊儲之不充如故也。

又，朝廷出帑藏給邊，歲爲銀數十萬，山西、河南輸輕齎于邊者，歲又數十萬。銀日積而多，則銀益賤；粟日散而少，則粟益貴。而不知者遂于養兵之中寓養狙之術，或以茶鹽，或以銀布，名爲準折糧價，實則侵尅軍需。故朝廷有糜廩之虞，軍士無果腹之樂，罔上行私，大率似此。

及訪禦敵之策，則又議論紛紜，有謂『復受降之故城、守東勝之舊鎮』。然塞外既無屯兵，出孤遠之軍，涉荒漠之地，輜重之累，餽餉之艱，設遇抄掠，進不能戰，退不得歸，一敗而聲威大損矣。

又有謂『統十萬之衆，裹半月之糧，奮揚武威，掃蕩窟穴，使河套一空』。事非不善也，然帝王之兵，以全取勝，孫武之法，以逸待勞。今乘危履險以覬萬一之倖，一旦情見勢屈，爲敵所困，既失坐勝之機，必蹈覆没之轍。

其最無策者，又欲棄延綏勿守，使兵民息肩。不知一民尺土，受之祖宗，向失東勝，故今日之害萃于延綏，而關陝震動；今棄延綏，則他日之害鍾于關、陝，而京師震動；寇愈近而禍愈大。」

因陳「重將權，增城堡，廣斥堠，募民壯，去客兵，明賞罰，嚴間諜，實屯田，復邊漕」數事。時兵部方主用兵，不能盡用也。【考異】倪岳論邊患事，見明史本傳，在任吏尚之後，而岳以明年十月卒。通紀系之是年之末，今據之。中間預徵一段，與成化七年諫大舉搜套語複，蓋據三編所載，乃岳爲侍講時所上，此因論西北用兵，復申言耳。今分書之。

31 延綏、大同之役，兵科給事中吳世忠上言：「國初設七十二衞，軍士不下百萬，近軍政日壞，精卒不能得一二萬人，此兵足憂也。太倉之儲，本以備軍，近支費日廣，移用日多，倘興師十萬，犒賜無所取給，此食足憂也。

正統己巳之變，尚有石亨、楊洪，邇所用李杲、阮興、趙昶、劉淮之屬，先後皆敗，今王璽、馬昇又以失事告，此將帥足憂也。

國家多事，大臣有以鎮之，邇者忠正多斥，貪庸獲存，既鮮匡濟之才，又昧去就之節，安能摧强敵，振國威！此任人足憂也。政多乖舛，民日咨怨，京軍敝力役，京民苦催科，畿甸覬恩尤切，顧使不樂其生至此，臨難誰與死守！此民心足憂也。天變屢徵，火患頻發，雲南地震，壓萬餘家，大同馬災，踣二千匹，此天意足憂也。願順好惡以收人心，肅念慮以回天意，遣文武重臣經略宣大以飭邊防，策免不職諸臣，而起素有才望如何喬新、劉大夏、倪岳、戴珊、張敷華、林俊諸人以任國事，則寇將望風遠遁，而邊境可無憂矣。

上以言多詆毁，切責之。然已起用大夏、岳、珊等，如世忠言。

32 副都御史顧佐勘三衛還，奏「李杲等誘殺冒功屬實」，乃取任良回，鐫崔鑑、王璽、魯勳各一級，杲及張玉俱令致仕。

時科、道交劾「杲、玉欺飾，罪當顯戮，而優以致仕之禮，恐三衛聞之，積憤反側。非所以儆邊臣，懲有罪。」上不問。

朵顔諸部恨次骨，遂北結和碩謀復讎，數寇廣寧、寧遠諸衛所。由是遼塞益報警矣。

33 福建建安書林火。

吏科給事中許天錫言：「去歲闕里孔廟災，今茲建安又火，古今書板，蕩爲灰燼。闕里，道所從出，書林，文章所萃聚也。春秋書『宣榭火』，説者曰：『榭所以藏樂器也。天意若曰，不能行政令，何以禮樂爲！禮樂不行，天故火其藏以示戒也。』頃師儒失職，政教不修；上之所尚者浮華，下之所習者枝葉。此番災異，似欲爲儒林一掃積垢。宜因此遣官臨視，勘定經史有益之書，其于培養人才，實非淺鮮。」章入，下所司議，從之。【考異】建安災事，見明史天錫傳，在是年。五行志有「十二年建陽書坊火」，未知是一事二事，年分偶差否？今按許天錫疏中，言「去年闕里孔廟災」。則建安書林災在十三年，今據天錫本傳。

十四年（辛酉、一五〇一）

1 春，正月，庚戌朔，陝西延安、慶陽二府，同華諸州，咸陽、長安諸縣，潼關諸衛，連日地震，有聲如雷，朝邑尤甚，頻震。十七日，城垣民舍多摧，壓人畜死甚衆。縣東地坼，水溢成河。

于是兵部尚書馬文升言：「陝西與敵爲鄰，延、慶二府，尤密邇河套。乃地震不已，此外寇侵凌之兆。今小王子部落日衆，精兵數萬。其酋長和碩，梟雄桀黠，往往以詐計敗我官軍，其患非小。且海内民困財竭，兵衰將懦，文恬武嬉，法令不振，正安内攘外之時，修德弭災之日。伏乞行仁政以養民，講武備以固圉，節財用，停齋醮，止傳奉冗官，禁奏乞閒田，撤還陝西織造内臣，振恤被災之家。」上從其言。

南京操江御史林俊，疏述古宫闈、外戚、内侍、枋臣之禍，「乞罷齋醮，減織造，清占役，汰冗員，止工作，省供應，簡賞賜，戒逸欲，遠佞幸，親賢人」。又請豫教皇儲，因薦「侍郎謝鐸、少卿儲瓘、楊廉、致仕副使曹時中、處士劉閔堪輔導」，報聞。

俊以成化中請斬僧繼曉被謫，尋復官，改南京。上即位，累遷雲南副使按察使。九年，引疾，不待報徑歸。久之，薦起廣東布政使，不拜。尋起是職，累疏乞休，薦時中自代，不許。

2 是日，河南之永寧、盧氏，山西之蒲州、安邑，同時地震。

3 己未，大祀南郊。

4 二月，乙未，蒲州地復震，踰月方止，凡二十九震。

5 己亥，罷陝西織造中官。

6 是月，寇犯榆林。

7 三月，鴻臚卿陳壽，以右僉都御史巡撫延綏。

先是寇犯神木堡，乘勝掠紫陌溝。鎮巡官不以實聞，爲言官所劾，上命給事中艾洪、刑部郎中黄暐往勘。至是洪等還，言：「總兵官陳瑛，退避玩寇；巡撫王嵩，坐視蒙蔽；宜治其罪。」乃逮嵩等下法司，以壽代。

壽至，蒐軍實，廣間諜，分布士馬爲十道，使互相聲援，軍勢始振。

8 保定武臣獻白鵲，以爲瑞，禮部尚書傅瀚劾其不當奏，詔斥遣之。

9 是春，吏部侍郎王鏊上禦邊八策：「一曰定廟算，二曰重主將，三曰嚴法令，四曰恤邊民，五曰廣招募，六曰用間，七曰分兵，八曰出奇。」又言：「今日和碩、小王子不足畏，而嬖倖亂政，功罪不明，委任不專，法令不行，邊圉空虛，深可畏也。比年邊將失律，率令戴罪殺賊，人心日懈，士氣不振。望陛下大舉乾綱，有罪必罰，有功必賞，專主將將權。起致仕尚書秦竑爲總制，節制諸邊，右都御史史琳，坐鎮京營，遥爲聲援。厚恤沿邊死事之家，召募邊方驍勇之士。更請仿前代制科薦舉之例以收異材。」時不能用。【考異】王鏊上邊策事，見明史韃靼傳，特書「是年之春」，蓋大同之役以後，延綏之役以前，今據之，並參王鏊本傳增入後段語。

10 夏，四月，庚辰，以寇入延綏，命工部侍郎李鐩督軍餉。戊子，命朱暉仍爲總兵官，史琳提督軍務，太監苗逵監軍，分道禦之。

先是小王子、和碩諸部連兵大舉，自紅鹽池、花馬池入，縱横數千里，延綏、寧夏皆告警。巡撫陳壽，督兵捍禦。寇先以百餘騎來誘，諸將請擊之。壽不可，自出帳，擁數十騎，據胡牀指揮飲食，寇望見疑之，引去。諸道乘勢襲擊，斬獲甚多。會朝廷遣暉等率重兵至，則壽已奏捷。上嘉之，加禄一等。

方壽之奏捷也，或勸其注子弟名籍，壽不可，曰：「吾子弟不知弓馬，寧當與血戰士同受賞耶！」

時朱暉統都督李俊、李澄、楊玉、馬儀、劉寧五將往，比至，寇已入寧夏飽掠，又分掠固原而去。

11 戊戌，免山西、陝西一切物料。

12 甲辰，録囚。

13 五月，庚戌，振大同被兵軍民，免其税糧。

14 辛酉，免陝西被災税糧。

15 戊辰，遣使修闕里文廟。並命各布政司上所屬地里圖。

16 是月，雲南參議郭緒，諭孟養降之。

初，孟密宣撫司之設也，實割木邦宣慰司地。既而孟密思揲復于界外侵木邦地二十七所，屢諭之還，不聽，乃調孟養宣撫思禄兵脅之，思揲始還所侵地。然多殺孟養兵，思祿讎之，發兵越金沙江，奪木邦故割孟密地十有三所。

兩酋搆怨不已，巡撫陳金，承詔遣緒與副使曹玉往諭。旬餘，抵金齒，參將盧和先統軍距所據地二程而舍，遣官馳驛往諭，皆留不報。和懼，還軍至干崖，遇緒語故，戒勿進，緒不可。玉以疾辭，緒遂單騎從數人行。旬日至南甸，峻險不可騎，乃斬棘徒步引繩以登。又旬日至一大澤，土官以象輿來，緒乘之往，行毒霧中，泥沙踸踔。又旬日至孟賴，去金沙江僅二舍，手自爲檄，使持過江，諭以朝廷招徠意。蠻人相顧驚曰：「中國使竟至此乎！」發兵率象馬數萬，夜渡江，持長槊勁弩，環之數重。從行者懼，請勿進，緒拔刀叱曰：「明日必渡江，敢阻者斬！」思祿既得檄，見譬曉禍福甚備，又聞至者纔數人，乃遣酋長來聽令，且致饋。緒却之，出敕諭宣示。思祿亦繼至，緒先敘其勞，次白其冤狀，然後責其叛。諸酋聞，咸俛伏呼萬歲，請歸侵地。緒索前所留使人，乃盡出而歸之。和及玉聞報馳至，則已歸地請降矣。【考異】事見明史郭緒傳，特書云，「時弘治十四年五月也。」三編書之十六年正月下，蓋據其入貢歸侵地之年月耳。今從本傳分書之。

17 六月，甲申，貴州官兵討普安賊婦米魯，敗績。

初，米魯作亂，敕鎮、巡官率土兵進討，事見十二年九月。並責安民獻米魯，民乃攻斬阿保父子。米魯亡走，而安民陰資魯兵五百，襲殺適烏及其二子，據別寨殺掠，又自請襲爲女土官。鎮、巡官受魯賂，請宥魯，嚴旨切責，必得魯乃已。

會焦俊卒，曹愷代爲總兵官，遂與巡撫錢鉞、中官楊友等發兵進討。而副使劉福陰索賂于米魯，故緩師；賊益熾，官軍敗績，都指揮吴遠被虜，普安幾陷。友等請濟師，從之。【考異】明史本紀但書是年七月命王軾討米魯事，明史稿則于六月分書遣雲南、貴州守臣討米魯，蓋先命守臣率官兵進討，踰月始命將也。證之土司傳，是時官兵已敗績，普安幾陷，是命雲、貴守臣討米魯又當在命王軾之前。又證之三編據實録所載，特書「是年六月官兵敗績」云云，據此，則是因敗問至始命王軾也。今據三編及明史土司傳，分書于六月，爲下文用兵張本。

18 戊戌，寇犯延綏清水堡。

19 是月，陝西巡撫熊翀，以鄠縣民所得玉璽來獻，謂秦璽復出也。禮部尚書傅瀚率同列言：「秦璽完毀，具載簡册。今所進形色篆紐皆不類，蓋後人仿爲之。且帝王受命，在德不在璽。太祖製六璽，列聖相承百三十餘載，天休滋至，受命之符不在秦璽明矣。請姑藏内府。」上是其言。【考異】明書系之十三年七月，今據輯覽。

20 秋，七月，丁未，泰寧衛入犯遼東。

時海西有僧格者，舊作尚古。以不得通貢怨中國，數以兵阻諸番入貢，諸番並銜之。總兵官蔣驥、巡撫陳瑶，旋招僧格議款，于是衛人以僧格爲詞，駐兵塞下，攻遼陽迆東諸堡，分守副總兵孫文毅等，率官軍四千禦之。敵窺迆西無備，乘虛毀邊牆四十餘道，擁騎八千，分道直入長勝諸堡，遼東大震。

鎮、巡官諱之，巡按御史車梁以聞，遣給事中鍾渤等往勘狀。渤等還奏如梁言，且劾「驥、瑶納侮邀功，致寇深入。」方下刑部議，會廣寧復敗，驥、瑶僞以捷聞，給事中屈伸、御史耿明等，交章劾其欺罔，乃下巡按御史核實。刑部請逮驥、瑶廷鞫，乃召驥等還。【考異】據明史本紀及三編所記，皆泰寧衛入寇事。明史三衛傳，僅記尚古納款，而入寇遼陽不載。其攻毀邊牆及深入長勝本末，乃于韃靼傳中淆入此事，以爲小王子之等，殆誤也。今據本紀，參三編目中語書之。

21 癸亥，命南京户部尚書王軾兼左副都御史，提督軍務，討貴州賊婦米魯。

是時貴州守臣請兵，上以命軾。軾未至而楊友等議招撫，賊揚言願降，益擁衆攻圍普安安南衛城，斷盤江道，又乘間劫執友，右布政使閭鉦、按察使劉福、都指揮李宗武、郭仁、史韜、李雄、吴達等皆死焉。于是賊勢益熾。

22 丁卯，朱暉、史琳等襲寇于河套，以捷聞。

是時寇已徙帳，不在套中，暉、琳及中官苗逵，率劉寧等大發兵，由紅城子墩直擣其巢，無所遇。遂還，以斬首三級聞，驅孳畜千餘歸，賞甚厚。

23 庚午，分遣給事中御史清理屯田。

24 閏月，乙酉，小王子以十萬騎從花馬池入，官軍敗于孔壩溝，都指揮王泰死之。時寇分道散掠開成、寧夏境，戕殺慘酷，關中震動。鎮將嬰城不敢出，而朱暉等又逗遛不急赴，奉旨切責。

25 戊戌，振兩畿、江西、山東、河南水災。

26 八月，丁未，和碩諸部犯固原。

27 己酉，免河南被災税糧。

28 辛亥，寇復分道散掠韋州、環縣、萌城、靈州，皆自花馬池入。諸路官軍先後得敵人首級十二，復以捷聞。

29 己巳，減光禄寺供奉悉如元年初制。

時上以軍興缺餉，屢下廷議。大學士劉健等言：「天下之財，其生有限。今光禄歲供增數十倍，諸方織作，務爲新巧，齋醮日費數萬，太倉所儲，不足餉戰士，而内府取入動四五十萬，宗藩、貴戚之求土田奪鹽利者亦數千萬計。土木日興，科斂不已。傳奉冗官之俸薪，内府工匠之餼廩，歲增月積，無有窮期，財安得不匱！願陛下絶無益之費，躬行節儉，爲中外倡，天下幸甚！」上納之。

初，成化時，光禄寺增坐家長隨八十餘員，傳添湯飯中官百五十餘員。天下常貢不足于用，乃責買于京師鋪户，價直不時給，市井負累。兵部尚書劉大夏亦因天變言之，乃裁減中官，歲省銀八十餘萬。

30 是月，和碩諸部復犯寧夏東路。

31 九月，丙子朔，日有食之。

32 丁亥，遣大理丞劉憲、太僕少卿王質募兵于延綏、寧夏、甘涼。時有建募土兵之議者，故有是命。

33 甲辰，召史琳還。起秦紘爲户部尚書兼副都御史代之。紘以十一年引疾歸，至是廷臣薦紘雖老可用，乃起紘總制三邊。紘至，按行敗所，躬祭陣亡將士，掩其骼，奏録死事指揮朱鼎等五人，劾治敗將楊琳等四人罪，更易守將，練壯士，興屯田，申號令，軍聲大振。

初，寇既徙出河套，平涼、開成皆内地無患。自小王子諸部復往來駐牧，開成當兵衝，爲平慶、臨鞏門户，而城隘民貧，兵力單弱，商販不至。紘乃拓治城郭，招徠商賈，改開成爲固原州。以州境地北延袤千里，屯田數十萬頃，其曠野近邊無城堡可依者，議于花馬池迆西至小鹽池二百里，每二十里築一堡，堡周四十八丈，役軍五百人。固原迆北諸處亦各築屯堡，募人屯種，每頃歲賦米五石，可得五十萬石。詔令規畫行之。

34 冬，十月，戊午，録囚。

35 辛酉，南京地震。

36 是月，吏部尚書倪岳卒。

岳狀貌魁岸，風采嚴峻。善斷大事，每盈廷聚議，決以片言，聞者悦服。及長吏部，嚴絶請託，不徇名譽，銓政稱平。

贈少保，謚文毅。岳父謙，累官至南京禮部尚書，卒，謚文僖。——明世父子官翰林俱謚文自岳始。

37 改馬文升爲吏部尚書，代倪岳也。尋召劉大夏爲兵部尚書。

文升在班列中最爲耆碩，上推心委任，特敬禮之，歲時賜賚，諸大臣莫敢望也。

大夏自兩廣至，再以疾辭，不允，仍趣之入見。既至，問曰：「朕召卿，卿數引疾，何也？」大夏頓首對曰：「臣老且病。竊見天下民窮財盡，脱有不虞，責在兵部。度力不辦，故辭耳。」上默然。

38 十一月，癸巳，分遣刑部侍郎何鑑、大理寺丞吳一貫往振兩畿、山東、河南饑民。【考異】明史紀，「閏月振兩畿、江西、山東、河南水災。」此復書者，先命有司自振，至此復遣使也。江西但命有司振卹，不遣官，故不再書，統見于三編十一月目中。

39 十二月，戊辰，遼東大饑，命户部發帑金五萬振之。

40 是歲，免畿內、山東、山西、湖廣、江西被災税糧。

41 劉大夏之内召也，以南京刑部侍郎潘蕃爲右都御史，總督兩廣。帳下士舊不下萬人，蕃悉汰之，纔給使令而已。

42 起前南京祭酒謝鐸爲禮部侍郎，管祭酒事。

鐸謝病家居將十年，薦者益衆。至是廷議，兩京國學當用名儒，遂起鐸。及南監缺，議以章懋補之。

懋自成化初改官南京評事，遷福建僉事，滿考，致仕歸，屏跡不入城市，奉親之暇，讀書講學，從遊者日衆，海内稱楓山先生。中外交薦。以親老，辭不赴。及是奉命，方遭父憂，不就。時南監闕司業且二十年，詔特以羅欽順爲之。命南侍郎楊守阯攝祭酒，而虚位以待懋，時以爲異數云。【考異】憲章録系起謝鐸、章懋于是年。證之明史本傳，鐸以四年謝病歸，至此已十年。懋以十六年服闋莅任，則起用正在是年。今並系于是年之末。

十五年（壬戌、一五〇二）

1 春，正月，丙子，朱暉率師還。

暉本非制勝才，師行紆迴無紀律，邊民死者徧野。轉輸徵發動數十萬，而先後僅獲首功十五級。時寇已出套，暉留兵三千，以參將楊玉領之，遂引兵還。都給事中屈伸，疏劾「暉等西討，無功班師。命甫下而將士已入國門，不知奉何詔旨？且此一役，糜京帑邊儲共一百六十餘萬，而首功止三級，是以五十餘萬易一無名之首也。所上有功將士至萬餘人，假使殲一渠魁如和碩，或斬級至千百，將竭天下財不足供費，而報功又不知幾萬萬也！請置暉等于重典」。不報。

時所上擣巢有功將士萬餘，尚書馬文升、大學士劉健持之。上先入苗逵等言，竟録二百十人，署職一級，餘皆被賚。及班師，上猶遣中官齎羊酒迎勞。暉以十三年命督三千營、領右府事，至是言官交劾，不問，仍督團營如故。

2 丙戌，大祀南郊。

3 是月，吏部考察朝覲官，舉治行卓異者六人，浙江按察使朱欽預焉。未幾，僉都御史林俊又舉欽自代，乃遷湖廣左布政使。

4 江西盜起，新昌王武爲首。巡撫韓邦問不能靖，命操江御史林俊巡視。俊身入武巢，武請自效，悉禽賊黨。

詔即以俊代邦問，俊引朱熹代唐仲友、包拯代宋祁事力辭，不允。乃更定要約，庶務一新。

王府徵歲禄，率倍取于民，以俊言大減省。寧王宸濠貪暴，俊屢裁抑之。王請易琉璃瓦，費二萬，俊言宜如舊，且引叔段、吴王濞故事以戒。王怒，伺其過，無所得。會俊以聖節按部，遂劾奏之，停俸三月。尋以母憂歸。【考異】俊治江西盜事，見明史本傳。憲章録、明書皆系之是年正月，今從之。

5 二月，癸丑，免河南被災税糧。

6 是月，傅瀚卒。以禮部侍郎張昇爲本部尚書代之。

7 三月，癸未，罷饒州督造磁器中官。

先是即位之初，以浮梁景德鎮所造御用磁器最多且久，費不貲，命督造中官還。尋復遣之，至是復撤。

8 庚寅，賜康海等進士及第、出身有差。

9 夏，四月，壬寅，振京師貧民。

10 乙丑，録囚。

11 五月，庚子，免湖廣被災秋糧。

12 是月，以災異修省。詔群臣言時政闕失。

大學士劉健，請「早朝以勤政，日講以視學，節儉以省費，剛斷以決事」。上納之。【考異】明史本紀不載，見劉健傳，特書「是年四月」。三編系之五月，據實録也。蓋詔下在先，上書在後，本傳牽連並記耳。今從三編。

13 六月，歲星連日晝見。

14 秋，七月，己卯，録劉基九世孫瑜爲指揮使。

初，景泰中，録基七世孫禄與顔、孟二氏後並爲翰林五經博士，至是給事中吴仕偉，言「誠意伯乃功臣，其後裔不當爲博士」，乃命瑜爲處州衛指揮使，予世襲。【考異】録劉基裔孫，諸書皆系之六年録開國功臣子孫之後。三編據實録系之是年七月，今從之。

15 己丑，王軾平普安，斬賊婦米魯。

先是軾至師，以便宜調廣西、湖廣、雲南、四川官軍、土軍八萬人，合貴州兵，分八道進。是年正月，參將趙晟破其六隧寨，賊遁，過盤江，都指揮張泰等渡江追擊，指揮劉懷等遂進解安南衛之圍。賊復還攻平夷衛及大河、扼勒諸堡，都御史陳金以雲南兵禦之，賊遁歸馬尾籠寨。至是官軍環攻益急，僉事王懋中、土官鳳英等追及之。英臨陣格殺米魯，餘黨遂平。用兵凡五閲月，破賊寨千餘，斬首四千八百有奇。

捷聞，賜敕嘉勞。尋召還，録功，加太子少保。已，改南京兵部尚書，參贊軍務。【考異】明史軾傳，特書正月破米魯事，蓋據趙晟等之捷及解安南衛之圍，而賊之攻平夷衛又在其後。故傳言

「用兵凡五閲月」，是正月至五月，賊黨已平，本紀書之七月，又據其奏報之月日也。今牽連記之。

16 辛卯，命各邊衛設養濟院、漏澤園。

17 八月，庚戌，以南畿災，遣官祭告孝陵、太廟及皇陵。

辛亥，敕兩京群臣修省。

先是六、七兩月，南京、鳳陽霪雨，江溢，又大風連日摧孝陵神宫監及懿文陵樹木。吏部尚書馬文升，請「減膳撤樂，修德省愆，御經筵，絶游宴，停不急務，止額外織造，振饑民，捕盜賊。」時河南、湖廣亦大水，京師苦雨沈陰，兵部尚書劉大夏，請「凡事非祖宗舊而不便于軍民者，悉條上釐革」。上皆褒納之。【考異】明史本紀系之是月，據遣官祭告之月日也。證之五行志，書于六、七兩月，並參列傳增入。

18 九月，庚午朔，日有食之。【考異】憲章録于是年五月、九月皆書「庚午朔日食」，二申録同，蓋「五月」誤也，今據正史。

19 丙戌，南京、徐州、大名、順德、濟南、東昌、兖州同日地震。

20 丁亥，録囚。

21 戊子，放減内府所蓄鳥獸，從光禄寺卿王珩之請也。珩列上内外官役酒飯及所畜鳥獸料食之數凡百二十事，及降旨，有仍舊者，有減半者，有停止者。于是放去乾明門虎，南海子貓，西華門鷹犬，御馬監山猴，西安門犬、鴿等，各減省有差，存者，減其食料。

22 冬，十月，癸卯，罷明年上元燈火。

先是太監李興請辦明年上元燈火，有詔裁省；至是因禮部尚書曾鑑奏，盡罷之。

23 丁卯，南京地復震。

24 是月，户部上天下會計之數。

尚書似鍾言：「常入之賦以災傷漸減，常出之費以請乞漸增，入不足當出。正統以前，軍國費省，小民輸正賦而已。自景泰至今，用度日廣，額外科索，河南、山東邊餉，浙江、雲南、廣東雜辦，皆昔所無。民已重困，無可復增。往時四方豐登，邊境無調發，州縣無流移。今太倉無儲，内府殫絀，而冗食冗費日加于前。願陛下惕然省憂，力加撙節，且敕廷臣共求所以足用之術。」吏部左侍郎韓文亦以爲言。上乃下廷臣議。

議上十二事，其罷傳奉冗官，汰内府濫收軍匠，清騰驤四衛勇士，停寺觀齋醮，省内侍、畫工、番僧供應，禁王府及織造濫乞鹽引，令有司徵莊田租，皆權倖所不便者，疏留數月不下。鍾乃復言，他皆報可，而事關權倖者終格不行。【考異】事見三編，蓋據明史鍾傳。而韓文之奏，明鑑采之，所論冗食冗費，語意略同，今據增入。

25 十一月，壬申，瓊州黎賊作亂。

初，前任瓊州知府張桓，貪財私斂，繼以余濬，賊虐尤甚。黎人苦之，遂有符南蛇等聚衆爲亂，鎮兵討之不能下。

戶部主事馮顒上言：「瓊州在大海中，周三千里。其五指山，林箐深密，川澤險阻，兵不可入。黎衆聚散無常，攻之則巢穴難窮，置之則侵掠無已。乞勾考熟知夷情者，令各集土兵，聽巡守官節制，有能擒斬首惡者，復其祖職。此以夷攻夷，數月間當見俘獲。不然，師旅之興無時已也。」上是其言。

時潘蕃總督兩廣，檄副使胡富調狼、土兵討之。而賊方攻圍儋州，富與參將劉信往覘，賊突至，殺信。富手斬劇賊一人，賊乃退。

26 甲午，始罷廣東採珠，召中官還。

自十二年之採，中官歲守之費以萬計，而所得不償。是年得珠較多，而歲久珠老不堪用，上始悟而罷之。

27 是月，雲南景東衛晝晦，凡七日。

28 十二月，己酉，大明會典成，凡一百八十卷，大學士劉健等表上之。【考異】明會典初修于弘治，再修于萬曆。明史藝文志言「二百二十八卷」者，萬曆重修之卷數。其弘治初修一百八十卷之數，見御製序中，末署「弘治十五年十二月十一日」，蓋是月己亥朔也，今據書之。

29 辛亥，上以疾不視朝。

時廷臣以南京、鳳陽大水，上言時政，久之不下。閣臣劉健等因極陳怠政之失，請勤聽斷以振紀綱，上皆嘉納。【考異】據明史本紀，爲明年改卜郊張本。

30 是月，免南畿被災税糧凡三十萬有奇。

31 是歲，致仕兵部尚書項忠、刑部尚書何喬新皆卒。

忠倜儻多大略，練戎務，强直不阿，以劾汪直得罪，事見十三年。直敗復官，致仕，家居二十六年卒，年八十二。贈太子太保，謚襄毅。

喬新既罷歸後，巡按江西御史陳詮奏其「始終全節，中間祇以受親故餽遺之嫌，勒令致仕，進退黯昧，誠爲可惜，請行取任用」，不報。後中外多論薦，竟不復起。至是卒，年七十六。

江西巡撫林俊爲彭韶及喬新請謚，吏部覆從之，有旨，「令上喬新致仕之由。」給事中吴世忠言：「喬新學行政事莫不優，忠勤剛介，老而彌篤。御史鄒魯挾私誣劾，一詞不辨，恬然退歸，杜門著書，人事罕接，士大夫莫不高其行。若必考退身之由，疑旌賢之典，則如宋蔣之奇嘗誣奏歐陽修矣，胡紘輩嘗誣奏朱熹矣，未聞以一人私情廢萬世公論也。」

事竟寢。正德十一年，復以廣昌知縣張傑言，贈太子太保，明年，賜諡文肅。

32 升陝西之開成縣爲固原州，設總制府，用總制秦紘議也。自和碩諸部出没河套，開成遂爲敵衝。至是改立州治，而以固、靖、甘、蘭四衛隸之，設總制，參將、遊擊等官，遂爲重鎮。【考異】諸書皆系之是年，證之明史地理志：「弘治十五年置固原州，屬平涼府。」今據之。

33 御史車梁，以災異條列時政，中言：「東廠錦衣衛所獲盜，先嚴刑，具成案送法司，法司不敢平反，請自今徑送法司，毋先刑訊。」章下，未報。主東廠者言「梁從父郎中霆，先以罪爲東廠所發，挾私妄言」，遂下梁詔獄。給事御史交章論奏，乃得釋，出之于外，終漢陽知府。

34 擢南京太常寺卿楊一清爲左副都御史，督理陝西馬政，尚書劉大夏之薦也。西番故饒馬，而仰給中國茶，飲以去疾，太祖著令，以蜀茶易番馬，資軍中用。久而浸弛，奸人多挾私茶闌出爲利，番馬不時至。一清嚴爲之禁，盡籠茶利于官以服致諸番，番馬大集。【考異】事見明史本傳，通紀亦系之是年之末，今從之。

明通鑑卷四十

江西永寧知縣當塗夏燮編輯

紀四十起昭陽大淵獻（癸亥），盡旃蒙赤奮若（乙丑），凡三年。

孝宗敬皇帝

弘治十六年（癸亥、一五〇三）

1 春，正月，癸酉，享太廟，以疾，遣官行禮。

2 是月，雲南宣撫司思禄入貢，並歸木邦侵地。【考異】孟養請降在十四年五月，此據其入貢分書之，明書亦系之是年正月。三編蓋牽連並記耳。

3 二月，辛丑，上疾愈，始視朝。

戊申，大祀南郊——改卜也。【考異】三編目云：「帝有疾，自正月己巳朔至是月辛丑始視朝，乃改卜于十一日戊申。」今從之。

將郊，賜大學士劉健等三人各蟒衣一襲。——閣臣賜蟒自健等始。

4 是月，以會典成，加劉健少師兼太子太師、吏部尚書兼華蓋殿大學士，李東陽太子太保、户部尚書兼謹身殿大學士，謝遷太子太保，禮部尚書兼武英殿大學士，副總裁吴寬、王鏊以下，皆陞賞有差。

5 敕取河南牡丹三十本，巡撫都御史孫需諫，命已之。

6 三月，癸巳，免山西被災税糧。

7 夏，四月，辛亥，敕宣大嚴邊備。

8 乙丑，録囚。

9 是月，南京國子祭酒章懋服闋，復固辭，不允，乃之任，六館士人人自以爲得師。時謝鐸在北，論者以爲李時勉、陳敬宗後，至此始再見云。

10 五月，戊子，以雲南災變，敕兩京群臣修省，並遣南京刑部侍郎樊瑩巡視雲、貴，察官吏，問民疾(若)〔苦〕。

先是雲南晝晦之異，值景東大疫，又隴川宣撫司雨雪如手掌，盡殺禾稼，宜良地屢震暴風，曲靖大火數發，貴州亦多災異。上以「災變非常，皆由官不得人，以致小民含怨，上干天和」，特命瑩視之。瑩至，劾鎮、巡官，黜文武不職者千七百人。廉知景東之變，由指揮吳勇侵官帑，以災異可倖寬政，因雲霧晦冥，虛張其事，即奏劾勇罪。巡行所部，修城池，厲兵馬，振貧窮，撫流散，威惠大行。

初，瑩巡按雲南，甚有聲，諸蠻懾服。至是有訴土官奪其牛者，瑩還其牒，諭土官歸其牛。他土官聚兵仇殺，瑩聞，曰：「吾在，賊敢爾耶！果爾，當擣其巢，覆其族。」土官聞之懼，各斂兵還。

明年，召還，擢南京刑部尚書。

11 瑩之巡視雲南也，户部員外郎席書上疏言：「災異係朝廷不係雲南，如人元氣内損，然後瘡瘍發四肢。朝廷元氣也，雲南四肢也，豈可舍致毒之源，專治四肢之末！今内府供應，數倍往年，冗食官數千，投充校尉數萬；齋醮寺觀無停日，織造頻煩，賞賚踰度。皇親奪民田，宦官增遣不已。大獄據招詞不敢辯，刑官亦不敢伸。大臣賢者未起用，小臣言事謫者未復。文武官傳陞，名器大濫。災異之警，偶泄雲南，欲以遠方外吏當之，此何理也！漢遣八使巡行天下，張綱獨曰：『豺狼當道，安問狐狸！』今樊瑩職巡察，不能劾戚畹大臣，獨考黜雲南官吏，舍本而治末。乞陛下以臣所言弊政，一切釐革；他大害當祛，大政當舉者，悉令所司條奏而興革之。」時不能用。

12 六月，減蘇、杭織造三分之一。

先是上納諸大臣言，召還織造中官。中官鄧瑢以請，又許之。工部尚書曾鑑極言之，乃有是命。

13 吏部尚書馬文升，以考滿晋少師兼太子太師。

14 是夏，京師大旱，兵部尚書劉大夏引咎乞致仕，不許。

15 秋，七月，辛卯，歲星晝見。

壬辰，太白晝見。

16 是月，總督兩廣都御史潘蕃討瓊州黎賊，平之。

符南蛇在海南聚衆數萬，勢益熾。蕃請益兵進攻，破賊巢千二百餘所，斬符南蛇，瓊州遂平。會歸善、南海諸賊方蜂起，蕃移師討之，遂平歸善劇賊古三仔、唐大髻等。

17 八月，上念故贈侍講學士劉球之忠，詔有司訪其曾孫祠，録爲通政司知事。【考異】録劉球裔，明史本傳不載。三編據實録系于是年之八月，今從之。

18 九月，丁丑，振兩畿、浙江、山東、河南、湖廣被災軍民，分遣都御史王璟巡視浙江，副使汪舜民于淮、揚，僉事閻璽于廬、鳳。——舜民，前副都御史奎之從子也。

其北直隸、山東、河南、湖廣被災州郡，皆敕有司如例振之。又以廬、鳳二府滁、和二州災尤甚，發南京户部兑餘米給振。

時韓文爲南京兵部尚書，以米價翔踊，請預發軍餉三月；户部難之，文曰：「救荒如救焚，有罪吾自當之。」乃發廩十六萬石，米價爲平。

璟至浙，陳荒政十事，奏減杭、嘉、湖、寧、紹、台六府稅，省杭、湖糧三十餘萬石，活饑民四十餘萬人。舜民用便宜發粟，活饑民百二十萬人，流民復業者八千餘户。璽亦多所全活云。

19 詔清理鹽法。

初，奸商投外戚張鶴齡，「乞以長蘆舊引十七萬免追鹽課，每引納銀五分，別用價買各場餘鹽，如其數聽鬻販」，上許之。自後奸民援例，乞兩淮舊引至百六十萬，自此鹽法大壞，奸人横行江湖，官司莫能禁也。

一日，上召見閣臣劉健等于便殿，論及理財，李東陽因極言鹽法之壞由陳乞者衆。劉健進曰：「太祖時茶法始行，駙馬都尉歐陽倫以私販坐死，高皇后不能救。如倫事，誰敢爲陛下言者！」上曰：「非不敢言，不肯言耳。」乃命户部覈議鹽法利弊以聞。

是時上在位久，益明習政事，數召見大臣面議。而健等三人竭誠盡慮，知無不言。初或有從有不從，既乃益見信，所奏請無不納。每進見，上輒屏左右。有從屏後竊聽者，但聞上數數稱善。【考異】明史本紀不具，明史稿系之是月丁丑。三編、明鑑皆書于九月，今據之。

20 壬午，崇明海溢。

21 是月，桃李華。

22 進建昌伯張延齡爲侯。

23 冬，十月，丙午，録囚。

24 十一月，甲戌，罷營造器物及明年上元燈火。是時工部尚書曾鑑言：「諸省方用兵，且水旱多盜賊，乞罷諸營繕及明年煙火，龍虎山、上清宮工作。」報從，遂有是命。

25 是月，免南畿被災秋糧。

26 十二月，丙午，免淮、揚、浙江所辦物料。

十七年（甲子、一五〇四）

1 春，正月，辛未，復振應天饑。上恐閻璽等分振未周，專敕南京工部侍郎高銓振之。銓陳荒政八事，報可。

2 甲戌，大祀南郊。

3 壬午，嚴誣告之禁。

4 是月，考察京官。都御史戴珊，廉介不苟合。給事中吳蕣、王蓋，自疑見黜，連疏詆吏部尚書馬文升，並言「珊縱妻子納賄」。珊等乞罷，上慰留之。

御史馮允中等言：「文升、珊歷事累朝，清德素著，不可因浮詞廢計典。」乃下蕣、蓋詔獄，命文升、珊即舉察事。珊等言：「兩人逆計當黜，故先劾臣等。今黜之，彼必曰是挾私也。苟避不黜，則負委任而使詐諼者得志。」上命上兩人事蹟，皆黜之。已，劉健等因召對，力言「蓋罪輕，宜調用」，時上方嚮用文升、珊，卒不納。

5 以道士崔志端爲禮部尚書。

志端，李廣之黨也，習步虛聲，音吐洪暢。成化中傳奉，歷官至太常少卿，久之進卿。至是驟擢尚書，仍掌寺事。言官以志端羽流，不宜清秩，抗疏力爭。上曰：「先朝有之。既擢用矣。」不聽。

6 二月，戊戌，太白晝見。

7 丙午，截留漕糧振鳳陽諸府饑民，從應天巡撫張縉之請也，凡發米十五萬五千石。縉請期以三年償之于官，上曰：「民困甚矣，今既振之，毋令償也。」

8 己未，申讖緯妖書之禁。

9 庚申，免浙江被災稅糧。

10 是月，詔建延壽塔于朝陽門外，除道士杜永祺等五人爲真人。大學士劉健等力諫，得寢。【考異】建延壽塔，輯覽載之十六年二月，三編删之。今證之健傳，特書「十七年二月，」今據列傳。

11 詔：「每歲官録重囚，毋限一日。」故事，會官録囚，率以一日告竣。兵科給事中潘鐸言：「審録數多，一日不能詳定，恐致冤濫。太宗皇帝時，刑部上大辟三百餘人，諭『各官再訊，遲十日不爲害。』祖宗好生之仁，萬世所當遵也。」從之。

12 復以災，詔減光禄寺供奉十之二。諭曰：「歲饑民貧，朕實痛焉。其務節約，毋濫費。」尋有是詔。時尚書劉大夏亦以各省被災，乞命撫、按官蠲減租役，專務生養，上命「事當興革者，所司具實以聞。」大夏乃會廷臣條上十六事，皆權倖所不便者，相與力尼之。上不能決，下廷臣再議。大夏等言：「事屬外廷，悉蒙允行，稍涉權貴，復令察核。臣等至愚，莫知所以。」久之，乃得旨：「傳奉官疏名以請。幼匠廚役，減月米三斗。增設中官，司禮監覈奏。四衛勇士，御馬監具數以聞。餘悉如議。」制下，舉朝歡悦。【考異】大夏陳興革事，諸書或系之十五年，或系之十六年。證之明史本傳，特書「十七年二月」。三編亦類記之減光禄寺供奉目中，本紀則但書「二月甲寅減供用物料」而已。今並系之二月下。

13 土爾番阿哈穆特死。即阿黑麻，譯見前。

先是哈密部下阿爾保喇等，即阿孛剌，譯見前。以怨善巴故，陰搆土爾番迎阿哈穆特幼子展特穆爾舊作真帖木兒。主哈密，善巴懼，挈家走苦峪。時恩克保喇、舊作奄克孛剌。舍音和珊舊譯見前。俱在肅州，邊臣以二人爲番衆所服，令還輔善巴，與百户董傑偕行。傑有膽略，既抵哈密，阿爾保喇與其黨五人約夜以兵來劫。傑知之，與恩克保喇等謀，召阿爾保喇等計事，立斬之，其下遂不敢叛。乃令善巴還，復主哈密，展特穆爾還土爾番。

而展特穆爾之母，即哈商女也，土爾番與哈商結婚誘殺事見元年。聞其父阿哈穆特已死，兄莽蘇爾舊作滿速兒。嗣，與諸弟相仇殺，懼不敢歸，願依外家。邊臣慮其與善巴隙，居之甘州。【考異】事具明史哈密傳，特書「是年春」。諸書皆系之是年之二月，今從之。

14 三月，壬戌，太皇太后周氏崩，上尊謚曰孝肅睿皇后。

癸未，定祔廟制。

初，慈懿錢太后崩，雖合葬裕陵而異隧，距英宗元堂數丈許窒之，虛右壙以待，隧獨通。至是上御便殿，出裕陵圖示閣臣，劉健等曰：「陵有二隧，一窒一通，皆先朝内臣所爲，未合禮。昨見成化時彭時、商輅等章奏，先朝大臣忠厚爲國如此，先帝亦甚不得已耳。」因與健等議，欲通隧，欽天監奏恐動地脈，乃止。

後詢祔廟禮，健等言：「漢以前一帝一后，祔二后自唐始，祔三后自宋始。曩時定議，慈懿太皇太后居左，今大行太皇太后居右，用唐、宋故事。」上曰：「事須師古，末世不足效。祖宗來惟一帝一后，今若並祔，是變禮自朕始也。」乃援孝穆紀太后別祭奉慈殿爲言，下廷臣議。禮部尚書吳寬言：「魯頌閟宮、春秋考仲子之宮皆別廟。」

于是英國公張懋等援「春秋『考仲子之宮』胡安國傳云：『孟子入惠公之廟，仲子無祭所。』以此觀之，廟無二配。而周禮有『祀先妣』之文，疏云，『姜嫄也。』唐、宋推尊太后，不配食者皆別立廟祀之，亦得閟宮之義。宜仿故事，于奉先殿外建廟奉祀爲宜。」上然之。將建廟，欽天監奏年月不宜，姑議「暫祀太皇太后于奉慈殿正中，徙孝穆居左」。終明世皆用其制。

15 夏，四月，己酉，葬孝肅皇后于裕陵。

16 丁巳，振淮安火災。

17 閏月，辛酉，闕里文廟成，遣大學士李東陽祭告。

東陽自曲阜還，上疏曰：「臣奉使遄行，適遇亢旱。天津一路，夏麥已枯，秋禾未種。輓舟者無完衣，荷鋤者有菜色，盜賊縱横，青州尤甚。南來人言『江南、浙東流亡載道，户口消耗，軍伍空虛，庫無旬日之儲，官缺累歲之俸』。東南財賦所出，一歲之饑已至于此；北地呰窳，素無積聚，今秋再歉，何以堪之！事變之生，恐不可測。臣自非經過其地，則雖久處官曹，日理章疏，猶不得其詳，況陛下高居九重之上耶！

臣訪之道路，皆言『冗食太衆，國用無經，差役頻煩，科派重疊。』京城土木繁興，供役軍士，財力交殫，每遇班操，寧死不赴。勢家鉅族，田連郡縣，猶請乞不已。親王之藩，供億至二三十萬。游手之徒，託名皇親僕從，每於關津都會大張市肆，網羅商稅。國家建都於北，仰給東南，商賈驚散，大非細故。更有織造內官，縱群小掊擊，鬧河官吏，莫不奔駭，鬻販窮民，所在騷然，此又臣所目擊者。

夫閭閻之情，郡縣不得而知也；郡縣之情，廟堂不得而知也；廟堂之情，九重亦不得而知也。始於容隱，成于蒙蔽；容隱之端甚小，蒙蔽之禍甚深。臣在山東，伏聞陛下以災異屢見，敕群臣盡言無諱。然詔旨頻降，章疏畢陳，而事關內廷貴戚者，動爲掣肘，累歲經時，俱見遏罷，誠恐今日所言又爲虛文。乞取從前內外條奏，詳加採擇，斷在必行。」

上嘉歎，悉付所司。

18 庚午，免山東被災稅糧。

19 乙亥，以四方災異，敕群臣修省。

先是給事中楊褫言：「兩畿、河南、山東，自春徂夏不雨，黄河以北，窮民晝劫，淮、揚、嘉、湖，頻報災荒，乞敕百官修省。」從之。

庚辰，諭曰：「庶政滋弊，害及軍民，上干和氣，朕甚軫焉。令所司詳議以聞。」

時外戚近倖多干恩澤，上深知其害政，奮然欲振之。至是尚書劉大夏應詔復陳數事，首以爲言，上嘉納之。

20 己丑，録囚。

21 五月，壬辰，罷南京、蘇、杭織造中官，從尚書劉大夏之請也。

先是以曾鑑言僅罷三分之一，至是大夏請悉罷，召中官還，令鎮、巡官領之。

22 是月，户部尚書似鍾致仕。

鍾以忤權倖，東廠偵事者發其子瑞受金事。鍾屢疏乞休，命馳驛歸。以秦紘爲户部尚書代之。

23 六月，癸亥，太白晝見。是日，京畿雨雪。【考異】明史五行志，上文是年二月書「鄖陽、均州雨雪」，下文書「六月癸亥雨雪」，其下文不書地，即京師也。三編亦據實録書「六月雨雪」，目云，「是月四日」，癸亥也，今據書之。

24 乙亥，更定兩京考察制。

故事，方面官三年朝覲一考察，兩京堂上官不與。至五品以下，十年始一行，居官率九載，年勞轉遷或服除改補，多不及期。給事中許天錫，請「京官六年一考察，大僚令自陳簡去之」。

又以內官冗濫，並請考察以定去留。其略言：「祖宗御內官，恩不泛施，法不輕貸，內府二十四監、局及在外管事者，並有常員。近年諸監、局掌印、僉事多至三四十人，他管事無數，留都亦然。憑陵奢暴，蠹蝕民膏，第宅連雲，田廬徧野，膏粱厭于輿臺，文繡被乎狗馬。凡此之類，皆足召災。乞敕司禮監會內閣嚴行考察，此後或三年、五年一行，永爲定制。」上善其言，于是令「兩京四品以上並自陳聽命，五品以下六年考察」。遂著爲令。而內官考察，事格不行。

25 辛巳，召閣臣劉健、李東陽于煖閣，議邊務，以和碩諸部謀犯大同也。

先是韃靼諸部上書請貢，許之，竟不至。時入大同殺掠，墩軍都指揮鄭瑀禦之。會游擊將軍衛勇、副總兵官黃鎮與都指揮尉景、李敬等分護官軍番上者事竣還，值和碩擁衆數百，與瑀戰于焦山，衛勇等合兵援之。寇衆五千餘忽集，持長矛四面圍擊，迨暮，復益騎萬餘。官軍殊死戰，凡十數合，殺傷相當。瑀戰久力屈，猶手刃數人而死，敵就前支解之。

事聞，上召閣臣諭曰：「墩軍我赤子，被殺如此。即日遣京軍一萬征之。」健言「京軍恐未可動」。東陽曰：「近韃靼與朶顏相結潮河以北，古北口甚可慮。若彼聲東擊西，而我兵出大同，未免顧彼失此。」遂罷議。

而中官苗逵力勸出師，上爲之動。越三日癸未，大同敗問至，復召兵部尚書劉大夏于便殿，問曰：「卿在廣，聞苗逵擣巢功乎？」對曰：「臣聞之。俘婦稚十數耳，賴朝廷威德，全師以歸。不然，未可知也。」上默然良久，問曰：「我太宗頻出塞，今何不可？」對曰：「陛下神武固不後太宗，而將領士馬遠不逮。且當時淇國公小違節制，舉數十萬之衆委之沙漠，奈何易言之！度今上策惟守耳。」時都御史戴珊同召，亦從旁贊決。上遽曰：「微卿曹，朕幾誤。」由是不果出。【考異】據明史本紀，召劉健、李東陽在是月辛巳，而墩軍敗問，越三日癸未至，似閣臣召見不止一次。然據明史劉大夏傳，則大夏召見在召閣臣之第三日。今據明史本紀書之，而補出召見大夏于癸未之下。

26 上之召大夏也，問曰：「卿前言天下民窮財盡，祖宗以來，稅斂有常，何期今日至此？」對曰：「正謂不盡有常耳。如粵東、西歲取香藥木材，固以萬計，他可知矣。」又問：「天下軍若何？」對曰：「窮與民等。」上曰：「居有月糧，出有行糧，何故窮？」對曰：「其帥侵尅且過半，安得不窮！」上太息曰：「朕臨御久，乃不知天下軍民困，何以爲人主！」

先是大夏陳兵政十害，且乞致仕，上不許，令詳具弊端宜革者以聞，于是大夏舉南北軍轉漕、番上之苦及邊軍困敝、邊將侵尅之狀極言之，至是召對，略如前，乃下詔嚴禁。

上察知大夏方嚴練事，數召見咨決。同時惟都御史戴珊以材見，每有宣召，或專及大夏，或兼及珊，諸大臣不能與也。上嘗諭大夏曰：「臨事輒思召卿，慮越職而止。後有當行罷者，具揭帖以進。」大夏頓首曰：「事之可否，外付府部，内咨閣臣可矣。揭帖滋弊，不可爲後世法。」上稱善。又嘗問：「天下何時太平？」對曰：「求治亦難太急。用人行政，悉與大臣面議，當而後行，久之天下自治矣。」【考異】明史稿書劉大夏召對于弘治十六年之五月乙未，且云：「自後大學士劉健、李東陽、謝遷、尚書馬文升、劉大夏、都御史戴珊數召見。」今考孝宗自十三年以後，屢召閣臣，固不始于十六年，而文升、大夏、戴珊之召，明史本傳所載，皆十七年事。又據大夏本傳，論民窮財盡及問苗逵廣東事，特書于十七年六月，蓋即在六月辛巳召對閣臣之後，所謂「越三日」者是也。輯覽、明鑑書之十六年五月者，蓋沿史稿之誤，重修三編始據實録改正，今從之。惟明史本紀十七年但書馬文升、戴珊召對事，而遺却大夏，亦一疎漏也。今召對人名年月，皆據三編，附識其異于此。

27 甲申，江西廬山鳴如雷。次日，大風雨，平地水丈餘，星子、德安二縣人溺死者無算。【考異】三編系廬山鳴于六月，據明史五行志在甲申，今據書之。

28 秋，七月，癸巳，命工部侍郎李鐩、大理少卿吴一貫，通政司參議叢蘭分道經略邊塞。甲午，左副都御史閻仲宇、通政司參議熊偉分理邊餉，以京營不出故也。

29 八月，戊辰，命「天下撫、按三司官奏軍民利病，士民建言可採者，所司以聞。」

30 甲申，免南畿被災夏税。

31 丁亥，召吏部尚書馬文升、都御史戴珊于煖閣，諭以「明年考察，務訪實蹟，秉公黜陟。」又以文升年高重聽，再呼告之，命左右掖之下階。

始，文升爲都御史，王恕在吏部，兩人皆以正直任天下事。恕去，人望皆歸文升。迨爲吏部，年已八十，修髯長眉，遇事侃侃不少衰。

32 是月，復召劉大夏論軍務。

上欲宿兵近地爲左、右輔，大夏言：「保定設都司，統五衛，祖宗意當亦如此。請遣還操軍萬人爲西衛，納京東兵密雲、薊州爲東衛。」從之。

先是大夏嘗乘間言四方鎮守中官之害，上問狀，對曰：「臣在兩廣，見諸文武大吏供億，不能敵一鎮守，其煩費可知。」上曰：「然。祖宗來設此久，安能遽革！第自今必廉如鄧原、麥秀者而後用，不然則已之。」大夏頓首稱善。

大夏每被召，跪御榻前，上左右顧，近侍輒引避。嘗對久，憊不能興，呼司禮太監李榮掖之出。

榮等陽修好于大夏而陰銜之，至是因請設東、西衛，中官監京營者恚失兵，揭蜚語宫門。上以語大夏曰：「宫門豈外人能至，必此曹不利失兵耳。」由是間不得行。

明鑑曰：中官監織造，苛擾貪黷，其弊百出，孝宗以劉大夏之言罷之，可謂能斷矣。然既知中官之不可監織造，寧不知其不可爲鎮守者，而猶以祖制爲詞。鐵牌之禁，獨非祖制乎？夫昏椓之倫，其性皆全于陰，其才則狡險而已，其志則富貴而已，而乃以廉望之，是以望君子者望小人也。若麥秀之在浙，鄧原之在閩，千百中不一二，且度亦不過彼善于此耳，何若專任疆吏之爲得乎！使大夏更力陳之，孝宗未必不從其議。何乃一聞擇廉之語，輒爲頓首稱善！此三編御批所以深爲大夏惜也。

33 九月，庚寅，録囚。諭法司，「不得任情偏執，致淹獄囚。」

34 甲寅，命太常少卿孫交經略宣大邊務。

35 丁巳，御煖閣，召輔臣劉健等曰：「諸邊首功，巡按御史察勘，動淹歲年，非所以示勸。自今奏報以遠近立限，違者詰治。」

36 經筵進講，太監李榮等有以觸忌爲言者，上聞之，諭輔臣曰：「講書須要明白，直言不諱。可傳語諸講官，不必顧忌。」是時天顔和悦，似以昨所傳未的，恐講官因此觀望，規諫不聞，故特示之，俾知上意所嚮云。【考異】明史本紀書于是月丁巳下。據憲章録所載，則以李榮來説，「講章内有『以善道啓沃他』，『他』字不是對上語」，上微笑。後恐諸講官因此顧忌，乃特宣示，並書于是月之晦日。王圻續文獻通考，亦云「九月三十日」，正丁巳也。今據本紀，參憲章録書之。

37 是月，復置起居注。

初，洪武間設起居注，後廢。至是太僕少卿儲巏言：「古者史官記言記動，典至重也。臣見陛下宣召群臣，多係帷幄造膝之言，近臣不得與聞，史官莫由紀録。失今不圖，恐歲月綿遠，傳聞各異，無以究其始末。乞敕廷臣曾蒙召問者，備録呈覽，宣付史館。庶幾聖君言動舉無所遺，群臣論説亦以附見。」報可。

38 冬，十月，户部尚書秦紘聞召，以年老連章力辭，乞致仕，賜敕乘傳歸。明年九月卒，年八十，贈少保，謚襄毅。

紘廉介絶俗，妻孥菜羹麥飯常不飽。性剛果，勇于除害，不自顧慮。其督兩廣，威望尤著。時以爲偉人。

39 十一月，戊子，罷雲南銀場。

上初即位，減雲南銀課二萬兩。十三年，巡撫李士實言：「雲南九銀場，四場礦脈久絶，乞免其課。」報可，及是從巡撫陳金言，竟罷之。

40 辛卯，寇入莊浪。

41 是月，逮大理寺少卿吳一貫。

先是泰寧衛部十餘騎，射傷海西貢使。故都指揮僉事張斌以罪廢，孫天祥入粟得祖官。斌欲冒功起廢，使天祥出關，掩殺他衛三十八人，指爲射貢使者，巡撫張鼐奏捷。巡按御史王獻臣疑之，方移牒駁勘。會指揮張茂及子欽，與天祥有隙，詐爲前屯衛文書呈獻臣，具言天祥掩殺狀。獻臣以聞，未報。而獻臣嘗令步卒導從遊山，爲東廠所發，被徵，以余濂代。上命一貫偕錦衣指揮楊玉會濂勘之，盡得其實。論斌等死，天祥斃于獄。

天祥叔父洪屢訟冤，上密令東廠廉其事，還，奏所勘皆誣，上信之，欲盡反前獄，出東廠揭帖示閣臣，命盡逮一貫等會訊闕下。劉健言「東廠揭帖不可行于外」，既退，復争之。上再召見，責健等，健對曰：「獄經法司，讞皆公卿士大夫，言足信。」上曰：「法司斷獄不當，身且不保，言足信乎？」謝遷曰：「事當從衆；若一二人言安可信？」健等又言「衆證不可悉逮」，上曰：「此大獄，逮千人何恤，苟功罪不明，邊臣孰肯效力者！」健等再四執争，見上聲色厲，終不敢深言東廠非。

一貫等既至，上御午門親鞫之，欲抵一貫死，閔珪進曰：「一貫推案不實，罪當徒。」上不允。珪執如初，上怒，命更擬，珪終以原擬上。謫一貫嵩明州同知，獻臣前已貶上杭丞，再貶廣東驛丞，漮雲南布政司照磨，茂父子論死。而斌免，洪得論功。

上勵精圖治，委任大臣，中官勢稍絀；惟天祥及滿倉兒事皆發自東廠，廷議猶爲所撓云。

42 召南京兵部尚書韓文爲户部尚書。

43 十二月，庚午，申閉糴之禁。

44 己卯，寇犯靈州。

45 甲申，免湖廣被災秋糧。

46 是月，户部覈奏天下户口之數，户凡一千五十萬八千九百三十有五，口凡六千一十萬五千八百三十有五。

47 是冬，以南京鴻臚卿王璟爲僉都御史，巡撫保定。時以莊田故，遣緹騎逮民二萬餘人，畿輔騷動。璟抗疏切諫，尚書韓文等在内力持之，管莊内臣稍得召還。

48 是歲，兩廣總督潘蕃請討思恩土官岑濬。濬與岑猛相讎殺不已，前制撫屢撫不服。蕃平瓊州之亂，奏請移兵剿之，廷議未決。而濬復掠上林、武緣諸縣，死者不可勝計。又攻破田州，猛僅以身免，掠其家屬五十餘人。聞于朝，兵部乃議調兩廣及湖廣兵合剿之。

十八年（乙丑、一五〇五）

1 春，正月，己丑，小王子諸部圍靈州，入花馬池，遂掠韋州環縣。

自秦紘召還，尋致仕，遂虛制府不命官。鎮、巡官無統攝，邊備遂疎。至是寇復分道入，詔户部侍郎顧佐往理陝西軍餉。

2 乙未，大祀南郊。

3 甲辰，小王子復陷寧夏清水營。

上曰：「清水營堡乃西陲要害，寇直入焚掠，邊弛甚矣。其令巡按御史閱實以聞！」

尋寇以攻靈州不克，散掠内地，指揮仇鉞邀其歸路，與總兵官李祥擊走之。

4 是月，考察京、外官。

一日，上御便殿，劉大夏、戴珊同侍。上曰：「時當述職，諸大臣皆杜門。如二卿者，雖日見客何害！」因袖出白金賚之，曰：「少佐爾廉。」且屬「勿廷謝，恐爲他人忌也」。

珊以老疾乞骸骨，優詔勉留。已，大夏燕見，復爲珊請。上曰：「彼屬卿言耶？主人留客堅，客且爲强留，珊獨不能爲朕留耶？且朕以天下事付卿輩，猶家人父子。今太平未兆，何忍言歸！」大夏出，以告珊，珊泣曰：「臣死是官矣。」屬以新君嗣位，不忍言去，力疾視事。疾作，遂卒。【考異】諸書皆系之十六、十七兩年。今證之本傳，言「帝晚年」，且是年方嚴考察，故有「時當述職諸臣閉門」之語，其爲是年之正月無疑也。傳中敘其卒即在本年，證之七卿表，蓋十二月也。

5 二月，戊辰，御奉天門，諭户、兵、工三部曰：「方今生齒日繁，而户口軍伍日就耗損，此皆官司撫恤無方，因仍苟且所致。其悉議弊政以聞！」

于是户部尚書韓文等上言：「耗損之故有二，有因災傷斂重逼迫逃移者，有因懼充軍匠諸役賄里長匿報者。若不加招撫之恩，嚴稽查之法，則逃移者永無復業之望，匿報者別無清理之術。如荆襄流民尤多，宜簡命大臣一人往理，其他各行省，敕撫、按等官招撫復業。若逃避軍匠等役，許首報更正，違者罪之。自後歲一稽覈，仍令有司輕徭薄征以寬恤之。」上從其議。三編質實引王世貞弇山堂別集，言「國家户口登耗，有絕不可信者。如弘治十七年，口至六千十萬五千八百三十五，十八年，户至一千二百九十七萬二千九百七十四。而正德元年，户僅九百一十五萬一千七百七十三，頓減三百八十二萬一千二百一，口僅四千六百八十萬二千五十，減一千三百三十萬三千七百八十五。自是而劉六等亂中原，藍、鄢等亂楚、蜀、江、廣，無處不被兵，而八年以後，口却增至六千三百三十餘萬。然則有司之造册與户科户部之稽查，皆兒戲耳。

6 是月，上御經筵，學士張元禎請講太極圖、西銘等書，上觀之，喜曰：「天生斯人，以開朕也！」

元禎家居閲二十年，中外交薦不赴。弘治初，召修憲宗實録，累遷至學士，充經筵日講官，上頗向用。元禎體清癯，長不踰中人，每日講，上特設低几聽之。至是欲大用，不果。

7 三月，癸卯，賜顧鼎臣等進士及第、出身有差。

8 是月，下户部主事李夢陽于錦衣衛獄。

時上優禮外家，皇后弟壽寧侯張鶴齡、建昌侯延齡，並驕縱，多犯法。夢陽上書陳二病：一曰「元氣之病」，謂士氣日衰也；一曰「腹心之病」，謂内官日横也。又陳三害：「一曰兵害，二曰民害，三曰莊場饑民之害。」又陳六漸：「一曰匱之漸，二曰盜之漸，三曰壞名器之漸，四曰弛法令之漸，五曰方術蠱惑之漸，六曰貴戚驕侈之漸。」累數千言。而末言貴戚，則專斥「張鶴齡招納無賴，罔利賊民，勢如翼虎」。

鶴齡奏辨，摘疏中「陛下厚張氏」語，誣夢陽「訕母后，罪當斬」。后母金夫人復訴于上前，上不得已下之獄。已，問劉健曰：「夢陽言事何若？」健曰：「小臣狂妄。」謝遷曰：「赤心爲國耳。」上頷之。踰月，即降中旨宥出，僅奪俸三月。

金夫人愬不已，上不聽。左右知上護夢陽，「請無重罪，而予杖以泄金夫人憤，」亦不許。未幾，劉大夏召見于便殿，謂曰：「若輩欲以杖斃夢陽耳。朕寧殺直臣快左右心乎！」

他日，上遊南宮，鶴齡兄弟入侍。酒半，皇后及金夫人起更衣。上出游覽，獨召鶴齡語，左右莫聞也。惟遥見鶴齡免冠，首觸地，自是稍斂迹。【考異】據三編，夢陽下獄在三月，其上疏在二月，出獄在四月，皆見空同集，今類記于三月下。其游南宮一事，亦見夢陽祕録中，蓋得之光禄卿張璞云云。明史本傳及三編俱采入，今從之。

9 夏，四月，戊寅，命刑部侍郎何鑑撫輯荆襄流民，從户部尚書韓文之請也。鑑周歷河南、湖廣、陝西連界，閲實户口，得户二十三萬五千有奇，口七十三萬九千有奇，因疏善後十事及軍民利病以聞。

10 甲申，上不豫。

11 五月，庚寅，大漸，召閣臣劉健、李東陽、謝遷至乾清宫，諭曰：「朕承統十有八年，年三十六歲。遘疾殆不能興，故召卿輩。」健等皆慰藉。上曰：「朕自知命也。朕守祖宗法度，不敢怠荒，天下事重煩卿輩。」又曰：「東宮年十五矣，未選婚，可亟令禮部行之。」皆應曰：「諾。」即令司禮太監授遺詔，命就榻前書之。執健手曰：「卿輩輔導良苦，朕備知之。東宮年幼，好逸樂，卿等當教之讀書，輔導成德。」

越日，辛卯，召太子，諭以法祖用賢。午刻，帝崩。帝恭儉有制，勤政愛民，兢兢于保泰持盈之道，用使朝序清寧，民人康阜。仁、宣而後，此其中興之令主歟！

明史何喬新等傳贊曰：「孝宗之爲明賢君，有以哉！恭儉自飭，而明于任人。劉、謝諸賢居政府，而王恕、何喬新、彭韶等爲七卿長，相與維持而匡弼之，朝多君子，殆比隆開元、慶曆盛時矣。喬新、韶雖未竟其用，而望著朝野。史稱『宋仁宗時，國未嘗無嬖倖而不足以累治世之體，朝未嘗無小人而不足以勝善類之氣』。孝宗初政，亦略似之。不然，承憲宗之季，而欲使政不旁撓，財無濫費，滋培元氣，中外乂安，豈易言哉！

12 壬寅，太子即皇帝位。以明年爲正德元年。大赦天下。除弘治十六年以前逋賦。

13 戊申，小王子犯宣府。

時寇乘喪大入，連營二十餘里。總兵官張俊，遣諸將李稽、白玉、張雄、王鎮、穆榮，各率三千人分扼要害。俄寇由新開口毀垣入，稽遽前迎敵，玉、雄、鎮、榮各率所部拒于虞臺。俊率三千人赴援，道傷足，以兵屬都指揮曹泰。泰至鹿角山被圍，俊力疾，益調兵五千人，持三日糧，馳解泰圍，又分兵救稽、玉等，皆潰圍出，獨雄、榮阻山澗，援絶死。諸軍大困，收兵還，寇追之，行且戰，僅得入萬全右衛城，士馬死亡無算。

俊及中官劉清、巡撫李進皆徵還。御史郭東山言「俊扶病馳援，宜令贖罪」，許之。

14 庚戌，命太監苗逵監督軍務，保國公朱暉爲征虜將軍，充總兵官，右都御史史琳提督軍務，禦寇宣府。

15 辛亥，太白經天。

16 六月，庚申，上大行皇帝尊謚曰敬皇帝，廟號孝宗。

17 秋，七月，加大學士劉健左柱國，李東陽少傅兼太子太傅，謝遷少傅兼太子太傅。踰月，東陽、遷亦加柱國。

18 八月，甲寅，尊皇太后曰太皇太后，皇后曰皇太后。

19 癸亥，太白晝見，凡六日。

20 朱暉等出師，分駐大同、宣府。會寇轉掠大同，參將陳雄擊斬八十餘級，還所掠人口二千七百有奇，虜引去。暉以捷聞。

丙子，召暉等還，加太保，史琳太子少保。琳尋卒。

暉之奏捷也，列有功將士二萬餘人，侍郎閻仲宇、大理丞鄧璋往勘，所報多不實，而中官苗逵力持之。會太監劉瑾用事，乃悉如暉請。

21 辛巳，歲星晝見，凡三日。

22 京師自六月霪雨至于是月。

時東宮舊豎劉瑾，與馬永成、谷大用、魏彬、張永、邱聚、高鳳、羅祥等八人俱用事，謂之「八黨」，亦謂之「八虎」，日導上游戲。由是怠于政事，遺詔中當興罷者悉廢格不行。

大學士劉健等乃上言：「陛下登極詔出，中外歡呼，想望太平。今兩月矣，未聞汰冗員幾何，省冗費幾何，詔書所載，徒爲空文。此陰陽所以失調，雨暘所以不若也。如監局、倉庫、城門及四方守備内臣，增置數倍，朝廷養軍匠，費鉅萬計，僅足供其役使，寧可不汰！文武臣曠職僨事虛糜廩禄者，寧可不黜！畫史、工匠濫授官職者多至數百人，寧可不罷！内承運庫累歲支銀數百餘萬，初無文簿司鑰，庫貯錢數百萬未知有無，寧可不勾校！至如放遣先朝宮人，縱内苑珍禽奇獸，皆新政所當先，而陛下悉牽制不行，無以慰四海之望。」

上雖温詔答之，而左右宦豎日恣，增益日益衆。每上出，帶刀被甲擁駕後。内府諸監局僉書，多者至百數十人，光禄日供，驟益數倍。健等極陳其弊，請勤政講學，報聞而已。

23 九月，甲午，申刻，河鼓北斗晝見。

是日，南京及蘇、松、常、鎮、淮、揚、寧七府，通、和二州同日地震。【考異】明史本紀但書「甲午南京地震」，今據五行志。

24 丁酉，振陝西饑。

25 以副都御史屠勳爲右都御史。

26 上踐阼未數月，漸改先帝之舊。户科給事中劉茝疏諫曰：「先帝大漸，召閣臣劉健、李東陽、謝遷於榻前，託以陛下。今梓宮未葬，德音猶存，而政事多乖，號令不信。張瑜、劉文泰，方藥弗慎，致先帝升遐，不即加誅，容其奏辨。中官劉瑯，貽害河南，宜按治，僅調之薊州。户部奏汰冗員、兵部奏革傳奉疏皆報罷。夫先帝留健等輔陛下，乃近日批答章奏，以恩侵法，以私撓公。是閣臣不得與聞，而左右近習陰有干預矣。願遵遺命，信老成，政無大小，悉咨内閣，庶事無壅蔽，權不假竊。」報聞。

27 冬，十月，丙辰，小王子率數萬騎犯固原，總兵官曹雄軍隔絶不相聞。副都御史楊一清巡撫陝西，時在平涼，率輕騎晝夜行，抵雄軍，爲之節度，多張疑兵脅寇。寇移犯隆德，一清夜發火礮，響應山谷間。寇疑大兵至，遁出塞。

28 庚午，葬孝宗敬皇帝於泰陵。

29 十一月，甲申，御文華殿日講，大學士劉健等請之也。

30 辛丑，命太監韋興鎮守湖廣。

興自成化末得罪久廢，至是夤緣出守。科、道官言：「詔革天下鎮守内官非舊額者，墨猶未乾，乃復遣興，無以示天下信。」

方上之踐阼也，劉健等釐諸弊政，凡先帝所欲興罷者，悉以遺詔行之。而四方鎮守中官，易置者多，僅撤均州齊元，而韋興復夤緣代均州。

于是兵部尚書劉大夏，復議上應撤者二十四人，又奏減皇城、京城守視中官，皆不納。頃之，列上傳奉武臣當汰者六百八十三人，報可。大漢將軍薛福敬等四十八人亦在汰列，於是福敬等故不入侍以激上怒，上遽命復之，而責兵部對狀，欲加罪。中官寧瑾頓首曰：「此先帝遺命，陛下列之登極詔書，不宜罪。」上意乃解。至是復以興故，大夏等再三爭執，皆不聽。

31 十二月，丙辰，長寧伯周彧請加侯封。吏部言：「封爵重典，其以恩授者，皆出特旨，未有如彧之自請者。」上是之。

時彧與東光民訟田，爲言官所劾，尋有是請，蓋效尤張氏兄弟也。

32 丁巳，詔修孝宗實録，英國公張懋爲監修，大學士劉健、李東陽、謝遷爲正總裁，吏部侍郎張元禎、焦芳爲副總裁。

元禎以上嗣位，擢居卿貳，入東閣，專典誥敕。然元禎素有名譽，晚而復出，館閣諸人悉後輩，見其言論意態，以爲迂闊，又名位相軋，遂騰謗議，言官交章劾之。元禎七疏乞休，劉健力保持之。健去，元禎亦卒。【考異】修實録，明史本紀不具，明書系之是年十二月。據武宗實録，爲是月丁巳，從之。

33 是月，南京御史陸崑，疏陳重風紀八事：「一獎直言。古者臣下不匡，其刑墨。宋制，御史入臺踰十旬無言，有辱臺之罰。今郎署建言如李夢陽、楊子器輩，當加旌擢。而言官考績，宜以章疏多寡及當否爲殿最。二復面劾舊制。御史上殿，被劾者趨出待罪，即唐人對仗讀彈文遺意。近率封章奏聞，批答未行，彌縫先入。乞遵舊典面奏，立取睿裁。三明淑慝。尚書劉大夏、王軾以病乞休，張元禎、陳清屢劾不去，賢不肖倒置，實治亂消長之關。宜勉留二人，放還元禎等。四覈命令。近者言妨左右，頻見留中，事出所私，輒收成命。乞令諸曹章奏俱具數送閣，已行者備考稽，未行者便奏請。五養鋭氣。御史與都御史例得互糾，行事不宜牽制。六均差遣。御史以南北爲限，顯分重輕。自今除巡按面命外，其他差遣及遷轉資格，宜均擬上請以示一體。七專委任。河南道有考覈之責，請擇人專任。八勵庶官。郎中田岩、姚汀，員外郎李承勳、胡世寧等二十人，皆宜顯擢。」章下所司，時不能用。

34 禮部尚書張昇，條奏四方災異：「自今年正月至九月，天鼓妖星，山崩地震，霾雨暴風，雷火水旱之變，凡百三十餘處。而南京根本重地，地亦震，尤變之大者。然兆于先帝賓天之前，示于陛下踐阼之始，天心仁愛。伏願陛下清心潔己，延訪公卿，聽用忠諫，屏去邪諛，節省濫恩，謹修邊備，以協人心而回天意。」疏入，下所司議當興革者以聞。

35 是冬，小王子諸部入鎮夷所，指揮劉經死之。

36 是歲，平思恩州。

先是岑濬攻破田州，總督潘蕃奏請調集三廣官、土軍十萬八千餘人，與總兵官毛鋭、太監韋經等分六哨，各取道共抵賊寨。尋賊分兵阻險，我軍緣崖而進，濬勢蹙，遁入舊城。諸軍圍攻急，濬自縊，城中人獻其首。前後斬捕四千七百九十級，俘男女八百人，盡平其地。捷聞，璽書嘉勞。

兵部議：「濬既伏誅，不宜再録其後；而岑猛世濟凶惡，亦宜停襲。請改思恩、田州俱爲流官，以雲南知府張鳳、平樂知府謝湖俱陞廣西右參政，掌思恩、田州府事。」

37 哈密忠順王善巴卒。子巴爾濟舊作拜牙即。襲，昏愚失道，國内益亂。

先時土爾番酋莽蘇爾方嗣位，桀黠踰于父，見哈密不振，復有併吞之志。

明通鑑卷四十一

江西永寧知縣當塗夏　燮　編輯

紀四十一 柔兆攝提格（丙寅），盡一年。

武宗承天達道英肅睿哲昭德顯功宏文思孝毅皇帝

正德元年（丙寅、一五〇六）

1 春，正月，乙酉，享太廟。

2 己丑，大祀天地于南郊。

3 甲午，大學士劉健等言：「郊壇廟享，內官、內使隨從數多。今祭太社、耕藉田在邇，地方窄狹。至釋奠大典，太學生徒，圜橋觀聽，尤不可無以肅觀瞻。乞查照正統以前舊制，定爲名數，勿使仍前冗濫。」上嘉納之。

4 乙未，以山陵甫畢，免宴，並罷上元燈火。

5 戊戌，兵部言：「陝西守臣各報：『去年十二月二十日，寇擁衆數萬，毀邊牆，散入固原諸處。』宜敕都御史楊一清，隨宜徵調延寧遊兵及莊浪土兵相機戰守，別選錦衣千户一人星馳赴彼偵探實情。」乃敕千户屠璋往。

6 是月，召南京刑部尚書張敷華爲左都御史。

7 以巡撫陝西左副都御史楊一清總制陝西、延綏、寧夏、甘肅等處邊務，兼督馬政。時一清上言：「寧夏花馬池、興武營直抵高橋二百餘里，爲寇入邊門户，近因警報，議調延綏遊兵、土兵分布防禦，而無一人至者，以事關各鎮，不相統攝，彼此牴牾故也。宜簡大臣一人爲總制，無事則常駐慶陽，有警則往環縣、韋州諸處，居中調度，如彼出套，即行經略花馬池一帶。庶幾有備無患，全陝可安。」兵部尚書劉大夏，即請以一清任之。

一清遂建議修邊。其略謂：「陝西各邊，延綏據險，寧夏、甘肅扼河山。惟花馬池至靈州，地寬延，城堡復疎，寇毀牆入，則固原、慶陽、平涼、鞏昌皆受患。成化初，寧夏巡撫徐廷璋築邊牆，緜亘二百餘里，在延綏者，余子俊修之甚固，由是寇不入套二十餘年。後邊備疎，牆塹日夷，弘治之末，寇連侵略，以至于今。秦紘僅修四五小堡及靖虜至環慶治塹七百里，不足捍敵。臣久官陝西，頗悉形勢。寇動稱數萬，往來倏忽，未至徵兵多擾費，既至召援輒後時，欲戰則彼不來，久持則我師坐老。臣以爲防邊之策，大要有四：修濬牆塹以固邊防，增設衛所以壯邊兵，經理靈夏以安内附，整飭韋州以遏外侵。今河套，即周之朔方，漢之定襄，唐之受降城也。夫受降據三面之險，當千里之蔽。國初舍受降而衛東勝，已失一面之險；其後又輟東勝以就延綏，則以一面而遮千餘里之衝；遂使河套沃壤，爲寇巢穴，深山大河，勢乃在彼，而寧夏外險，反南備河，此邊患所以相尋而不可解也。誠宜扼守東勝，因河爲固，東接大同，西屬寧夏，使河套方千里之地，歸我耕牧，屯田數百萬畝，省内地轉輸，策之上也。如或不能，及今增築防邊，敵來有以待之，猶愈無策。」因條上墩臺守軍及置衛所、增兵備各地勢事宜。上可其議，大發帑金數十萬，使一清築牆。未幾而劉瑾搆之，僅成要害間四十里之地而止。【考異】一清請築邊牆本末，見明史本傳。諸書多系其總制三邊于去年之冬，蓋因寇犯固原、隆德，一清自平涼往援爲疑兵而寇遁，遂牽連並記耳。證之正德實録，命一清總制三邊在是年正月癸卯，惟憲章録系之正月，與明實録合，今據之，參本傳書于正月之末。

8 二月，壬子，御經筵，大學士劉健等請之也。

上自去年冬月後，以天寒輟講，健等乃以正月復請之，始定遣官知經筵、同知經筵事。至是仍循每月初二日例。

9 乙卯，巡撫保定、僉都御史王璟請革皇莊。

上之即位也，太監夏綬乞于真定諸府歲加葦場税，少監傅琢請履畝覈静海、永清、隆平諸縣田，太監張峻欲税寧晋、小河往來客貨，詔皆許之。又以莊田故，遣緹騎逮民魯堂等二百餘人，畿南騷動。璟抗疏切諫，下廷臣議。僉言：「此千百頃瑣瑣之利，恐不足以孝養兩宫，宜悉革之，通給小民領種。」有旨令再議。于是尚書韓文等覆題，謂：「畿民宜加存恤，若謂莊田以奉兩宫，不可給散小民，則宜移文巡撫官覈實，召人佃種，畝徵銀三分，解部輸内庫進用。其管莊内官，仍悉召還，庶地方得免侵漁之害。」上曰：「卿等爲國爲民，意良厚。但朕奉順慈闈，事非得已。管莊各留内官一人，校尉十人，餘悉召還。子粒如擬徵銀，不許分毫多取。如有仍前生事爲民害者，令巡按御史具實以聞。」

大學士劉健等復言：「皇莊既以進奉兩宫，自宜悉委有司，不當仍主以私人，反失朝廷尊親之意。」因極言内臣管莊擾民，不省。【考異】王璟請革皇莊事，見明史本傳，系之武宗嗣位之下。惟劉健傳特書「元年二月」，證之實録，蓋是月乙卯也。請革皇莊，始于王璟，廷議從之。因上令再議，韓文始有召佃徵銀之請。上復欲留管莊内官一人，校尉十人，故劉健復有責之有司，撤還内官之請。實録所記，尤爲明析，今據書之。

丁巳，遣官行釋奠禮于先師。

11 乙丑，耕藉田。

12 戊辰，吏、户、兵三部及都察院各有疏言事，爲宦官所撓，傳示上意，令閣臣調旨。大學士劉健等不奉命，别擬以奏，上不聽。健等力諫，謂：「奸商壞亂鹽政，武臣負罪玩法，北征將士無功授官，御用監書篆濫用匪人，皆宜痛抑。今陛下不信大臣而信群小，欲以一二人私恩壞百年舊制，臣等豈敢苟從！所擬四疏，謹以原擬封進。」不報。

居數日，健等又言：「陛下即位之初，詔書一下，天下想望太平。而朝令夕更，迄無寧日，非惟廢格不行，抑且變易殆盡。建言者以爲多言，幹事者以爲生事。累章執奏，則謂之再擾；查革弊政，則謂之紛更；憂在于民生國計，則若罔聞知；事涉于近倖貴戚，則牢不可破。臣等叨居重地，徒擁虚銜，或旨從中出，略不預聞；或有所議擬，徑行改易。此爲户、兵等部鹽法、賞功諸事極陳利害，拱俟數日，未奉玉音。若以臣等言是，宜賜施行；所言既非，亦當明加斥責。乃留中不報，視之如無，政出多門，咎歸臣等。宋儒朱熹有言：『一日立乎其位，則一日業乎其官；一日不得乎其官，則不敢一日居乎其位。』伏乞聖明矜察，特賜退休。」上慰留之，然疏仍不下。

又數日，健等復歷數政令十失，而指斥貴戚近倖尤切，因再申前請。上不得已，始下前疏令所司詳議。健等知志終不行，各上章乞骸骨，不許。既而所司議上，一如健等指，上勉從之，由是諸失利者益切齒。

初，孝宗之末，外戚慶雲、壽寧家人及商人譚景清等，奏請買補殘鹽至百八十萬引，戶部尚書韓文條鹽政夙弊七事，論殘鹽尤切，孝宗嘉納，未及行而崩，即入上登極詔中罷之。侯家復奏乞下部更議，文等再三執奏，弗從，竟如侯請。于是內閣及言官復論之，詔下廷議。文言：「鹽法之設，專以備邊。今山、陝饑，寇方大入，度支匱絀，飛輓甚難。奈何壞祖宗法，致誤邊防！」景清復陳乞如故，文等請執付法司，事始已。戶部疏中首論「奸商壞亂鹽政」，即指景清也。于是失利者以爲事始于文，銜之尤甚。

13 癸酉，罷採寶石西珠。

時中旨傳采辦，下戶部，尚書韓文請屏絶珍奇以養儉德，從之。

14 己卯，大學士劉健、李東陽、謝遷，皆先後上疏乞致仕，不許。

15 三月，甲申，上幸太學，釋奠于先師。禮畢，御彝倫堂，祭酒、司業進講畢，還宮。

16 乙酉，錦衣千戶屠璋自陝西勘事還，奏稱：「鹽池之役，陣亡十八人，亂馬川之役，指揮張瑛中流矢，死者又十八人。今寇已出套東渡，宜行一清督各鎮守臣隨宜區處。」

時都給事中艾洪等劾「太監陸誾、御史劉淮等冒功掩罪，而所報衝鋒三次當先之將士，或身在京師而冒報名姓，或令人頂替而妄作己功」。因及「苗逵、朱暉敷奏失實，淮等紀功之册，宜行覆勘」。報聞，俟查明酌處之。

17 丁亥，大學士劉健等言：「自開講以來，不時傳旨暫免，免者多以兩宮朝謁爲詞，近又云擇日乘馬。臣等愚見，以爲乘馬等事，似與講學兩不相妨。至于慈宮問安，往來不過頃刻。且兩宮以宗社爲念，見皇上勤于講學，亦必喜動顔色；今以頃刻之問安而廢一日之學業，恐非所以慰慈顔，承尊意也。伏乞日勤聽講，除舊例假日外，其餘尋常之日不暫停免，使臣等得以少效涓埃，則聖德日隆，聖治日新矣。」報可。

18 先是正月天鼓鳴，二月陝西地震，星斗晝見。于是六科給事中張文等、十三道御史李鉞等先後上書，請「重輔導，抑權幸，清弊政。」末言：「劉健等執奏鹽法等十事，未及施行。而薊州草場雖有查撥之命，小民未得實業。大臣如南工部尚書李孟暘等之不職，宣府巡撫都御史李進之失機，都督僉事神英父子之贓罪，皆未明正黜典，弊之大者也。」詔下其章于所司。

19 夏，四月，癸丑，五府、六部等衙門英國公張懋等合詞上疏，其略曰：「自古人君，未有不以憂勤而興，驕佚而壞者。益之戒舜曰：『罔遊于逸，罔淫于樂。』成王初政，周公作無逸以訓之。誠見夫廢興之機，于此焉繫，不可以不慎也。我太祖高皇帝百戰而得天下，深懼後世溺于宴安，故作皇明祖訓，首謂『守成之君當存敬畏，以祖宗憂天下爲心，則能承受天眷。若生怠慢，禍必加焉。』貽謀之遠，蓋與古人異世而同符也。

仰惟皇上嗣位以來，日御經筵，躬親庶政，天下喁喁望治。邇者忽聞宴閒之際，留心騎射，甚至群小雜沓，徑出掖門，游觀苑囿，縱情逸樂，臣等聞之，不勝驚懼。

昔漢文帝從霸陵欲西馳下峻阪，袁盎諫曰：『聖主不乘危，不徼幸。今騁六飛，馳不測，有如馬驚車敗，陛下縱自輕，奈高廟太后何！』宋孝宗常親鞍馬，薛季宣諫曰：『毬馬之事，惟陛下所以習勞講武。至于衛生之害，積于細微，銜橛之危，起于所忽，則不可不慎。』

夫家累千金，坐不垂堂，蓋謂所託者重也。陛下負託之重，豈但千金之子，而乃自釋端拱之安以犯垂堂之險，萬一御者蹉跌，銜轡有失，左右不及致力，將如之何？

仰惟天縱聖明，初無此念，必左右近侍引之非道，陛下不察而誤蹈之，臣等實爲寒心。況去歲以來，災異迭見，若復從事佚樂，何以感動天心！」疏入，上嘉納之。

是時上好微行，故懋等言之尤切。【考異】法傳録載張懋等諫騎射于三月，明書載上始微行于五月。證之武宗實録，在是月癸丑，疏中所言，皆微行騎射事也。明史張輔傳，言「武宗即位，與群小狎遊，懋率文武大臣諫，其言皆切直」。然此疏諸書皆不載全文，今據實録增。

20 御馬監太監陳貴、葉陽，以馬房屋宇傾圮，奏欲開耕草場地以資修理費。户科都給事中張文等言：「我朝養馬，仿周人牧師之制，于內甸民耕之外，各營設置草場，每夏秋收，放縱其馳逐，馬大蕃息而武事以修，所以尊國勢而防寇患也。近日錦衣指揮傅聰、御馬太監錢能，各緣父兄之故，請草場爲業，既誤許之，于是貴、陽遂有此奏。臣等考之正統時，提督人員有侵其地者，英宗皇帝令改正，戒再犯必殺毋赦。成化中，太監李良、都督李玉等又各侵苜蓿地，詔罰玉俸三月，仍遣官覈實以正其經界。近年太監覃昌、陸愷奏討香河等縣草場，壽府、仁壽宮奏撥永清等縣草場，給事中周旋查出，先帝又令照數還官。夫莫尊于母后，莫親于皇弟，先帝不得而私之。貴、陽、聰、能何人，乃敢以香火爲請而留數百畝，以修理爲詞而乞數千畝。是欲以一時之私情而壞累世之成憲，將必至于草場蕩廢，馬政空虛而後已。武備削弱，戎狄生心，患莫大焉。乞絕其私請，令原差科、道官通行覈實，辨別定界，並揭累朝禁約之旨，使知遵守，不敢輕犯。」上是之，仍令修理工完即止。

21 丁巳，吏科給事中胡煜以災異上書，其略曰：「臣聞變不虛生，必有由致，惟人主一心，與天心相爲感通，苟不務勤學，則無以正心修身。夫一念之不純，一動之失中，皆足以干陰陽之和。故近古之君，不但勤于書學，而又選擇名儒，夜直禁中，不時召對，所以防非窒欲，爲持守身心之助也。今陛下以英妙之年，正力學之時，暮夜既無召對之條，晝日又鮮勤學之益。雖曰日御經筵，然儒臣之講未畢而已有鴻鵠之思，几席之讀未幾而倏興逸樂之想。惟聞與近倖導諛者不時游玩，雜巧滿目，一暴十寒，得之方微，耗之已甚。聖學如此，何由緝熙光明？伏望日新以清化源，遠佞以端好尚，又必選文學名臣侍從左右，朝夕講誦以開廣聰明。凡內外章奏，悉付內閣大臣議定而行，則憂勤惕厲之心勝，宴安愉佚之志亡，正心以正朝廷，何患天下之不治，天變之不消邪！」下所司知之。

22 吏部尚書馬文升請致仕，許之。

初，文升承遺詔，汰傳奉官七百六十三人，詔留太僕李綸等十七人，餘盡汰之。既而中官王瑞復請用新汰者七人，文升持不可。給事中安奎刺得瑞納賄狀，劾之，瑞恚，誣文升抗旨。更下廷議，皆是文升，上終不聽，文升因乞歸，不許。

是時朝政已移于中官，文升日懷去志。會兩廣缺總督，推兵部侍郎熊繡可任。繡不欲出外，頗怏怏，其同鄉御史何天衢，劾文升徇私。文升連疏乞休，至是始得旨乘傳歸，賜璽書優禮之。【考異】文升致仕，實録分書于三、四兩月，蓋連疏乞休，至是始許之也。據實録，致仕歸在是月丁巳，三編亦系之四月，今從之。

23 癸亥，兵科給事中楊一漢，以上好騎射，時出微行，上疏言：「人主不可有他嗜好，馳驟弓矢，尤非所宜。況深居九重，出必清道，豈易輕易游行！秦皇巡幸，變起副車，武帝微行，戒嚴柏谷。蓋天下重器，置之安處則安，置之危處則危，萬一不虞，所關非細。」疏入，下所司知之。

24 丁卯，以吏部左侍郎焦芳爲本部尚書，代文升也。

芳粗鄙無學識，好嫚罵，劉健、謝遷諸正人皆惡之。芳既積忤廷臣，乃深結奄宦以干進。

上初即位，廷議以國用不足，勸上節儉，芳知左右有竊聽者，大言曰：「庶民家尚須用度，何況縣官。諺云：『無錢揀故紙。』今天下多逋租匿税，不是檢索，而但云損上，何也？」上聞，大喜。至是文升去，遂代之。

25 是月，南京祭酒章懋乞致仕，不許。

26 文升之罷也，言官邱俊、石介等薦南京吏部尚書林瀚。上用焦芳，乃改瀚南京兵部，參贊機務。命未至，瀚引疾乞休，因陳「養正心、崇正道、務正學、親正人」四事，優詔慰留。尋及南京諸臣條時政十二事，語涉近倖，多格不行。

27 掌大理寺工部尚書楊守隨奏：「每歲熱審，行于京師而不行于南京，五歲一審録，詳于在京而略于在外。請更定兩京內、外皆一例。」從之。

28 五月，丙申，減蘇、杭織造歲幣三分之半，從工部尚書曾鑑之請也。

時內織染局奏蘇、杭織造上供錦綺爲數二萬四千有奇，鑑力請停罷，乃有是命。

29 兵部尚書劉大夏乞致仕。

大夏以請汰鎮守中官及武臣不悅于上，未幾，又言「鎮守中官如江西董讓、薊州劉瑯、陝西劉雲、山東朱雲，貪殘尤甚，乞按治。」上皆勿問。大夏自知言不見用，遂連疏乞骸骨。至是許之，加太子太保，賜敕馳驛歸。給事中王翊、張襘請留之，吏部亦請如翊、襘言，不報。

30 戊戌，戒科、道毋得挾私舉劾。

先是馬文升致仕，廷議推補吏部。御史王時中言：「銓衡重寄，如閔珪、劉大夏，不宜在推舉之列。」户科給事中劉菃言：「別天下之賢才在公論，寄天下之公論在科、道。若公論不明，賢不肖倒置，天下未有不亂者。大夏官至二品，不爲子乞恩，歷官數十年，家不踰中人之産，蓋亦一時之望，而言者斷斷不可，是非之乖謬甚矣！乞究治造言無實之人，庶老臣得安其位而行其志。」時閔珪亦連疏請休，上慰留之，乃有是詔。【考異】事見明史劉菃本傳，證之實録，即在大夏致仕之後，而閔珪亦以四月請致仕，此蓋爲留珪而發也，今從之。

31 甲辰，諭户部會各官議經制事宜。

先是總督倉儲户部侍郎陳清、兵科給事中徐忱，各疏言「倉庫空虛可慮」，給事中張文等亦以爲言。于是尚書韓文會英國公張懋等議，謂：「京庫銀兩，歲入者爲一百四十九萬兩有奇，以歲用言之，給邊折俸及內府成造寶册之類爲一百萬兩，餘皆貯之太倉以備餉邊急用，故太倉之積，多或至四百萬，少亦半之。近歲所入，以積欠蠲除，虧于原額，而所出乃過于常數，蓋一歲之用已至五百餘萬兩矣。今海內虛耗，兵荒相仍，以有限之財供無窮之費，若非痛懲侈靡，務爲減節，豈能轉嗇爲豐，以濟一時之急邪！」因條具經制八事：「一崇節儉，二裁冗食，三節冗費，四贓罰解部，五處置鹽法，六清查積朽，七錢鈔折銀，八清釐草場。」詔下所司，「詳究近年支用日漸增加多至數倍之由，及運送各邊銀兩已用未用之數，並有可行長策，仍議處以聞」。

32 丙午，擢兵部侍郎許進爲本部尚書，代劉大夏也。

進始起佐兵部，兼督團營。時劉瑾用事，進亦多委蛇徇其意，而瑾終不悅。方督團營時，與瑾同事，每閱操，談笑指揮，意度閒雅，瑾及諸將咸服。一日操罷，忽呼三校前，各杖數十。瑾請其故，進出權貴請託書示之，瑾陽稱善，內竊銜之。【考異】許進代劉大夏爲兵尚事，見明史本傳。七卿表系之五月，證之實録，則本月丙午也。法傳録、憲章録書「召總制宣大右都御史劉宇爲兵部尚書」，又並劉大夏致仕同系之九月，皆誤也。宇以明年四月代閻仲宇爲兵尚，蓋進以是年十月改吏部，而仲宇代之，明年仲宇致仕，乃以宇代之，三年進以吏部致仕，宇又代進。證之明史進傳與七卿表，相代年月皆合，今據之。

[33] 六月，辛亥，以內官監太監劉瑾提督十二團營。

[34] 乙卯，南京科、道官牧相等奏，「請自今百司章疏，若朝廷大政，必由內閣六部，而以公論付臺諫，勿令徑從中出」。禮部覆奏，謂宜從其言。上曰：「朝廷自有處置。」不省。

[35] 辛酉，禁吏民奢靡踰制。

[38] 免陝西被災稅糧。

[37] 是日，大風雨，雷震郊壇獸瓦。

庚午，敕群臣修省。

于是大學士劉健等上言：「自古人君，以勤敬爲德，怠荒爲戒。伏覩陛下近日以來，視朝太遲，免朝太多，奏事漸晚，游戲漸廣。茲當長夏盛暑之時，經筵日講，俱各停止；臣等愚昧，不知陛下宮中何以消日，且更有何事大于此者？夫奢靡無度，濫賞妄費，非所以崇儉德；彈射釣獵，戕生害物，非所以養仁心；鷹犬狐兔，田野之畜，不可育于朝廷；弓矢甲冑，戰鬥之象，不可施于宮禁。夫使聖學久曠，正人不親，直言不聞，下情不達，而此數者交雜于前，臣等不勝憂懼！」疏入，上曰：「自古帝王，不能無過而貴于改過。覽卿等奏，具見忠愛之忱，朕當從而行之。」

一時廷臣以災異應詔陳言者，禮部尚書張昇，工科給事中陶諧，禮科給事中葛嵩，監察御史王渙，吏部主事孫磐，及六科給事中連名之張良弼，十三道御史連名之熊卓等。下内閣議。

于是健等上言：「臣等看得府、部等衙門災異陳言各本，詞意懇切，有臣等所不及知者。竊恐萬幾之繁，不暇徧覽，謹擇其所陳時政切要者，恭録以進，請置坐隅。分爲數類：曰無單騎馳驅，出入宫禁；曰無頻幸監局，泛舟海子；曰無事鷹犬彈射；曰無納内侍進獻飲膳。伏望朝夕觀省，以成聖德。」報聞。【考異】事見明史劉健傳。傳中所言「録廷臣所陳時政切要者」，不著姓名，亦不言何時所陳，今證之實録，自劉健等以下府、部臺諫，皆以災異應詔陳言，下之内閣，健等因條録其切要者以進，即張昇等諸人之疏也。今參健傳並武宗實録，統系之庚午下。

38 丙子，南京暴風雨，雷震孝陵白土岡樹。

39 秋，七月，己卯，以夏儒爲錦衣衞指揮使，尋進中軍都督府同知。時上將大婚，——儒，皇后父也。

40 辛巳，減光禄寺供奉。

時國用不足，給事中張文等疏請節用。户部集議，謂：「韓文等所言冗食冗費，宜令光禄寺查看每年所徵廚料及内外近侍官員每日所費酒饌，有不急之用，悉從減省。」得旨准行。

于是該寺會計膳羞供應，視弘治元年日增一倍。禮部言：「日費如此，歲費益多，宜令開具凡昔無而今有者去之，昔少而今增者減之，必使仍復舊規，以紓民力而充國蓄。」詔從之。

41 壬午，南京六科給事中李光瀚等因災異言事，謂：「災異所見，大都陰盛陽微，意者戎狄宦官之應。如北寇屢犯邊疆，而太監苗逵、保國公朱暉，都御史史琳，無功冒賞，實足啓戎心而輕中國。大學士劉健等所陳鹽法、邊功利害，留中不報，而太監高鳳、李榮，納賂招權，顛倒國是，將使老臣不安其位。乞追奪逵等賞贈，裁抑鳳等權寵，然後精選内外主將，親信内閣大臣，議其興革之當先務者。」十三道御史陸崑等亦以爲言，並請「裁革新添南京守備内臣，廣開言路，屏絶宴遊騎射。」疏入，俱下所司知之。

42 癸未，户部尚書韓文復會英國公張懋等，議覆近年支用加增之由及再陳可行長策，言：「臣等追維其故，銀兩之用，由于京軍屢出，調度頻繁，山陜饑荒，供億加倍。往者孝廟登極，賞賜悉出内帑，户部止湊銀三十餘萬兩，今則銀一百四十餘萬皆自户部出矣；往者内府歲造金册皆取諸内庫，今則户部節進過一萬四千八百餘兩矣；往者户部進送内庫銀止備軍官折俸，今則無名賞賜，無益齋醮，皆取而用之矣；此銀費所以日增也。

招收投兑之匠，傳陞乞陞之官，役占影射之軍，皆夤緣權貴，蠹公營私。或臣下建白而裁革不行，或方行裁革而旋復仍舊，深根滋蔓，潛耗京儲，此冗食所以日增也。光禄寺供應每告不敷，内監局工作略無停息。至如玉帶蟒衣，一概濫賜，其他瑣屑，不能枚舉，此冗費所以日增也。伏望陛下深懲夙弊，俟諸司查奏至日，應裁革、減省、停止者，即賜施行。其各邊解送銀兩已用未用數目及有無冒支侵耗之弊，宜行各邊巡按御史清查造册，以憑追繳。至可行長策，則各處税課司、河泊所及山場、湖陂、田土，或被奸民侵占，或係王府舊嘗陳乞爲業者，盡取還官，召人佃種，如例徵租，解庫備用。而沿邊屯田，昔年禾黍，盡入荆榛，宜敕各邊總制會同巡按督同巡守、管屯等官，清查舊有及新增頃畝，除已給軍領種外，召人佃種，如例徵銀，或增或減，便宜行之。似此數事，亦可稍助公家之費。」上曰：「然。屯田積穀乃餉邊上策，前代及國初太祖成法，昭然可考。今沿邊及遼東屯田，其擇御史能者，分行覈實，貴臻實效，不可虚應故事。」

43 户科都給事中張文、給事中劉菃、薛金等以災異應詔陳五事：一謹内批，謂：「邇者中外請乞，直從批答，無不賜准，其爲各科參論或諸司執奏者，一切報罷。是非不一，事理乖舛，書而不法，後嗣何觀！請謹嚴以杜罔上行私之漸。」一裁冗員，謂：「内臣遷改增添，紛然雜出，如劉杲、吴祺等之兼督倉場，温祥、范亨等之驟進司禮，余慶、黄準等之同守南京，官多事擾，乞通查裁省以遵明詔。」一節恩禮，謂：「貴戚宗藩，比多請乞，如駙馬崔元、林岳，建昌侯張延齡之乞田土，崇府、德府之奏子粒，徽府之撥屯地，蜀府之買引鹽，宜一切停止以拯民窮。」一肅京儲，謂：「京通倉提督太監蔡用等，欲將已革囉夫囤基各色錢物仍追收備用，奏賜俞允，歲計銀七萬四千兩。其他巧取，固可類推，乞置之法以儆奸貪。」一清牧地，謂：「頃議清查馬房、草場地土，以餘畝空閒委棄可惜，與其爲小人壑欲之資，孰與助邊方萬一之急。而太監寧瑾、陳貴等奏蒙停免，仍留牧放以便己私，乞申前命差官清查，仍置瑾等于法以戒將來。」

疏入，忤旨，責文等具狀自劾。文等復執奏如初，但以言之戇率，請伏罪，詔姑宥之，仍罰俸各三月。

44 己丑夜，有星見紫微西藩外，如彈丸，色蒼白。越數日，有微芒見參、井間，漸長二尺如帚，西北至交昌。欽天監奏言：「恐日久不消，爲咎非淺，蓋彗之漸也。」

45 庚子夜，彗星見，光流東南，長三尺。越三日壬寅，長五尺許，掃下台，入太微垣。【考異】據三編，庚子，是月二十三日，蓋是月戊寅朔也。實録書庚子，則云「青州府諸城縣彗星見，有光流東南」云云。證之明史五行志，皆不言起于青州，今仍據三編書之。

是時八黨竊枋,朝政日非,災異迭見。于是南京御史陸崑偕同官上疏極諫。其略曰:「自古宦豎欲擅主權,必先蠱其心志,如趙高勸二世嚴刑肆志以極耳目之娛,仇士良教其黨以奢靡導君,勿使親近儒生,知前代興亡之故,其君惑之,卒皆受禍。陛下嗣位以來,天下喁然望治,乃未幾寵倖閹寺,顛覆典刑。太監馬永成、魏彬、劉瑾、傅興、羅祥、谷大用輩,共爲蒙蔽,日事宴游,上干天和,災祲數告,廷臣屢諫,未蒙省納。若輩必謂宮中行樂,何關治亂,此正奸人蒙君之故術也。陛下廣殿細旃,豈知小民窮簷蔀屋風雨之不庇?錦衣玉食,豈知小民祁寒暑雨凍餒之弗堪!馳騁宴樂,豈知小民疾首蹙額赴訴之無路!日者雷震郊壇,彗出紫微,夏秋亢旱,江南米價翔貴,京城盜賊橫行,可縱情恣欲,不一顧念乎?伏望側身修行,屏永成輩以絶亂源,委任大臣,務學親政以還至治。」疏入,上不省。

46 是月,司禮監傳旨,以大婚禮需銀四十萬兩。

先是尚書韓文,以上即位後,山陵、大婚及賞賚需銀一百八十萬兩有奇,部帑不給,請先發承運庫,詔不許。文又請:「賞賚自京邊軍士外,請分別給銀鈔,稍益以内庫及内府錢。並暫借勳戚賜莊田税,而敕承運庫内官,核所積金銀著之籍,且請罷諸不急費。」上不欲發内帑,命文以漸經畫。

至是文以户庫空虚，請先發十萬兩，因言：「海内虚耗，加以水旱頻仍，邊儲缺乏。皇上初服，宜慎儉德，懷永圖。禮有定制，非臣下所敢輕議，然百凡賞賚，必酌時宜，從省約，庶幾以身示樸，由近及遠，而財用以充。」

監察御史趙佑言：「左右以婚禮爲名，將肆無厭之欲，計臣懼禍而不敢阻，閣臣避怨而不敢争，用如泥沙，坐致耗國。不幸興師，遘饑饉，將何以爲計哉！」

其後有詔，得減四之一。

47 八月，乙卯，命内官監崔杲等往南京織造綵粧緞匹。

工部尚書曾鑑言：「皇上嗣位，詔停織造，德音方布，何乃輒復沮之？今東南水旱相仍，生民失業。況綵粧緞一匹，用數十人之工，踰半年而後可完。夫服以彰德，賞以酬勞，賞之有節，則得之者寶藏珍重以爲奇，濫則亦以尋常視之耳。伏望躬行節儉，裁抑賜予，勿使重困地方。」六科給事中陶諧等、十三道御史杜旻等亦以爲言，不聽。【考異】南京織造之遣，據明史本紀在八月乙卯，與實録同。三編列之九月者，考之實録，杲等因織造奏討長蘆鹽引，故陶諧、杜旻等以爲不可許，且并請停織造，三編蓋牽連並記耳。今據實録分書之。

48 戊午，立夏氏爲皇后。

49 丙寅，劉健等言視朝太晏：「近者兩月以來，或至日高數丈，侍衛執役人等不能久立，俱縱横坐卧，棄仗滿地。四方朝見官吏，外國朝貢使臣，疲于久候，非但精神困倦，抑且廢時誤事。夫早朝乃人君首務，天下觀瞻，于此焉繫。況當天變民窮之日，恐懼修省，猶恐不及；若君怠于上，臣荒于下，太平之治，何以能成！臣等叨膺重寄，憂切于中，誠恐聖心别有所繫，妨誤不小，故敢冒死上陳。」上曰：「知之矣。」

尋又以災異上言：「人君所畏，惟天惟祖宗。皇上紀元之初，天變迭見，所以仁愛警戒者至矣。祖宗之制，每日早起，祝天拜廟，然后視朝。遇節日忌辰，因事祭告，必親自行禮，近來每遣親王代行，似于尊祖敬宗之義有所未盡。三年之喪，自天子達，中世雖以日易月，亦止行之宫中。今先帝大喪，小祥未久，雖大婚事重，吉禮告成，而思慕之誠自不能已。向嘗屏去鷹犬，停止騎射，小大臣民，莫不欽爲聖德。近者傳聞或有群小引誘，造成玩器，深夜之際，廣爲游樂，萬一有之，似于諒闇之禮有所未合。前代之典，凡遇天變，必減膳撤樂，今當修省之時而爲怠荒之事，似于敬天之義有所未安。況視朝日遲，午奏多至日暮，誠恐起居無常，寢膳失節，以致耗費精神，妨誤政事。伏望敬天勤民，節財省役，進賢去佞，賞功罰罪，庶幾民心可慰而天意可回。」

上曰：「卿等所言，皆爲朕憂國憂民之事，朕當從而行之。」然群小錮蔽日深，不能改也。

50 是月，致仕吏部尚書王恕上言：「自古明王之治天下，良臣之輔太平，其嘉謀讜論之大要，無過乎大公至正而已。如發號施令，進賢退姦，賞善罰惡，安邊治內，與凡一切政務，必須處之得其公正，然後可以服人心而成善治。至如嚴軍法以肅邊境，裁冗員以節財用，重官爵以惜名器，禁僭侈以化民風，存羨餘以備不虞，給民業以均貧富，皆今日致治保邦之急務也。老臣無以報國，輒效愚直，以仰副陛下詢謀求治之盛心，伏惟采而行之，臣死且不朽。」

先是，上登極覃恩，遣使齎敕存問，且諭以「有嘉謀讜論，毋有所隱」，故恕有此奏云。

51 九月，戊寅，上御經筵。

先是經筵既開，以暑月停免。至八月，大學士劉健等以爲請。而是時上方大婚，命俟九月。至是司禮監復傳旨欲免午講，健等以「先帝故事，日再進講，且四書、尚書，聖賢之大道，固當先務，若通鑒、大學衍義，皆指陳治道之書，不可不講。伏乞聖明少留數刻，令臣等照舊每日二次進講，庶幾盡保傅之責，以免曠職之愆。」諭以「知之」。然卒力争不可得。

52 中官崔杲等督織造，將之南京，奏乞長蘆往年支剩鹽一萬二千引。上欲許之，給事中陶諧、徐昂，御史杜旻、邵清、楊儀等先後諫。尚書韓文等言：「鹽課之設，專備邊餉，與織造無干。成化、弘治年間，弊端始開，先帝深知其害，即已停止，近登極詔書復申其禁。今若允杲等所奏，是詔爲虛文，何以令天下！請並織造停之，如諧、旻等所言。」不允。

劉健等復言之，上召健等至煖閣面議，頗有所詰問，健等皆以正對。上不能難，最後厲色曰：「天下事豈皆内官所壞！朝臣壞事者十常六七，先生輩亦自知之。」因命鹽引悉如杲請。

健等退，再上章力言不可。上自愧失言，乃俞健等所奏。一時中外咸悦，以上庶幾改過，于是健等始有去八黨之計。

53 冬，十月，丁巳，大學士劉健、謝遷等，户部尚書韓文等，請誅太監劉瑾等，不果。

瑾自以内官監兼督團營，漸見信用，日與馬永成等進鷹犬歌舞角觝之戲，導上佚游，又勸上令鎮守内臣各進萬金，奏置皇莊，增至二百餘所，畿内大擾。健等謀去之，連章請誅瑾等，皆留中不報。會給事中陶諧、御史趙佑等交章論劾，章下閣議，健等持之甚力。

先是尚書韓文以八黨用事，每朝退，與僚屬言輒泣下，郎中李夢陽進曰：「公泣何爲！比諫官疏劾諸奄執政，持甚力，公誠及此時率大臣固争，去八人易易耳。」文捋鬚昂肩，毅然改容曰：「善！縱事勿濟，吾年足死矣；不死不足報國。」即令夢陽草疏。既具，文讀而删之，曰：「是不可文，文恐上弗省；不可多，多恐覽弗竟。」

遂合九卿諸大臣上言，其略曰：「臣等伏覩近日朝政日非，號令失當，中外皆言太監馬永成、谷大用、張永、羅祥、魏彬、邱聚、劉瑾、高鳳等，造作巧僞，淫蕩上心，擊球走馬，放鷹逐犬，俳優雜劇，錯陳于前。至導萬乘之尊與外人交易，狎暱媟褻，無復禮體，日游不足，夜以繼之，勞耗精神，虧損志德。遂使天道失序，地氣靡寧，雷異星變，桃李秋華，考厥攸占，恐非吉兆。緣此輩細人，惟知蠱惑君上，自便其私。而不知昊天眷命，祖宗大業，皆在陛下一身，萬一游宴損神，起居失節，雖虀粉若輩，何補于事！竊觀前古奄宦誤國，爲禍尤烈，漢十常侍、唐甘露之變，其明驗也。今永成等罪惡彰彰，若縱不治，將來益無忌憚，必患在社稷。伏望陛下奮乾綱，割私愛，上告兩宫，下諭百僚，明正典刑，潛消禍亂之階，永保靈長之祚。」

疏入，上驚泣不食，乃遣司禮中官李榮、王岳等至閣議，一日三反，欲安置之南京，遷以爲處之未盡，欲遂誅之。健推案哭曰：「先帝臨崩，執老臣手，付以大事。今陵土未乾，使若輩敗壞至此，臣死何面目見先帝！」于是健、遷聲色俱厲，惟李東陽語少緩。王岳者，素剛直嫉邪，慨然曰：「閣議是！」具以健等言白上。

八人者乃大懼，以瑾尤巧佞很戾，敢于爲惡，乃謀使瑾入司禮監執事權，以爲脱禍固寵計。謀既定，會焦芳微聞閣中議，遣人馳告瑾，謂健將以明日約文及諸九卿伏闕面争，而岳從中應之。于是八人者夜伏上前環泣，以首觸地曰：「微上恩，奴儕磔餧狗矣。」上色動。瑾進曰：「害奴儕者王岳也！」上曰：「何故？」瑾曰：「岳結閣臣，欲制上出入，故先去所忌耳。且鷹犬何損萬幾！若司禮監得人，左班官安敢如此！」上大怒，立命收岳。擢瑾掌司禮監，永成、大用掌東、西廠，各分據要地。詰朝，事遂中變。

54 戊午，大學士劉健、謝遷致仕。

是日韓文等方再請誅瑾等，忽有旨召諸大臣入。至左順門，健迎謂曰：「事垂濟，公等第堅持。」尚書許進曰：「過激恐生變。」健不應。有頃，李榮手諸大臣疏曰：「有旨問諸先生。諸先生言良是，第奴儕事上久，不忍遽置于理，幸少寬之，上當自處耳。」衆相顧無言。韓文乃抗聲數八人罪，侍郎王鏊助之，曰：「八人不去，亂本不除。」榮曰：「上非不知，第欲少寬之耳。」鏊直前曰：「設上不處，奈何？」榮曰：「榮頭有鐵裹邪，敢壞國事？」遂退。

于是健、遷即日求去，東陽亦繼之。故事，輔臣乞休，必俟三四疏乃允。瑾等惟恐其去之不速，又見上屢以逆耳厭之，遂矯詔聽健、遷致仕歸，而獨留東陽。岳謫充南京净軍，瑾復遣人追殺之于途。于是中外大權悉歸于瑾，文臣之禍自此始矣。【考異】據明史紀、傳及崆峒集所記，皆丁巳、戊午連日事，丁巳則韓文等請誅劉瑾之日，戊午則劉健、謝遷致仕之日。中間擢劉瑾掌司禮監，馬、谷二人分掌東、西廠，則在丁巳之夜，戊午之朝。蓋處分既定，而後召諸大臣等示以自處之論，故健等知事已變，乃請致仕。諸書所記，次序不明，今參實録書之。健等致仕即在是日，紀中特著之。證之實録，則瑾等矯詔許之，「故事輔臣乞休」以下數語，皆據實録增入。

55 己未，李東陽復請致仕，詔慰留之。

先是請誅瑾等疏，相傳以爲東陽秉筆，後以閣議少緩，故不及。健、遷瀕行，東陽祖餞，泣下，健正色曰：「何泣爲！使當日多出一語，與我輩同去矣。」東陽嘿然。【考異】健等請誅劉瑾之疏，明史稿系之八月下，所謂「留中」者是也。十月丁巳之疏，則韓文率九卿請誅瑾，而閣臣力持之，紀中以爲劉健等主之者是也。健等之劾，主稿者東陽，文等之劾，主稿者李夢陽，故「東陽秉筆」之語，明著之實録中，諸書不載，今據增。至于「東陽之留，人亦幸其留」，則似後修實録之曲筆也，今不取。

56 壬戌，以吏部尚書焦芳兼文淵閣大學士，吏部侍郎王鏊兼翰林學士，並入内閣預機務。

初，許進輩以年資推芳入吏部，劉健不悦，曰：「老夫不久歸田，此坐即焦有，恐諸公俱受其害耳。」及是果附劉瑾謀柄政，而廷議獨推鏊。瑾迫公論，令鏊與芳同入閣。芳裁閲章奏，一阿瑾意；鏊雖持正，不能與之抗，事有不可，與東陽彌縫其間，多所補救。東陽雖居首輔，嘗委蛇避禍，芳嫉其位己上，日夕搆之于瑾。會通鑑纂要成，瑾以謄寫不謹，欲因以爲東陽罪。東陽大窘，芳爲解，乃得無事。

57 戊辰，奉詔停免日講。大學士李東陽等上言：「先帝初年，日講恒至歲暮，皇上去年亦至十二月十四日方止。況今冬節甚遠，天未甚寒，停止講讀，似乎太早。伏乞收回成命，仍舊日講。」不納。

58 己巳，大學士焦芳辭吏部印，許之。

芳實欲兼掌部印，專進退百官之權，以東陽勸之，乃辭。自是彌不悅。【考異】據明史七卿表，芳入閣，仍掌吏部印，此初命也。證之實録，則「芳辭吏部，聽之」，諸書不載，今據增。

59 癸酉，户科給事中劉茝，刑科給事中吕翀，抗疏請留劉健、謝遷。其略言：「二臣不可聽去者有五：孔子稱孟莊子之孝，以不改父之臣爲難。二臣皆先帝所簡以遺陛下，今陵土未乾，無故罷遣，何以慰在天之靈！不可一也。二臣雖以老疾辭，實由言違計沮，不得其職而去。陛下聽之，亦以其不善將順，非實有意優老也。在二臣得去就之正，在陛下有棄老臣之嫌，不可二也。今民窮財盡，府藏空虛，水旱盜賊星象草木之變，迭見雜出，萬一禍生不測，國無老成，誰與共事！不可三也。自古剛正者難容，柔順者易合。二臣既去，則柔順之人必進，將一聽陛下所爲，非國家之福，不可四也。書曰：『毋遺壽耉。』健等諳練有素，非新進可侔，今同日去國，天下將謂陛下喜新進而厭舊人，不可五也。」不聽。

先是給事中艾洪劾中官高鳳姪得林營掌錦衣衛諸疏，傳至南京，爲守備武靖伯趙承慶所得，應天尹陸珩録以示諸僚，兵部尚書林瀚聞而太息。于是給事中戴銑，御史薄彦徽，率南京科道官合疏，言「元老不可去，宦豎不可任。」劉瑾大怒，遂矯旨逮銑、彦徽等，並菃、翀、洪俱下詔獄。南京都御史陳壽抗章論救，勒致仕。【考異】事見明史劉菃及呂翀傳中。實録但載翀名，蓋翀居首。又據翀傳，爲翀主稿，故五不可之疏列之翀傳下，仍據實録也。三編亦據明史傳並類記南京科、道疏，證之實録，皆在同時被逮中，今據書之。

60 是月，改許進爲吏部尚書。踰月，以閻仲宇代爲兵部尚書。【考異】許進改吏部，在丁巳、戊午之後數日，而崆峒祕録有「吏部尚書許進過激恐生變」之語。弇州考誤，謂「彼時爲吏部尚書者，焦芳也。進初拜兵部尚書，非本頭也。空同身與此謀，誤稱焦爲許，紀事之難如此。今謂焦芳已洩閣議，至此方欲藉以擠健等，必不肯作此緩頰語，蓋夢陽偶誤記兵部爲吏部耳。憲章録記進語尤詳，進言『此輩得疎斥足矣。若峻其事，恐有甘露之變。』既而果貽縉紳數年之禍」云云。據此，則「過激生變」之語實出進口，且憲章録明言「兵部尚書許進」，不言吏部，其非專據祕録明矣。附識于此。

61 劉瑾之亂政也，時欽天監五官監候楊源，故御史瑄之子也，上言：「自今年八月初，大角及心宿中星動摇不止。大角，天王之坐；心宿中星，天王正位也；俱宜安靜，今乃動揺。其占曰：『人主不安，國有憂。』意者陛下輕舉逸游，弋獵無度，以致然也。又，北斗第二、第三、第四星，明不如常。二爲天璇，后妃之象，后妃不得其寵則不明，廣營宮室妄鑿山陵則不明；三爲天璣，不愛百姓驟興征役則不明；四爲天權，號令不當則不明。伏願陛下祗畏天戒，安居深宮，絶嬉戲，禁遊畋，罷騎射，停工作，申嚴號令，毋輕出入，抑遠寵倖，裁節賜予，親元老大臣，日事講習，以修聖德而弭災變。」疏下禮部，尚書張昇等稱源忠愛。報聞。

62 十一月，癸卯，冬至節，以大喪未畢，免朝賀。

63 甲辰，户部尚書韓文罷。

時劉瑾恨文甚，日伺文過不得。及是有以僞銀輸内庫者，遂以爲文罪，詔鐫一級致仕。給事中徐昂疏救，中旨責其黨護，遂落文職，並除昂名，又譴及户部郎中陳仁，並坐文罪謫。文出都門，乘一騾，宿野店而去。

瑾又憾李夢陽代文草疏，踰月，亦謫山西布政司經歷，勒致仕。

64 十二月，丁巳，太監李榮傳内旨：「六科給事中，俱令守科，日至酉乃出。仍令錦衣衛直指揮不時點閱，違者以名聞。其奉京差非遠出者亦如之。」

65 乙丑，謫兵部主事王守仁爲龍場驛驛丞。

時劉瑾矯旨逮南京給事中御史戴銑等二十餘人，守仁抗章論救。瑾怒，廷杖四十，遂有是謫。

龍場居貴州萬山中，苗、獠雜處。守仁因俗化導，夷人喜，相率伐木爲屋以棲守仁。

【考異】文成謫龍場驛丞，諸書多系之明年正月，證之實録，乃是年十二月乙丑也。劉健、謝遷之罷在十月，劉蒞等論救即在其時，文成之得罪又因救劉蒞等。而年譜乃作元年二月，恐傳寫者誤脱「十」字耳。今據實録。

66 丁卯，景帝后汪妃薨。

禮部議，疑其禮，學士王鏊曰：「妃廢不以罪，宜復故號，葬以妃，祭以后。」乃命輟朝致祭如制。

67 癸酉，詔除曲阜孔氏田賦。

初，正統初，令訪求孔氏後裔之在浙江者。洎弘治之末，衢州知府沈杰，始訪得孔洙之六世孫彦繩，請授以官。至是授彦繩翰林五經博士，子孫世襲。杰亦言其「先世祭田，徵税日重，請改輕則以供祀費」，于是並減衢州祭田之税。自是孔氏有南、北二宗云。

68 甲戌，罷工部尚書楊守隨、左都御史張敷華。

韓文等之罷也，言官論救者皆得罪。守隨憤甚，乃上疏極論之曰：「陛下嗣位以來，左右近臣不能祇承德意，盡取先朝良法而更張之，盡誣先朝碩輔而剗汰之，天下嗷嗷，莫措手足。內臣劉瑾等八人，奸險佞巧，誣罔恣肆，而瑾尤甚，日以荒縱導陛下。禁內鼓鉦，震于遠邇；宮中火礮，聲徹晝夜；淆雜尊卑，淩夷貴賤；引車騎而供執鞭之役，列市肆而親商賈之爲。致陛下日高未朝，漏盡不寢。此數人者，方且竊弄威權，詐傳詔旨；放逐大臣，刑誅臺諫；邀阻封章，廣納貨賂；傳奉冗員，多至千百；招募武勇，收及孩童；紫綬金貂，盡予爪牙之士；蟒衣玉帶，濫授心腹之人；附己者進官，忤意者褫職。內外臣僚，但知畏瑾，不知畏陛下。夫太阿之柄，不可授人，今陛下于兵刑財賦之區，機務根本之地，悉以委之，或掌團營，或主兩廠，或典司禮，或督倉場，大權在手，彼復何憚！于是大行殺戮，廣肆誅求；府庫竭于上，財力殫于下，武勇疲于邊；上下胥讒，神人共憤。伏望大奮乾綱，立置此曹重典，遠鑒延、熹之失，毋使臣蹈蕃、武已覆之轍。」疏入，瑾銜之次骨。

先是，廷臣之論殘璽也，中旨詰：「是何大事？」守隨語韓文曰：「事誠有大于是者。」于是文遂偕九卿伏闕論八黨，實自守隨啓之。及廷臣交論瑾等，內閣力主之，上猶豫未決。敷華乃上言：「陛下近日政令與詔旨相背，行事與成憲交乖，致天變上干，人心下拂。今給事中劉蒞、御史朱廷聲、徐鈺等連章論列，但付所司；英國公懋與臣等列名上請，但云『朕自處置』，臣竊歎惑。請略言時政之弊：如四十萬庫藏已竭而取用不已；六七歲童子何知而招爲勇士；織造已停，傳奉已革，尋復如故；鹽法莊田，方遣官清核，而奏乞之疏隨聞；監督京營，鎮守四方者，一時屢有更易；政令紛拏，弊端滋蔓。夫國家大事，百人爭之不足，數人壞之有餘，願陛下審察！」疏入，不報。

已而朝事大變，宦官勢益張，至除夕，忽傳旨敷華與守隨俱致仕，然瑾等之憾猶未釋云。【考異】事見明史楊守隨、張敷華本傳。三編，二人致仕，同列之十二月，據守隨傳，二人致仕同在除夕，今據之。是月三十日，蓋甲戌也。

69 是月，以戶部侍郎顧佐代韓文爲本部尚書。

70 晉李東陽少師兼太子太師、吏部尚書、華蓋殿大學士，焦芳太子太保、武英殿大學士，王鏊戶部尚書、文淵閣大學士。

明通鑑卷四十二

江西永寧知縣當塗夏　燮編輯

紀四十二起彊圉單閼（丁卯），盡著雍執徐（戊辰），凡二年。

武宗毅皇帝

正德二年（丁卯、一五〇七）

1 春，正月，乙亥朔，日有食之。是日，不御殿，免文武群臣朝賀。

2 乙酉，大祀南郊。免慶成宴。

3 閏月，丙午，上始視朝。時上以疾傳旨暫輟視朝者凡半月，至是始復常。

4 庚戌，杖給事中艾洪、呂翀、劉菃及南京給事中戴銑、御史薄彥徽等二十一人于闕下，劉瑾以其請留劉健、謝遷憾之也。詞連林瀚及府尹陸珩，俱勒致仕。趙承慶以傳録諸彈章，削半禄，二十一人皆謫爲民。銑受杖創甚，尋卒，其後仍列之奸黨云。【考異】二十一人，據本紀所載，證之實録，則云杖洪、菹、翀等三人，銑等六人，彥徽等十二人。合之正二十一人，與紀合。又考宦官傳，則言「吕翀、劉菹及南京給事中戴銑等六人，御史薄彥徽等十五人」。證之實録及明史陸崑、戴銑傳，六人者，銑及李光瀚、徐蕃、牧相、任惠、徐暹也。十五人者，崑及薄彥徽、葛浩、貢安甫、王蕃、史良佐、李熙、任諾、姚學禮、張鳴鳳、蔣欽、曹閔、黄昭道、王弘、蕭乾元也。其時所逮之十五人，昭道、弘、乾元三人未至，令于南京闕下杖之。據此，則本紀云「二十一人」，蓋杖之京師闕下者，彥徽等十二人，銑等六人，加以洪、翀、菹三人，本紀所云二十一人之數正合也。憲章録以爲戴銑、薄彥徽等二十人又在翀、菹之外，似連昭道、弘、乾元數之，而與實録、本紀皆不合也。惟南京科、道之外，實有艾洪、劉菹、吕翀，而宦官傳中無洪名，蓋漏脱耳。今據本紀參實録書之，而並附記其姓名于此。

乙丑，下尚寶卿崔璿、湖廣按察副使姚祥、工部郎中張瑋于獄。

璿以册封還，祥以御史外（陸）〔任〕，瑋以巡河，舊例，奉使遠出者，率乘轎以爲常。至是劉瑾秉政，欲厲法禁以示威，于是璿等皆以違例乘轎爲東廠緝事者所發，下鎮撫司。獄具，内批枷號兩月。璿等不勝，幾死。

大學士王鏊謂瑾曰：「士可殺不可辱。今辱且殺之，吾輩何顔居此！」于是李東陽復上言：「璿等罪犯，自有法司論擬。若枷號乃至重之典，死生係焉。由儒生而入官者，豈能忍死至一兩月之久！命在旦夕，實可矜憐。況今枷號業已數日，亦足示懲。伏乞稍霽威嚴，曲賜矜宥。」詔始釋之，仍發邊衞充軍。【考異】明史本紀不載。明書、憲章録皆系之正月，證之實録，蓋閏月乙丑也，今據之。

6 是月，禮部尚書張昇，刑部尚書閔珪，工部尚書曾鑑，皆乞致仕。鑑尋卒。時秦府鎮國將軍誠漖請襲封保安王，昇執不可，遂忤劉瑾。珪久于法官，年踰七十，再疏求退。會劉瑾用事，九卿伏闕固諫，韓文既斥，珪復連章乞休，始許之。鑑與韓文請誅宦官不勝，諸大臣留者率巽順避禍，鑑獨守故操。上欲拓皇親夏儒第，鑑執不從。至是中官黄準守備鳳陽，請賜旗牌，鑑言：「大將出征，諸邊守備，乃有旗牌，内地守備無故事。」卒寢之。比見瑾勢日横，力求致仕，許之。即以是月卒于官，贈太子太保。

7 以南吏部尚書李傑爲禮部尚書，都御史屠勛爲刑部尚書，工部侍郎李鐩爲本部尚書，右都御史劉宇代勛爲左都御史。

8 劉瑾用事，一月之間，中官傳旨，幾無虚日。瑾欲全竊大柄，乃日搆雜藝，俟上玩弄，則多取各司章疏奏請省決，上每曰：「吾用爾何爲，乃以此一一煩朕耶！」自是瑾不復奏，事無大小，任意剖斷，悉傳旨行之，上多不之知也。

9 二月，己卯，大學士李東陽等疏請早朝，謂「一則聖躬志氣清明；二則朝廷氣象嚴肅；三則侍從宿衛俾免守候，可以整飭朝儀；四則文武百官不至弛懈，可以理治政務；五則鐘鼓有節，可以一都市之聽聞；六則引奏有期，可以聳外夷之瞻仰；一舉而衆善咸具，祇在聖心一轉移頃耳。」上曰：「已知之矣。」

10 戊戌，杖江西清軍御史王良臣于午門，巡按直隸御史王時中荷校于都察院門，皆劉瑾矯旨搆之也。

良臣以戴銑等被逮，馳疏論救。瑾怒，逮付鎮撫司，責其回護朋黨，杖之三十，罷爲民。

時中出按宣大，黜貪污者甚衆。瑾謂其酷刻，命以重枷繫之院門。滿一月，時中病甚，其妻往省，遇都御史劉宇，哭且訴。宇不得已爲言于瑾，釋之，謫戍鐵嶺衛。

11 三月，丙辰，封后父都督同知夏儒爲慶陽伯。

12 己未，以詹事兼翰林院學士楊廷和爲南京吏部左侍郎，翰林學士劉忠爲南京禮部左侍郎。

時上御經筵，二人皆直講。講畢，因致諷諫語。上退，語劉瑾曰：「經筵講書耳，何又添出許多話來！」瑾因奏曰：「二人可令南京去。」于是並遷南侍郎，外似陞之，實遠之也。

故事,南京六部,止設右侍郎一員。時廷和掌誥敕,且與忠俱日講,當以次入閣矣。廷臣中有陰擠之者,會講筵中有指斥佞倖語,瑾亦惡之,托言吏、禮左侍郎缺,遂有是命。

【考異】講筵中指斥佞倖語,見明史廷和本傳。實録則謂「二人在詹事、翰林時,皆不私謁瑾」。憲章録乃謂「廷和見事勢難處,亦欲改南官爲自全計,嘗善爲辭以託于瑾,因得是擢」云云,此蓋于廷和有微詞,以其尋遷户尚入閣,疑其爲瑾内援也。弇州考誤謂「廷和黨瑾諸事,皆出雙溪雜記,而高氏鴻猷録、薛氏憲章録因之。不知晋溪與楊公交惡,其言豈足據耶?予謂二人之改南,以指斥佞倖,則其先之見惡于瑾可知。若後之黨瑾,似亦疑案,雜記之語,不過詆其始終黨瑾耳」。至實録所載,謂「二人改南,係許進爲吏部尚書受瑾指推之,議者謂進素伉直,若此類,其阿瑾亦多矣」云云,此亦必修實録者詆進之語,今皆不取。

13 庚申,總制三邊、右都御史楊一清,以疾乞退,許之。令「馳驛歸,病痊之日,有司以聞,仍俟召用」。

14 南京國子祭酒章懋五疏乞休,皆不許。至是復引疾懇辭,許之。仍令「病痊之日,有司以聞。」

15 乙丑,户部郎中劉繹往遼東總理糧儲,東廠校尉復發其違例乘轎事,下鎮撫司獄。獄具,仍荷重校于户部門,滿一月乃釋。

16 辛未,劉瑾憾健、遷不已,又憾其朋黨多人,次第論列,乃矯詔列健、遷及尚書韓文、楊守隨、林瀚，都御史張敷華，郎中李夢陽，主事王守仁、王綸、孫磐、黄昭，檢討劉瑞，給事中湯禮敬、陳霆、徐昂、陶諧、劉蒞、艾洪、吕翀、任惠、李光瀚、戴銑、徐蕃、牧相、徐暹、張良弼、葛嵩、趙士賢，御史陳琳、貢安甫、史良佐、曹閔、王弘、任諾、李熙、王蕃、葛浩、陸崑、張鳴鳳、蕭乾元、姚學禮、黄昭道、蔣欽、薄彦徽、潘鏜、王良臣、趙佑、何天衢、徐珏、楊璋、熊卓、朱廷聲、劉玉等凡五十三人，目爲奸黨，榜示朝堂。並朝罷傳宣群臣跪于金水橋南，劉瑾以敕授鴻臚宣戒之。

先是鞫獄時，獨任諾、王蕃抵不預知，然廷杖及奸黨之數皆列焉，遂有恥道其姓名者。敕諭之文，乃瑾私人屬草，或曰即焦芳爲之。【考異】五十三人，具見明史宦官傳，三編並列之。「任諾」，實録作「任訥」，餘皆同。至任諾、王蕃抵不與知，則實録已于廷杖二十一人中揭出之，即三編所本也。至疏出焦芳，亦見實録，今據增。

17 諸言官之劾瑾也，南御史蔣欽既下詔獄，廷杖爲民。

居三日，欽獨具疏曰：「劉瑾小豎耳，陛下乃以腹心股肱耳目視之；不知瑾悖逆之徒，蠹國之賊也。臣等待命衽席，目擊時弊，有不忍不言者。昨瑾要索天下三司官賄人千金，甚有至五千金者，不與則貶斥，與之則遷擢。通國寒心，而陛下置之左右，是不知左右有賊而以賊爲腹心也。給事中劉蒞，指陛下闇于用人，昏于行事，而瑾削其秩，撻辱之。矯旨禁諸言官無得妄生議論，不言則失于坐視，言之則虐以非法。通國皆寒心，而陛下獨用之前後，是不知前後有賊而以賊爲耳目股肱也。一賊弄權，萬民失望。陛下懵然不聞，縱之使壞天下事，亂祖宗法，陛下尚何以自立乎！幸聽臣言，亟誅瑾以謝天下，然后殺臣以謝瑾。使朝廷一正，萬邪不能入，君心一正，萬欲不能侵，臣之願也。」疏入，命再杖三十繫獄。

越三日，復具疏曰：「臣與賊瑾，勢不兩立。賊瑾蓄惡已非一朝，乘間起釁，乃其本志。陛下日與嬉游，茫不知悟，内外臣庶，懍如冰淵。臣昨再疏受杖，血肉淋漓，伏枕獄中，終難自默，願借上方劍斬之；朱雲何人，臣肯稍讓！臣骨肉都銷，涕泗交作。七十二歲之老父，不復顧養，死何足惜！但陛下覆國喪家之禍，起于旦夕，是大可惜也。陛下誠殺瑾，梟之午門，使天下知臣欽有敢諫之直，陛下有誅賊之明。陛下不殺此賊，當先殺臣，使臣得與龍逄、比干同遊地下。臣誠不願與此賊並生。」疏入，復杖三十。

方欽屬草時，燈下微聞鬼聲。欽念「疏上且掇奇禍，此殆先人之靈欲吾寢此奏耳」，既而嘆曰：「業已委身，義不得顧私。使緘默負國，爲先人羞，不孝孰甚！」復奮筆曰：「死即死，此稾不可易也。」杖後三日，竟卒于獄。

南京御史之劾八黨也，陸崑爲首；其請留健、遷也，薄彥徽爲首；而彥徽公疏出自貢安甫屬草，故諸人皆列之奸黨，而安甫遂爲南御史之首云。

18 是月，命「天下鎮守太監悉如巡撫、都御史之制，干預刑名政事」。時劉瑾欲廣布私人以分擅天下之柄，令內閣撰敕給之。

19 夏，四月，兵部尚書閻仲宇致仕，改左都御史劉宇代之。尋起致仕尚書屠滽掌都察院事。皆以媚瑾得遷擢者也。

是時瑾勢傾中外，公侯勳戚，莫敢鈞禮。諸司科、道以下，私謁皆相率跪拜。批答章奏，瑾不學，輒持歸私第，與妹壻禮部司務孫聰及松江市儈張文冕相參決，詞率鄙冗，焦芳爲潤色之。凡內外所進章奏，先具紅揭投瑾，號「紅本」，然後上通政司，號「白本」，皆稱「劉太監」而不名。

都察院奏讞誤名瑾，瑾大怒，詈之。滽率十三道御史謝罪跪階下，瑾數責之，皆以首觸地，毋敢仰視。

宇介焦芳結瑾爲都御史，承瑾指摧折臺諫，御史有小過，輒加笞辱，瑾以爲賢。瑾初通賄，望不過數百金，宇首以萬金贄，瑾大喜曰：「劉先生何厚我！」尋擢是職。

20 五月，壬子，杖監察御史馮允中于午門。

時允中刷卷南京，參劾指揮張翰等罪。翰等瞰其復命時，枉道還家先發。奏聞，下獄拷訊，並坐參究不實，命司禮監杖之三十，尋褫職爲民。而被參之翰等竟置不問。

21 戊午，度在京在外僧道四萬人。

時僧録司左善世等謂：「已及十年給度之期，宜如例舉行。」禮部侍郎張澯等覆奏，「請照缺度補，不可濫給，蠹耗民財」，不省。

22 逮順天府丞周璽于獄。

璽屢與中官牴牾，劉瑾等積不能堪。及是命璽與監承張淮、侍郎張縉、都御史張鸞、錦衣都指揮楊玉勘近縣皇莊。玉，瑾黨也，淮等三人皆下之。璽詞色無假，且公移與玉，止用牒文，玉奏「璽侮慢敕使」，瑾矯旨執付鎮撫司，搒掠死。

23 己巳，復寧王宸濠護衛。

初，寧靖王奠培，以有罪革護衛，歸之地方，爲南昌左衞。至是宸濠請仍改護衛賜府管轄，兵部執奏不從。蓋劉瑾受宸濠重賂而陰主之也。

宸濠輕佻無威儀，而善以文行自飾。術士李自然、李日芳妄言其有異表，又謂城東南有天子氣，宸濠益喜，時詗朝中事，而重賂瑾以爲内援，上不知也。

24 六月，甲戌，奉孝宗神主祔太廟。

25 戊寅，罷修邊牆之役。

時楊一清引疾去，兵部奏「請別簡大臣往，督各鎮、巡官將未完邊牆乘時修築，俾垂成之功不至廢弛」，因會推侍郎文貴、副都御史張鼐等以請。詔「且止之，令所餘未用錢糧，巡撫等官覈實輸送京師。」

時劉瑾憾一清不附己，劾其破冒邊費，故有是詔。未幾，復逮一清下錦衣衞獄，大學士李東陽、王鏊論救，乃得釋。未幾，仍摭他事，先後罰米六百石。【考異】明史本紀但載罷邊牆輸費京師，三編則于六月載楊一清下獄事，證之明史本傳，一清致仕在先，下獄在後耳。今據三編牽連記之。

26 戊子，賞大同等處軍功，在京者一千五百十二人，宣府六百十二人，大同一千六百十二人，山西四十四人，陝西三百人，計銀四千四百餘兩，絹布有差。此外仍有「衝鋒破敵」、「先入賊陣」及「三次當先」之名，邊賞自此益濫矣。

27 秋，七月，癸卯，歷代通鑑纂要成。劉瑾矯旨黜謄寫不謹官二十餘人。

28 乙丑，謫翰林院編修謝丕爲民。丕，前大學士遷之子也。

劉瑾怒遷，焦芳既入閣，追憾遷去時曾薦王鏊自代不及己。會丕請疾，乃取中旨罷之。

尋又罷遷弟兵部主事迪。

29 戊辰，以災免河南、開封等府，睢陽等衞，山西大同府並大同衞夏稅。

30 是月，擢南侍郎楊廷和爲南京户部尚書。

31 八月，丁丑，太監李榮傳旨取太倉庫銀二十萬兩，太僕寺馬價銀十五萬兩，入内承運庫。

32 己卯，工部以接濟工程，奏請「令陰陽僧道醫官有缺，許其生徒及仕宦子孫、農民納銀送部，免考授官，其等有四。軍民客商人等納銀，許授七品以下散官，榮其終身，仍免雜徭，其等有三。民間子弟納銀，許授都、布、按、府、州、縣諸司承差、知印吏役，其等有八。」詔皆從之。

時方修理南海子及製造明年元宵燈諸項工程，所費動以萬計。自正月來已用銀二十餘萬，因以此爲權宜之計，前此納粟輸邊之例，無此冗濫也。

33 丙戌，作豹房。

上爲群奄蠱惑，乃于西華門别搆院籞，築宫殿，而造密室于兩廂，勾連櫛列，命曰豹房。

初，上令内侍仿設廛肆，身衣估人衣與貿易，持簿握籌。喧詢不相下，更令作市正調和之，擁至廊下家。「廊下家」者，中官于永巷所張酒肆者也，坐當壚婦其中，上至，雜出，牽衣蜂簇而入，醉即宿其處——楊守隨前疏所謂「親商賈之爲」者以此。

至是既作豹房，朝夕處其中，稱之曰「新宅」，日召教坊樂工入新宅承應。久之，樂工以承應不及，請檄取河南諸府樂户精技業者遣送入京，教坊人至者日以百計。群小見幸者，趨承自便，不復入大内矣。

[34]是月，以通鑑纂要成，晉焦芳少傅兼太子太傅、謹身殿大學士，王鏊少傅兼太子太傅、武英殿大學士。東陽僅加俸一級，吏部尚書許進、兵部尚書劉宇俱太子少保。

[35]九月，江西提學副使蔡清乞致仕，許之。

清剛正不與俗諧。時寧王宸濠驕恣，遇朔望，諸司先朝王，次日謁文廟，清不可，先廟而後王。王生辰，令諸司朝服賀，清曰：「非禮也。」去蔽膝而入。王積不悦。會王求復護衛，清有後言，王欲誣以詆毁詔旨，清遂乞休。王佯挽留，且許以女妻其子，清力辭，竟去。

明年三月，劉瑾知天下譏己，用蔡京召楊時故事，起清南京國子祭酒，命甫下而清已卒。

清之學，初主静，後主虚，故以「虚」名齋。平生飭躬砥行，所著易經、四書蒙引，後皆奉詔刊行。萬曆中，贈禮部侍郎，追謚文莊。【考異】事見明史本傳。諸書皆系之是年，證之實録則九月也。劉瑾起清爲南京祭酒，則傳中特書云：「時正德三年三月也。」今類記之乞休下。

36 冬，十月，癸未，熒惑犯太微垣、上將。

先是霾霧時作，欽天監監正楊源上言：「此衆邪之氣，陰冒于陽，臣欺其君，小人擅權，下將叛上。」引譬甚切。劉瑾怒，矯旨杖三十，釋之。

至是源又言：「占得火星入太微帝座前，或東或西，往來不一。乞收攬政柄，思患預防。」蓋專指劉瑾也。瑾大怒，召而叱之曰：「若何官，亦學爲忠臣？」源厲聲曰：「官大小異，忠則一也！」又矯旨杖六十，謫戍肅州。行至河陽驛，以創卒，其妻斬蘆荻覆之，葬驛後。時謂楊氏父子以忠諫名天下，爲士論重，而源小臣抗節，尤人所難云。天啓初，賜謚忠懷。【考異】事見明史楊瑄傳，諸書多類記于元年十月下，惟憲章録入之本年八月。然證之明史五行志及實録，則火星入太微在十月，故三編系之十月下，是也。惟十月霾霧事，明史源傳書之元年十月下，恐上下文有漏脱也。二事實録俱不載，今據三編書之。

37 甲申，逮各邊巡撫都御史及管糧郎中下獄。

時兵科給事中王玥等，查勘遼東每歲運送官銀及關中徵收糧料草束之等，還，奏所勘定遼等衛各倉場糠粃浥爛虧折之數，因劾知州章英等及管糧郎中王藎、劉繹，分守參政今陞寧夏巡撫冒政，參議方矩，前巡撫今陞南京右都御史張鼐，致仕侍郎馬中錫，見任都御史鄧璋，皆令錦衣衛逮至京師，下鎮撫司黜謫有差。

38 丙戌，召南京户部尚書楊廷和爲户部尚書兼文淵閣大學士，預機務。廷和改南，上不之知。一日，問：「楊學士何在？」瑾以南京户部對，乃召入閣。

39 己丑，免山東濟南等府七十州縣夏税。

40 辛卯，逮蘇松巡撫都御史艾璞下獄。

初，魏國公徐俌，與無錫縣民鄒塾等及妙相院僧争田，巡按御史曾大有委蘇、常二府推官往勘，以俌奏無實。復差兵科給事中徐忱、錦衣千户屠璋，往會巡撫璞同大有覆勘，忱等履畝查究，詢之鄉民，皆云「俌家初無田土」，乃斷給僧、民。俌復奏改大臣勘問，詔户部左侍郎王佐同大理少卿王鼎、錦衣指揮僉事周賢往勘。于是佐等奏：「查文案黄册，並無洪武初欽賜魏國公莊田之卷，僅有俌家所收無錫佃户勘合二紙可據。又據無錫鄉民許禄等供稱，『中山王以平吴、越有功，賜莊一所。其後子孫以永樂初發鳳陽閒住，田遂荒蕪。塾等以己業相鄰，混收入册』。請斷還魏國府。」于是上怒大有等扶同妄報，命錦衣衛差官械送京師，下璞于獄，杖之五十，全家遷南海爲民。餘俱謫降有差。

是役也，以重賂劉瑾，得之。許禄則罷黜之縣吏，欲以媚俌，爲作供證，故佐等所具獄詞皆出禄口。因之連坐前後勘官，遂興大獄，蓋皆承瑾指也。【考異】據明史徐達傳，言「俌嘗與無錫民争田，賄劉瑾，爲時所譏」，即此事也。諸書不載，今月日皆據實録。

41 是月，禮部尚書李傑致仕，以禮部侍郎劉機代之。

42 十一月，丙辰，授三氏學生員孔聞禮爲翰林院五經博士，主子思祀事。

時衍聖公孔聞韶奏稱，「子思廟在鄒縣，主祀缺人，請擇族中之賢者，授以博士世職，俾主其事」，並以聞禮名上，從之。【考異】據明史儒林傳，事在正德三年。今據實録改入是年十一月。

43 辛酉，詔宥田州土官岑猛。

濬之誅也，猛亦降千户，徙之福建平海衛，猛逗留不肯行。掌田州府事謝湖，爲猛所拒，不即之任，旋納猛賂；總督兩廣右都御史陳金劾湖曠職，而以猛悔罪，願改附近衛所聽征殺賊。是時猛納賄劉瑾，求復故地，賜敕撫之。並遣官逮湖，械至京師。【考異】此即明年逮劉大夏之張本。三編系之三年九月，今據實録年月書之。

44 癸亥，陞文華殿書辦等官張駿等。

駿由光禄寺卿擢禮部尚書，其他陞光禄、鴻臚、太常、尚寶卿及中書舍人者凡十餘人。先是通鑑纂要成，劉瑾以謄寫不謹，命右少監陶錦提調駿等改謄。至是謄畢，皆超進官秩，裝潢匠役竇瑁等七人亦陞文思院副使，更有不與謄寫而廁名授卿授序班者，皆瑾矯旨爲之。

45 十二月，壬辰，開浙江、福建、四川銀礦。時上以「庫帑所入，國用不敷，令各鎮、巡官查照先年事例開礦採辦」，户部奏請行查，不許。時中官秦文等賂劉瑾，復興是役。既而浙江守臣言礦脈已絶，乃令歲進銀二萬兩，瑾誅，乃止。

三年（戊辰、一五〇八）

1 春，正月，丁未，大祀南郊。

2 己酉，以上元節，賜文武群臣假十日。

3 辛亥，吏部會都察院考察内外官吏，凡罷黜及降調者，方面官以上五十餘人。忽附批：「翰林（□）學士吴儼，帷幙不修，令致仕。引疾御史楊南金，無病欺詐，令爲民。」儼家多貲，劉瑾遣人求金，啗以美官；儼峻拒之，瑾怒。南金素清鯁，都御史劉宇惡其不阿己，笞辱之，南金恚甚，告疾歸。宇遂譏于瑾，乃藉考察，並罷之。中外聞者莫不駭異。

4 是月，逮前郎中李夢陽，下錦衣衞獄。

劉瑾既謫夢陽，憾猶未已。至是復摭他事，械至京師，將置之死。時翰林修撰康海，與夢陽夙以詩文相倡和，夢陽在獄，書片紙出曰：「對山救我。」對山者，海別號也。海與瑾同鄉，瑾曾招致之，不肯往。及是因夢陽故，遂謁瑾，瑾大喜，爲倒屣之迎。海因詭詞説之，夢陽乃得釋。

同時都御史張敷華致仕歸，行至徐州洪，舟觸石幾死。瑾恨不已，欲藉湖廣倉儲浥爛，坐以贓罪。海復過瑾曰：「吾秦人愛張公如父母，公忍相薄耶！」瑾意稍解。然海竟以是坐瑾黨。瑾敗，遂落職。【考異】夢陽下獄，實録不載，事見明史本傳。憲章録、明書及紀事本末皆系之是年之正月，今從之。並據張敷華傳補入海救敷華，蓋同時事也。

5 二月，己巳朔，光禄寺寺丞趙松，歸省違限，劉瑾聞之曰：「凡省親丁憂養病，皆託故營私曠職者也。」乃定制，「違限三月者宥之，四五月者罰俸，六七月者逮問，八九月者致仕，十月以上削籍」。于是吏部查奏違限文武凡百四十六員，皆如新例處之。又定「養病一年以上者亦令致仕」。然松卒以厚賂瑾，踰月，仍擢本寺少卿。

6 是月，刑部尚書屠勛乞致仕，許之，加太子太保，賜敕馳驛歸。

時廷推南京兵部尚書何鑑。鑑前撫江南，嘗按千户張文冕罪，文冕亡去，投瑾搆之，遂不用。會南京都御史王鑑之，甫授官未行，遂以內批擢是職。或言勛之去，即鑑之擠之以求代云。

7 三月，乙卯，賜呂柟等進士及第、出身有差。

時焦芳欲置其子黄中爲一甲，黄中素無學，李東陽、王鏊，猶以芳故置之二甲首。芳不悦，言于劉瑾，遂以内批授黄中翰林檢討。芳以黄中故時時詈東陽，瑾聞之，曰：「黄中昨在我家試石榴詩甚拙，顧恨李耶？」芳始愧沮。

8 是月，召前南京右副都御史雍泰，仍起原職，提督操江。

上之即位也，給事中潘鐸等薦「泰有敢死之節，戡亂之才」，尚書馬文升奏起之，固辭不赴。至是許進爲吏部，復起泰前官。劉瑾，泰鄉人也，實授進意。而泰之官，卒不謝，瑾遂銜之。

9 復起致仕尚書周經爲禮部尚書。

時尚書劉機丁憂，經壻兵部侍郎曹元，方善劉瑾，因言經老可用，乃有是召。經固辭，不許，强起受事。

10 逮御史涂禎下獄。

禎自江陰知縣行取御史，巡鹽長蘆。瑾縱私人中鹽，又命其黨畢真託取海物，侵奪商利，禎皆據法裁之。此還朝，遇瑾止長揖。瑾怒，矯旨下詔獄。江陰人在都下者，謀斂錢賂瑾解之，禎不可，喟然曰：「死耳，豈以污父老哉！」遂杖三十，論戍肅州，創重，竟死獄中。瑾怒未已，取其子樸補伍，瑾敗，乃還。復禎官，賜祭。——禎，新淦人。【考異】涂禎事見明史周璽傳。實録不載，諸書皆系之是年三月，今從之。

11 夏，四月，乙亥，復以餉用不足，令軍民輸銀者授指揮、僉事以下官。

12 己丑，逮致仕工部尚書楊守隨下獄。

瑾憾守隨不已，會讞河南民獄，以守隨前在大理任內覆讞失出，遂有是逮，尋罰米千石輸塞上贖罪。踰年，復以坐庇鄉人重獄除名，追毀誥命，再罰米二百石，守隨家立破，瑾誅，始復官。

13 是月，致仕吏部尚書、太子少保王恕卒。

恕敭歷中外五十餘年，剛正清嚴，始終一致。所引薦耿裕、彭韶、何喬新、周經、李敏、張悦、倪岳、劉大夏、戴珊等，皆一時名臣；他賢才久淹草澤者，拔擢之恐後。弘治十八年間，衆正盈朝，職業修理，號爲極盛者，恕之力爲多。

至是卒，年九十三。訃聞，上輟朝，贈特進上柱國，晋太師，謚端毅。

14 五月，壬寅，下吏科給事中安奎、御史張彧于錦衣衛獄。

時奎等奉使覈寧夏等處邊餉還，奏劾文武一百三十餘員，忤瑾意，以不分情罪輕重，下獄拷訊，枷東、西長安門外，又譴及戶部尚書顧佐等。大學士李東陽力救，始釋之。奎、彧俱黜爲民。

15 六月，丁卯朔，工科都給事中許天錫暴卒。

天錫奉使安南還，見朝事大變，諸敢言者皆貶斥，大憤。會奉詔清覈內庫，得瑾侵匿數十事，知奏上必罹禍及，以是夜具登聞鼓狀，將以尸諫，令家人于身後上之，遂自經。時妻子無從者，一童侍側，匿其狀而遁。或曰：「瑾懼天錫發其罪，夜遣人縊殺之」，莫能明也。時有旨令錦衣衛點閱六科，以天錫三日不至，訊之，死矣。聞者哀之。——天錫，閩縣人。【考異】事見明史本傳，特書于六月之朔。證之實錄，是月己巳，「錦衣衛點閱六科給事中，是日，該直指揮余寘奏工科給事中許天錫不至，詢之，則初一日已死矣」。明史月朔及「三日不至」云云，蓋皆據實錄也。惟天錫上書，實錄不具，但云：「以朝廷耳目之官，畏中官之橫，寧就死以免禍害，可哀也夫！」蓋天錫既死，疏亦未上，諸書所記大略相同。今據本傳書之。

瑾之用事也，尤惡諫官。一時懼禍者往往自盡，以求免下獄、廷杖之辱。

海陽周鑰，爲兵科給事中，勘事淮安。時奉使還者，瑾皆索重賄。鑰至淮安，商于知府趙俊，許貸千金，既而不與；鑰計無所出，行至桃源自刎。從者救之，已不能言，取紙書「趙知府誤我」，遂卒。事聞，繫俊至京，責鑰死狀，竟坐俊罪。

平定郄夔，官禮科給事中，奉使覈延綏邊功，瑾屬其私人。夔念從之則違國典，不從則懼禍及，遂自經死。瓊山馮顒，初爲主事，尚書劉大夏亟稱之。上即位，偕中官高金勘涇王所乞莊田，清還二千七百餘頃。後以事忤瑾，爲瑾所誣，遂自經，人皆惜之。瑾誅，始俱復官賜祭，且恤其家。【考異】事皆見明史天錫傳中。惟郄夔覈延綏邊功事在五年，今仍據本傳類記之。

16 己巳，逮兵科給事中潘希曾、御史劉子勵下獄。二人奉敕覈湖廣、貴州邊儲，僅劾千户二人，未及經管文武，内旨責其回護欺罔，下鎮撫司拷訊。

尋逮湖廣巡撫湯全及管糧管屯之參議、副使等。時全已致仕，仍即其家捕之。于是人皆側目而視，重足而立矣。

17 壬辰，午朝退，有遺匿名書于御道，歷數瑾罪者。瑾（嬌）〔矯〕旨召百官跪奉天門下。頃之，令堂上官起。瑾出立門左。翰林院跪白于瑾，亦令起。御史甯杲訴曰：「某等素知法度，豈敢爲此！此或新進士所爲。」瑾曰：「與新進士何預！由若輩壞朝廷事，吾整治之，遂懷怨望。若輩未聞太祖法耶？」是日酷暑，太監李榮乘瑾入，以冰瓜啗群臣，曰：「君等且起。」比瑾出，榮曰：「來矣，速就跪。」瑾瞥見之，怒。于是太監黃偉憤甚，謂諸臣曰：「書所言皆爲國爲民事，挺身自承，雖死不失爲好男子，奈何枉累他人！」瑾愈怒，曰：「匿名書罪已當死，況置之御道，是何好男子耶！」即日，逐偉南京，勒榮閒住。及日暮，悉收下錦衣獄，凡三百餘人。明日，大學士李東陽等奏言：「匿名文字出于一人之陰謀，諸臣在朝，倉猝拜起，豈能知之！況今天時炎熱，獄氣薰蒸，數日之間，人將不自保矣。」瑾亦廉知其同類所爲，衆獲免。而刑部主事何釴、順天推官周臣、禮部進士陸伸已暍死，其他因暍而病者無算。

三編發明曰：瑾因匿名書數己罪，敢于矯旨召百官長跪，甚至有暑甚暍死者，瑾之橫至此極矣！向非廉知其同類所爲，則此下獄之三百餘人，遭其慘毒，當更有不可言者。觀其書不出于外人而即出于其儕黨，益信衆怨所歸，人心不昧，雖若輩亦知其爲法所不容。而武宗乃恣其所爲而不之覺，可謂好惡與人殊矣。至翰林官怵于凶焰，竟至跪白乞憐，而甯杲身爲御史，脂韋其辭以訴，且欲嫁禍于新進士，尤爲可鄙，轉不若黃偉數言，猶能抗直，何士氣之委靡一至于此哉！

18 甲午，大學士李東陽等上寬恤數事，末言：「各省查覈糧儲，有虧折浥爛者，罪坐所司，不宜逮及巡撫。蓋職有大小，事有兼專。今責之管糧管屯等官，固難辭咎。若巡撫則覺察不嚴，如別無侵盜情節，請從輕減。」因及「近日官校真僞不分，假名撓法，適足爲地方之害。」上是之，章下所司。

既而户部覆奏，言「糧草虧折，事有專司。巡撫官總攬大綱，失察自有明條，不宜一概逮問」。瑾大怒，矯旨詰責數百言，中外駭歎。

19 是夏，西廠太監谷大用遣邏卒四出，刺南康縣民吴登顯三家于端午競渡，擅造龍舟，捕之，籍其家。自是偏州下邑，見華衣怒馬，京師語音，輒相驚告，官司密賂之，人不貼席矣。

同時鎮守河南太監廖堂，擅保奏司、府、州、縣官員，且擬陞調某職，吏部多所覆從。吏科給事中何紹正論駁，上是之，切責堂，令自陳；所奏官員令巡按官察實以聞。論者謂近日惟此一舉尚近法耳。【考異】此二事見紀事本末，一系之五月，一系之六月。證之弇州中官考，載于六月匿名文書之前。今據之，統系于是年之夏。

20 秋，七月，己亥，平廣西柳州叛獞。

先是柳州所屬馬平、洛容二縣獞賊數萬爲患，總督兩廣都御史陳金偕總兵官毛鋭發兵十三萬討之，俘斬七千餘人。奉敕獎勞，進左都御史。

時斷藤峽苗時出剽掠，金念苗嗜魚鹽，可以利縻也，乃立約，令民與苗市，改峽曰永通。苗性貪而黠，初陽受約，既乃不予直，殺掠益甚。潯州人爲語曰：「永通不通，來葬江中。誰其作者？噫嘻陳公！」蓋咎金之失計云。

21 壬子，上諭鐘鼓司太監，以「近來音樂廢缺，非所以重觀瞻」，下禮部議，選三院樂工嚴督教習。又諭「該部移文各布政司，精選通藝業者送京師供應，以充三院樂工」。自是筋斗百戲之等，充雜禁廷矣。

22 是月，陞操江副都御史雍泰爲南京户部尚書。甫四日，即勒致仕，以其終不附劉瑾也。

23 八月，癸酉，吏部尚書許進罷。

時劉瑾欲去進，以劉宇代之；焦芳亦以干請不得，因擠進。會南京刑部郎中闕，適員外郎無實授者，進循故事以署主事二人上，瑾以爲非，責令對狀。進不引咎，三降嚴旨譙責，進不得已乃請致仕，遂以宇代之。又以進故譴及侍郎白鉞及文選郎中員外主事等，皆罰俸。

24 辛巳，立内廠。

時東、西二廠横甚，道路以目。瑾猶未慊，復立内廠，自領之，尤爲酷烈，中人以微法，無得全者。凡所逮捕，一家有犯，鄰里皆坐，或瞰河居者，以河外居民坐之。屢起大獄，冤號相屬。又矯旨悉逐京師客傭，命寡婦盡嫁，喪不葬者盡焚之。于是輦下益洶洶，瑾恐激變，罪其失業首倡言者一人以安衆心。

25 庚寅，劉瑾憾前尚書韓文甚，捃摭萬端。會户部偶遺故籍，欲以爲文罪，屬尚書顧佐上其事，委咎于文。佐不可，奪佐俸三月。尋逮文及侍郎張縉俱下錦衣獄，數月始釋。詗知文廉，家素貧，因創罰米法以困之。罰文千石，輸大同，縉五百石，輸宣府。尋又假他故罰文米再，家業蕩然。

佐以失瑾意，再疏乞病，始得歸，以劉璣代之。瑾憾不置，三罰米輸塞上，至千餘石，家貧，稱貸以償。

自是忤瑾者悉誣以舊事，入之罰米例中，中外文武無寧日矣。

26 是月，山東盜起，時有曹州等處賊首趙實等劫掠鄉鎮，欲與歸德已禽妖賊趙忠爲亂。守臣以聞，詔「山東鎮、巡、三司等官捕之，毋致滋蔓，並行河南、兩直隸鄰境集兵防守」。

27 以曹元代劉宇爲兵部尚書。

元柔佞滑稽，不修士行，與劉瑾有連，自瑾侍東宮，即與相結。及瑾得志，遂夤緣躐進是職，兼督團營。踰月，又加太子少保。

28 晉楊廷和少保兼太子太保。

29 九月，癸卯，削致仕尚書雍泰、馬文升、許進、劉大夏籍。

泰既罷，瑾憾不已，坐進私泰，又追論前薦泰者，遂及文升、大夏並給事中趙士賢、御史張津等，皆斥爲民。

其他罰米者，吏科都給事中任良弼、御史陳順等凡五十六人，人三百石。進二子誥、讚在翰林，俱輸贖，調外任。

30 庚戌，劉瑾責令前後諸官罰米者皆定限完報。下户部議，「在京者，自今日始限一月；在外及去任者，俱自移文至日爲始，依水程遠近；定限赴倉輸納，違者聽内外管糧官舉劾」。一時列上前後罰米官員之數，自一千石韓文以下，凡罰米五百石至二百石者一百四十餘人。惟南副都御史陳壽，坐延綏倉儲虧損，罰米二千三百石，布千五百匹，貧不能償，上章自訴。瑾知其貧，竟免之。

諸官之罰米也，多以公事及邊儲虧折而中傷之，往往鬻産陪納，或稱貸償之，瑾實假此納賂。後有因事詿誤而罹其網者，往往賂瑾求免，雖平日號清謹者，懼遭械繫之苦，亦遷就以爲自全之計矣。【考異】罰米諸人，散見明史列傳中。明史本紀系之八月，明史稿系之九月。證之實録，則八月創罰米例，九月定完限也。至罰米諸人，據實録九月所載一百四十餘人，但就九月之前後言耳。若明史潘蕃傳，「覈廣東庫藏一獄，罰米者凡八百九十九人」，其他見于實録者幾無虛月，皆瑾之藉以納賂也。今據實録書之。

31 辛酉，逮致仕兵部尚書劉大夏于獄。

初，孝宗時，大夏在兵部，劉宇巡撫大同，私市善馬賂遺權要，大夏于宴見時爲帝言之，宇聞，深憾大夏。及是與焦芳譖于劉瑾曰：「籍大夏家，可當邊費十二。」會田州岑猛賂瑾求復故地，械謝湖至京。湖訟冤，以爲「激猛叛者，由鎮守太監韋經及總兵官毛銳、巡撫都御史潘蕃也」。經復訟冤，謂「猛之初叛，由大夏主兵部時，請與思恩俱改流官，降猛千户，徙之遠衛，以致怨望」。瑾遂坐大夏激變，論死。閣臣王鏊曰：「岑氏未叛，何名激變！」都御史屠滽，亦言「劉尚書無死法」。瑾謾罵曰：「即不死，可無戍耶？」瑾亦詗大夏家實貧，乃坐戍極邊。初擬廣西，芳曰：「是送之歸也。」遂與蕃同論戍肅州。時大夏年已七十三，徒步荷戈至大明門下，叩首而去，觀者嘆息泣下。

大夏既遣戍，瑾猶摭他事搆之不已。蕃與大夏前曾總督兩廣，既而瑾從户部郎中莊襗言，遣太監韋霦覈廣東庫藏，奏「應解贓罰諸物多朽敝，梧州貯鹽利、軍賞銀六十餘萬兩，不以時解」。復逮蕃、大夏及前左布政沈鋭等八百九十九人，皆罰米輸邊。大夏又坐他事罰者再。

32 癸亥，振南京、鳳陽等府饑。

33 是月，復逮前御史葛浩、陸崑下獄。

浩等前已杖謫爲民，瑾憾不已。至是坐劾奏武昌知府陳晦不實，命南京錦衣官校執送内外守備官，杖之三十，仍爲民。蓋瑾受賄賂也。【考異】據明史陸崑傳：「崑以劾武昌知府陳晦不實，與葛浩、貢安甫、王蕃、李熙、姚學禮六人逮杖闕下。」證之實録，但書崑、浩二人，明史或別有所據，抑或安甫等四人逮而未至，故不書耳。今仍據實録而附識于此。

34 冬，十月，辛未，振湖廣、河南饑，命南京工部右侍郎畢亨兼僉都御史往監振事。

35 是月，陞南京右都御史張泰爲南京户部尚書，尋勒致仕。

泰清謹，劉瑾專權，朝貴争賂遺，泰奏表至京，惟餽土葛。瑾憾之，乃藉陞擢以罷之，如雍泰故事。

泰以明年七月卒，瑾復摭他事罰米數百石。瑾誅，賜祭葬如制。【考異】事見明史本傳，特書于是年之十月，實録同。

36 罷送各邊年例銀兩。

劉瑾因户部奏送各邊年例，令尚書顧佐查天順以前年例銀數，佐曰：「天順以前並無此例。」瑾怒曰：「此户部官通同邊方巡撫共盗内帑之明驗也。」奏請悉罷。

薛應旂曰：按自成化間開設榆林衛，巡撫余子俊增置城寨，陝西民供不繼，奏送江南折糧銀以補不足。然初亦依江南原折銀例，每米一石折銀二錢五分，放支軍士。其後大同等邊缺乏，亦暫送銀補足，數皆不多，未有以萬計送者。至弘治間，户部尚書葉淇奏改商人赴邊納糧中鹽之法，令納銀運司解部，分送各邊，自此始有年例銀兩，而鹽法屯田一時俱壞。商人既不上納本色，而邊方米價湧貴，市糴艱難。鹽課銀兩不敷支用，遂日漸增加，迨至數萬，益以各鈔關商稅，猶且不足，而加賦於民，内帑漸虚，東南民力日竭。若鹽法復國初之舊，則邊境田地，皆爲商人佃種以供本色，而年例銀兩可以盡革，惜顧佐不盡言於瑾而復正鹽法。迨後邊儲告缺，而年例銀兩終不可罷。自兹輾轉侵漁，其弊日滋，而邊方屯田盡皆荒蕪，國計民生將何底極！雖逆豎猶知年例之爲害，邊牆之無益，恐不可以人而廢言也。

37 劉瑾矯旨出翰林修撰何瑭爲開封府同知。

瑭，武陟人，在翰林爲宿學所推，獨伉直不附瑾。同官有入而拜見者，瑭獨不往，見瑾但長揖而已，瑾怒。一日，瑾贈諸詞林川扇，獨不及瑭。諸受贈者復拜謝，瑭正色曰：「何僕僕也！」瑾大怒，詰其姓名，瑭直應曰：「修撰何某。」瑾益銜之，遂有是謫。瑭知必不爲瑾所容，尋致仕去。

時有翰林學士張芮，亦以不附瑾，坐事謫爲鎮江府同知，聞者駭異。【考異】瑭事見明史本傳。憲章録系出張芮于十月，紀事本末並載出何瑭事。惟瑭傳但言致仕，不言出爲開封同知。紀事本未必別有所據，蓋論謫未之官而致仕，故史略之。今仍據紀事本末。

38 禮部尚書周經引疾致仕，許之。以吏部左侍郎白鉞代。

39 户部侍郎僉都御史韓福，奉詔覈理湖廣缺餉，尋召還。福前督蘇松糧儲，未幾召入，爲右副都御史。坐累下詔獄，劉瑾以同鄉故立出之，自此遂爲瑾效力。

福喜操切，務爲嚴苛。湖廣民租，自弘治改元後，逋六百餘萬石。福欲追徵之，劾所司催科不力，自巡撫鄭時以下凡千二百人。奏至，舉朝駭愕。户部議從之，瑾忽大怒，取詔旨報曰：「湖廣軍民困敝，朕甚憐之。福任意苛斂，甚不稱朕意。」福引罪求罷，乃召還。

40 十一月，乙未朔，户部奏「鳳陽、淮安、揚、廬等處災荒重大，宜簡命大臣往理振事」。詔「撥補未解事例銀十五萬兩並南京各衛倉糧三十萬石，敕南京户部侍郎王瓊會同鎮巡官分道振之」。

41 辛丑，給事中白思誠、御史儲珊等，復參劾遼東倉庫自弘治十五年至正德三年前後各任挪移虧折之數，遂及都御史王宗彝、陳瑶、張鼐、馬中錫、韓重，原任兵部尚書馬文升，侍郎熊繡，原任户部尚書佀鍾、顧佐、韓文，侍郎王儼、李孟暘、王佐、張縉及郎中、給事中、御史等凡數十人。除病故者勿追，餘俱各罰米輸邊，自一千石以下有差，其中所罰有至再至三者。

時劉瑾權傾中外，諸奉使者承望風旨。于是有行人張龍，以附瑾擢兵科給事中，出覈遼東餉，至以腐豆四石逮問監守諸臣，罰郎中徐璉以下米三百石有差。瑾以爲能，擢通政參議。

42 是月，工部尚書李鐩致仕，廷推户部侍郎吴文度及南京户部侍郎王珩。二人者皆瑾所不悦，而文度前巡撫雲南，瑾以地産金寶屢責賄，文度無以應，瑾深銜之。及是内旨改文度爲南京户部尚書，與珩俱致仕。命下，舉朝駭異。踰月，乃以南京都御史洪鍾爲刑部尚書。

43 禮部侍郎掌國子祭酒事謝鐸請致仕，許之。

鐸經術浩深，爲文章有體要。爲國子師，嚴課程，杜請謁，增號舍，擴廟門，置公廨三十餘，居其諸生，貧者周恤之，死者請官定制爲之斂。家居好施與，自奉布衣蔬食而已。後二年卒，贈禮部尚書，謚文肅。

44 是冬，無雪。遣英國公張懋祭告京都城隍之神。

45 是歲，劉瑾請于朝陽門外作宫，祀北極玄帝以延聖壽。至是宫成，賜名曰玄明宫，上親書額，閣臣李東陽爲之記。

明通鑑卷四十三

江西永寧知縣當塗夏燮編輯

紀四十三起屠維大荒落(己巳)，盡上章敦牂(庚午)，凡二年。

武宗毅皇帝

正德四年(己巳、一五〇九)

1 春，正月，丙午，大祀南郊。

2 丁未，工科給事中吴儀覈寧夏、固原等處倉場粃爛虧折之數，劾歷任巡撫都御史徐廷璋、賈俊、王珣、冒政、孫需、楊一清等十六人，侍郎顧佐及管糧郎中、副使、僉事徐鏈等十八人，又通判董全等一百八十八人，又以馬價鹽課劾巡撫寧夏僉都御史劉憲、巡撫陝西右副都御史楊一清及苑馬寺卿、僉事、知府、同知及管屯衛官十餘人，皆入罰米例，重者五百石，輕者三百石以下，致仕者半之。時憲已病故，仍罰米五百石，一清雖致仕，仍罰米三百石。

3 己酉，憲廟廢后吴氏薨。劉瑾欲焚之，大學士王鏊持不可，曰：「服可不成，葬不可薄也。」從之。

4 庚申，遣給事中張禬、段豸、御史房瀛等十四人盤察南、北直隸各行省錢糧。先是諸司官朝覲至京，畏瑾虐焰，恐罹禍，各斂金賂之，每省至二萬餘兩，往往貸于京師富豪，期回任後倍償之，名曰「京債」。上下交征，恬不爲異。瑾私人侍郎張綵，以媚瑾擢佐吏部，考察内外官，糾摘嚴急，間示薄罰，諸司臺諫不堪謫辱，因之賄賂肆行。已，見瑾急賄，天下怨次骨，因乘間説曰：「公亦知賄入所自乎？非盜官帑，即剥小民。彼借公名自厚，入公者未十之一，而怨悉歸公，何以謝天下？」瑾大然之，乃欲藉此自掩其迹，于是有禬等之遣。時有監察御史歐陽雲、工科給事中吴儀，方奉差回，仍循故例厚賂瑾。適綵建是議，説瑾勿受官差餽遺，乃藉二人有貪跡，用考察黜爲民。自此因賄得罪者甚衆。【考異】遣張禬等事見明史張綵傳，本紀不載。三編系之二月，蓋因賄瑾者先後得罪，牽連並記也。證之實録，在正月庚申，歐陽雲、吴儀二人適同時事，故歸入正月考察中。今並據實録月日。惟「吴儀」弇州史考作「貝儀」。

5 是月，刑部尚書王鑑之致仕，改工部洪鍾代之。以兵部侍郎才寬代爲工部尚書。

6 二月，丙戌，黜前大學士劉健、謝遷爲民。

初，健、遷在内閣時，詔天下舉懷才抱德之士，至是浙江大吏以餘姚周禮、徐子元、許龍，上虞徐文彪四人應詔。劉瑾、焦芳方日偵健、遷過，無所得，遂以禮等皆遷鄉人而草詔由健，欲以此爲二人罪，矯旨謂「天下至大，豈無應詔者，何餘姚處士之多也！」乃下禮等鎮撫司獄，屬主者周内入健、遷，欲遂逮二人，籍其家。大學士李東陽爲力解，焦芳從旁厲聲曰：「縱輕貰，亦當除名！」旨下，竟如芳言，禮等咸論戍邊。劉宇復劾兩司以下訪舉失實，皆入罰米例，且榜禁餘姚人不得選京官。

7 三月，甲辰，振浙江饑，撥納銀事例及該解贓罰等款凡六萬二千餘兩以備振用。又停止本年應解雜款銀六萬兩以寬民力，仍俟豐稔徵解償之。

8 是日，上御經筵。

自正月以來，屢奉停免，至此始行。

9 己酉，詔「吏部考察京官不必以時」，從侍郎張綵之請也。

綵初入吏部，一意事瑾，顛倒威柄，箝制百官，既創爲非時之舉，又增入舊例所未有者。首令堂上官四品以上皆自陳，于是自閣部以下無不先後乞休，皆得旨慰留，惟閣臣王鏊去志已決。

10 夏，四月，乙亥，大學士王鏊致仕，許之，賜璽書乘傳歸。

是時中外大權悉歸于瑾，鏊初開誠與言，間有聽納。及焦芳專事媕阿，瑾橫益甚，鏊自度不能抗，凡去疏三上，始得請。

李東陽在內閣，與鏊多所補救。劉健、謝遷、劉大夏、楊一清及見逮之平江伯陳熊輩皆幾得危禍，東陽潛移默奪，善類賴以保全。而氣節之士多非之，遂有湘江春草之謠，子規鷓鴣之諷。其後侍郎羅玘勸之早退，至上書請削門生之籍，東陽得書，俛首長嘆而已。鏊既辭位，東陽復援楊廷和共事，而閣臣代者皆劉宇、曹元之等，于是東陽勢益孤。

11 壬午，孝宗敬皇帝實録成，大學士李東陽等表上之。

初，修孝宗實録，焦芳爲副總裁；劉健、謝遷去後，芳入內閣，遂操史筆，凡所褒貶，多挾恩怨。舊時大臣如何喬新、彭韶、謝遷，皆天下所推許以爲端人正士，而芳輒肆詆誣，反自詡以爲直，不恤人言。同官李東陽等畏避其惡，皆不敢爲異同，故奏表中有「傳疑傳信，庶以備于將來」之語，蓋爲芳改竄實録之張本云。

先是，瑾以弘治間所修會典多糜費，又摘其小疵，降尚書梁儲爲侍郎，庶子毛澄、諭德傅珪等皆奪陞職，東陽亦坐罰俸，至是以實録成，始復之。【考異】憲章、法傳二録，皆系上孝宗實録于五月，證之實録，蓋四月壬午也。諸書言降奪諸人，惟李東陽如故，明書則云「出自內旨」，今證之實録，並無此語。而東陽罰俸，實録猶云「瑾以爲未能盡法」，其無内旨明矣。今據本傳。

12 是月，命工部尚書才寬兼左都御史，總制延綏、寧夏、甘肅等處軍務。

先是各鎮、巡等官奏「三鎮有警不相應援」，兵部乃請「仿王越、秦紘等故事，仍設文職大臣總制三邊，鎮、巡以下皆受節制」，遂有是命。

13 起山西按察副使王鴻儒爲國子祭酒。

鴻儒先以病乞致仕，至是劉瑾欲以人望收之，遂有是命。

14 五月，壬子，吏部論陞纂修實録翰林官，忽附内批：「調侍講吴一鵬于南京刑部，侍讀徐穆于南京禮部，編修顧清于南京兵部，汪俊于南京工部，皆員外郎；編修賈詠、李廷相于兵部，温仁和于户部，劉龍于禮部，翟鑾、董玘于刑部，崔銑于南京吏部，陸深于南京禮部，檢討王九思于吏部，汪偉、穆孔暉于南京禮部，易舒誥于南京户部，皆主事。」

初，瑾憾諸翰林不下己，欲盡出之外，爲張綵勸沮，及是又持前議，綵復力沮。而焦芳父子與檢討段炅輩，謂可乘此以擠所不悦者，乃疏名上之瑾，慫恿成之，謂之「擴充政事」。玘始漏網，有語焦黄中者，明日附他批補出，與詹事主簿李繼先同降知縣。上自改之，乃降刑部。

15 丁巳，逮山東巡按御史胡節下獄。

節奉使將還，度無以藉手見瑾，微露意于布、按二司，因貸修曾子廟宇及香費等銀三千兩，至京，仍循故事餽瑾。而張禬奉使山東，已發其事，瑾遣官校立捕之下獄，並歸其賄于官。

獄具，節謫戍肅州，布、按以下皆降罰有差。禬以發奸有功，令吏部記名候陞。

16 是月，以實録成，進焦芳少師兼太子太師、華蓋殿大學士。東陽加正一品俸而已。

17 六月，甲子，免蘇、松、常、鎮四府被災稅糧。

18 戊子，以吏部尚書劉宇兼文淵閣大學士。

宇前在兵部，賄賂狼藉；及爲吏部，權歸張綵，而文吏贈遺不如債帥，嘗悒悒嘆曰：「兵部自佳，何必吏部也！」至是劉瑾欲用綵代宇，乃令宇以原官入閣。

宇宴瑾閣中極歡，大喜過望，明日，將入閣辦事，瑾曰：「爾真欲相耶？此地豈可再入！」宇不得已乃乞省墓歸。

19 庚寅，以張綵代爲吏部尚書。

綵由郎署三遷，遽長六卿。每瑾出休沐，公卿往候，自辰至晡未得見。綵故徐徐來，直入瑾小閤，歡飲而出，始揖衆人。衆以是益畏綵，見綵如瑾禮。綵與朝臣言，呼瑾爲「老者」，凡所言，瑾無不從，以此中外餽遺金帛相望于道。

性尤漁色。撫州知府劉介，其鄉人也，娶妾美。綵特擢介太常少卿，盛服往賀，曰：「子何以報我？」介皇恐謝，曰：「一身外皆公物。」綵曰：「命之矣。」即使人直入内，牽其妾，輿載歸。又聞平陽知府張恕妾美，索之不得，令張禬按致其罪，擬戍，恕獻妾，始得論減。其横如此。

20 是月，江西樂平盜汪澄二、汪浩八等作亂，肆劫村落，知縣汪和率民兵捕之，不克，和被虜，殺民兵三百餘人。淮王以聞。未幾，東鄉、瑞州之賊並起。自是江西盜風日熾。

【考異】三編作「姚源賊」。質實云：「在萬年縣東里許，深可十五里，蓋與樂平連界也。」然正德七年，始分餘干之萬春鄉置萬年縣，而據陳金傳，則又以姚源爲南昌所屬。證之志，萬年有桃源洞，桃源水出焉，亦別無姚源之名，疑皆傳寫之誤。今仍據實録書樂平。

21 秋，七月，戊戌，劉瑾復矯旨遣御史喬岱等往覈兩浙鹽課，追論歷次巡鹽御史及運司官陪償商課，自數千兩至數百兩，按歷年深淺及欠課多寡以定陪納之數，皆令輸京師内承運庫。

遂有謫戍已故之御史彭程，家貧，止遺一孫女，罄産不足償，並女鬻之，行道者皆爲之流涕。【考異】事見明史彭程傳。三編系之三年八月罰米目中，今據實録年月分書之。彭程，野史有誤「程」爲「韶」者，蓋韶亦曾奉詔整理鹽法，因之致誤，今據明史本傳。

22 癸丑,刑部侍郎張鸞,印綬監少監李宣,指揮同知趙良,「趙」,三編作「張」,今據實録。自江西勘事還,醵白金二萬兩循故事賂劉瑾。瑾納其賂,輸之内承運庫,因請按三人罪。鸞致仕,宣、良俱發南京閒住。因及都御史林俊等三十一員,凡江西見任及致仕者,俱各罰米三百石。

23 是月,四川流賊劉烈等轉掠漢中,聚衆二千餘人。守臣以聞,詔「四川、陝西、湖廣三省鎮、巡官隨宜勦捕,毋致滋蔓」。

24 八月,辛酉,劉瑾以各邊罷送年例銀兩,邊儲日匱,奏請遣御史等官清理屯田。

時副都御史韓福,方整理湖廣軍儲還,命督理遼東屯田。福以徵斂爲能,所在驚擾。至是有義、錦等州戍卒高真等,脅衆爲亂,焚毁廨舍,驅逐委官。守臣懼激變,發銀二千五百兩撫諭之,亂者始息。事聞,劉瑾歸罪于鎮、巡官不能宣布威福,論巡撫都御史劉瓛以下罪。踰月,給事中徐仁劾福苛斂狀,瑾不得已勒福致仕。

一時分遣清理屯田之胡汝礪、周東等,皆承望風旨,各邊僞增屯田數百頃,悉令出租,人不聊生。東在寧夏,尤爲苛刻,人心憤怨。指揮何錦等,遂與安化王寘鐇謀起兵以誅瑾爲名。瑾之禍自此始。【考異】福事見明史本傳,據實録,激變在是月。明史本紀云是月「義州軍變」是也。福致仕在九月,今類書之。

25 九月，丙午，六科、十三道給事中、御史等奏：「兩廣、江西、湖廣、四川、陝西等處，自本年正月以來，盜賊縱横，大肆焚掠。其餘未經奏聞者，若薊州大壩等處，被害頗多，請敕所在鎮、巡三司、地方軍、衛等官，隨宜勦撫。」詔「下所司行文各省，斟酌行之」。

是時江西之賊，自樂平東鄉外，則贛州之大帽山賊何積欽等，負嵎四掠，蔓延福建、廣東境上。而四川則保寧賊藍廷瑞自稱順天王，鄢本恕自稱刮地王，廖惠自稱掃地王，擁衆至數萬。自是累年用兵，腹地騷然。

26 閏月，小王子犯延綏，圍總兵官吴江于隴州。會參將王勛統兵來援，寇尋解圍去。于是總制尚書才寬及太監劉保以捷聞，賜敕獎勵。已，巡按御史胡瓚，劾奏「江逗留無勇，總兵侯勛輕率寡謀。是役也，斬獲九十餘級，我軍死者亦略相當，所喪馬至二千七百餘匹。」奉詔切責。兵部議，「臨敵未可易將，仍令江等戴罪自贖」。從之。

27 巡按廣東御史袁仕，劾奏廣東所屬府州縣官周夔等四十餘員，吏部覆議，「宜如朝覲考察例行」。制曰：「可。」

自張綵倡不時考察之議，御史楊武與瑾同鄉，復附和之。其後段豸按陝西，亦劾其所屬，且請行之各省，通行各撫、按隨時考覈。自此天下官以微罪而去者顧多于朝覲矣。

28 都察院左都御史屠滽致仕，改南京户部尚書陳金代之。

29 冬，十月，戊戌，太白晝見，凡八日。

30 是月，山東督漕運官奏黄河北徙，恐奪漕運，疏陳修築事宜。「初，黄河水勢，自弘治七年劉大夏修理後，由南清河口入淮。十八年北徙三百里，至宿遷縣小河口。正德三年，又北徙三百里，至徐州小浮橋。本年六月，又北徙一百二十里，至沛縣飛雲橋，俱入漕河。自南河故道淤塞，水惟北趨，單、豐之間，河窄水溢，決黄陵岡、尚家等口，曹、單田廬多没，至圍豐縣城郭，兩岸闊百餘里。若不及早修治，恐經鉅野、陽穀二縣故道，則濟寧安平運河，難保無虞。」詔下所司議。【考異】語見明史河渠志。志言河北徙在六月。實録載之是月，據奏至之日也，今從之。

31 十一月，甲子，寇入花馬池，總制尚書才寬率兵禦之，頗有斬獲。敵伏兵沙窩，寬乘勝深入，中流矢卒。

總兵官曹雄，擁兵不救，踰月，始遣其子謐齎奏詣京師，佯引罪乞解兵柄，並自陳「聞敗，統軍與寇戰于鼠湖，追數十里，斬獲數倍，收寬尸還」。雄，瑾黨也，奏至，瑾偉謐貌，妻以從女，優詔褒雄，令居職如故，劾雄者反被責云。【考異】明史本紀系才寬戰没于是月甲子，據曹雄原奏也。證之實録，是月甲子不載寬戰没事，直至十二月曹雄令其子齎奏至，奏稱：「寬于十一月初五日禦寇于花馬池，兩戰皆捷，明日，遇沙窩伏寇，中流矢死。」按十一月己未朔，寬戰没于初六日，正甲子也。惟寬以尚書總制三邊，戰死沙場，陝西去京二千餘里，踰月之久始行奏聞，其恃劉瑾爲護符可知。雄之子締婚于瑾，亦必先有成約，始遣齎奏也。今參實録書之。

32 是月，尚書張綵，洪鍾皆加太子太保。鍾尋改都察院左都御史，以刑部侍郎劉璟爲本部尚書。

33 十二月，戊戌，平江伯陳熊以罪削爵，謫戍海南。

熊督漕運，有同宗陳俊，欲以溼潤官米貿銀輸京，熊許之，爲緝事者所發。熊素忤瑾，瑾遂摭其事，下詔獄，論贓私，欲置之死。李東陽力爭，乃解，然猶謫戍，追奪誥券。

同時總督漕運副都御史邵寶，素不與瑾通，瑾以危言撼之，不爲動。至是，遂坐熊勒致仕去。【考異】紀事本末系陳熊事于正月。憲章録系邵寶致仕于正月，而陳熊奪爵又別系之九月，皆誤也。寶以正月方授副都御史督漕運，見之實録中。其坐熊致仕，紀事殆因其授官之日牽連並記耳。若熊之奪爵，功臣表書于是年十二月戊戌，與實録合。憲章録、法傳録系之九月，明書系之十月，蓋據其事發逮問之月日耳。今據明史功臣表書之。

34 庚戌，追奪前致仕大學士劉健、謝遷及尚書馬文升、劉大夏，韓文、許進等誥命。

時健、遷等已罷爲民，瑾、芳二人憾未已，于是都給事中李憲復追論之，詔並追還所賜玉帶服物。同時奪誥命者凡六百七十五人，皆希瑾、芳指也。

35 是月，以畢亨爲工部尚書，代才寬也。

五年（庚午、一五一〇）

1 春，正月，丁卯，大祀南郊。

2 己卯，劉瑾、焦芳矯旨「裁革江西鄉試解額，並仕者不得選除京職，著爲令」。

初，成化末，芳坐尹旻黨被謫，疑出萬安、彭華意。華，安福人，屢誚芳無學，芳以此銜江西人次骨。去年，滿剌加國遣使朝貢，有使臣亞劉者，本江西萬安人，曰蕭明舉，先以罪逃入海外，至滿剌加，至是與其國人端亞智等同來，【考異】事見明史焦芳及外國傳，書曰：「亞劉本，江西人。」證之實録，則云：「亞劉者，本江西人。」據此，則「劉」字絶句，「本」字屬下讀。三編書之四年目中，云「亞劉本者，故江西萬安人」。既以「本」字屬上讀，又易下「本」字爲「故」，未知何據。今從實録。中塗，謀入浡泥國索寶物，且殺亞智等。事聞，方下所司劾奏，芳在内閣，即署其尾曰：「江西土俗，故多玩法，如李孜省、彭華、尹直等，素干物議。且其地鄉試解額過多。」于是請裁五十名及停授京職例。芳又言：「王安石禍宋，吴澄仕元，皆宜榜其罪，戒他日毋濫用江西人。」楊廷和解之曰：「以一奸民，波及一方。既裁解額矣，宋、元人物亦欲并按邪？」乃止。

芳深惡南人，雖論古人，亦必詆南而譽北，嘗作南人不可爲相圖進瑾。又欲自私其鄉，以瑾乃陝西人，諷給事中趙鐸奏言「鄉試額不均」，遂票旨增陝西額爲百以媚瑾，自增其鄉河南爲九十五，並及山東、山西俱增至九十。其徇私變法，大率類此。瑾、芳敗，皆復舊。【考異】裁江西解額，語見明史芳傳。證之實録，大略相同，惟「五十人」，重修三編作「十五人」。考明史選舉志，正統間江西解額定爲六十五人，其後漸增，然無出百名外者。成、弘間，江西官于朝者最多，而據高氏鴻猷録，言「禮部以瑾故，議增陝西九十五名，與江西等」，然則江西之額已近百名可知，今減去五十名，則四十五名也。三編「十五人」之語，惟見王弇州二史考，而證之實録上下文，皆作「減江西額五十人」，未知三編別有所據否？附識于此。

3 庚辰，籍故尚書兼都御史秦紘家。

紘致仕歸，卒，其婦弟楊瑾爲經紀其家。家奴憾之，乃以紘所遺火礮投緝事校尉，誣瑾蓄違禁軍器。劉瑾怒，歸罪于紘，籍其家，無所得。言官張九敘、涂敬等復希瑾意劾紘，士類嗤之。

4 是月，兵科給事中高滂奉使覈滄州地，劾前任都御史及歷年巡按御史以下凡六十一人，皆逮問。

滂父銓，嘗巡撫保定，滄州其所隸也。滂欲媚瑾，遂並誣劾其父，以此不齒于人云。

【考異】澇劾其父事見明史，三編系之四年二月目中。今據實録，在是年之正月。

5 二月，癸巳，以曹元爲吏部尚書兼文淵閣大學士。

元代劉宇入閣，瑣瑣無能，在閣中，日飲酒諧謔，道里巷鄙語而已。

6 辛丑，兵科給事中屈銓，請頒行劉瑾所定見行事例，按六部爲序，編集成書，頒布中外，以昭法守。詔「下廷臣議行」。

時瑾所創新例，變亂成憲，擅作威福，天下側目重足，朝不謀夕。銓乃承望風旨，助瑾爲虐，廷臣鄙之，共欲緩其事。國子祭酒王雲鳳復以爲請，將刊行而瑾敗。【考異】三編系之三月，今據實録爲二月辛丑。

三編發明曰：瑾以私智，擅威福之權，紊典章之舊，其所施行，一時已爲側目，又豈可垂諸久遠，貽毒將來！且令者，人君所自操，涣大號而昭示中外，海宇共之，子孫守之，尤非閹宦所得假竊者。屈銓恬不知恥，請將瑾所創例編集頒行以獻媚于逆璫，可謂小人之尤者矣。乃武宗亦竟詔下廷議，廷臣雖明知其不可而亦竟議行，但欲姑緩其事。向令逆瑾不敗，則其事能終緩乎？武宗之深信不疑若是，諸臣之依違遷就又若是，何怪乎王雲鳳之復請乎！雲鳳在孝宗時，嘗以劾宦官得罪，而一旦易節，盡反所爲，憸人矯飾一時，末節盡露，良足哂矣。

7 是月，晉楊廷和吏部尚書、武英殿大學士。

8 以兵部左侍郎胡汝礪爲本部尚書，代曹元也。汝礪以同鄉黨于瑾，奉使清理宣府屯田，至是召還，遂有是擢。未至任而卒，踰數月，瑾始誅，遂弗及于罰。

9 太監張永，總神機營，初黨于瑾，已而惡其所爲。瑾亦覺其不附己也，言于上，將黜之南京。永知之，直趨上前，愬瑾陷己。上召瑾與質，方争辨，永輒奮擊瑾，上令谷大用等置酒爲解，由是二人益不協。然是時上方嚮用永，故瑾之間卒不行。【考異】事見宦官傳，實録不載，憲章録、紀事本末皆系之是年之二月。證之永、瑾二人傳，皆敘于討寘鐇之前，上方嚮用永，則其事蓋相去不遠也，今據系之二月。

10 三月，甲子，黄霧四塞，大風霾，天色晦冥者數日。

11 鎮守湖廣總兵官毛倫，奏「安陸、漢、襄、沔陽地方，連年凶荒，寇盜蜂起」，因劾「昔年整理糧儲之侍郎韓福，追徵失宜。」詔：「截留湖廣今年起運米十萬石，仍取貴州布政司銀十萬兩及前此侍郎畢亨奏留餘銀八萬四千餘兩，易穀借振。」

倫亦瑾黨，故敢劾福，然福時已閒住，竟宥不問。

12 辛未，以天時亢旱，風霾累作，遣官祭告禱雨，並省釋獄囚。大學士李東陽等復陳寬恤數事，從之。

13 以水旱，免湖廣、河南、山東、貴州、浙江、江西、陝西、山西、四川、廣西及南、北直隸被災州縣正德三年逋賦。

14 乙酉，以江西賊熾，御史沙鵬奏言：「南贛地遠，界連湖廣、廣東、福建三省，不相統屬，乞專遣大臣一人總其事。」吏部議：「南贛舊有巡撫，近年裁革，宜如鵬言添設巡視。」乃以南京右僉都御史王哲巡視江西南贛等處。

15 以都御史洪鍾總制川、陝、河南、鄖陽軍務，兼振湖廣饑。

16 是月，擢兵部侍郎王敞爲本部尚書，代胡汝礪也。

17 是春，日本國王源義澄遣使宋素卿來貢。時劉瑾竊柄，納其黄金千兩，賜飛魚服，前所未有也。

素卿本鄞縣朱氏子，名縞，幼習歌唱，倭使見，悦之。而縞叔澄負其直，因以縞償。至是充正使，至蘇州，澄與相見。尋以通番事發，當死，瑾庇之，謂澄已自首，並獲免。【考異】事見明史日本傳，書于是年之春，今從之。

18 夏，四月，庚寅，録囚。

先是大學士李東陽等因風霾請寬恤，而是時三法司會審，僅二人得減死論戍，皆承劉瑾指也。

19 安化王寘鐇反。

寘鐇者，慶靖王之裔孫，分封安化。性素狂誕，術者言其當大貴，遂覬覦非分，與其黨指揮周昂、千户何錦、丁廣、衛學生孫景文輩，潛蓄異謀。會周東方以僞增屯田爲瑾賄，何錦、周東等事，見四年。戍卒皆憤怨。而巡按御史安惟學，數杖辱將士妻，將士銜刺骨。寘鐇知衆怒，令景文飲諸武臣酒，以言激之，多願從者。

會有邊警，游擊將軍仇鉞與副總兵楊英，率兵出防禦。總兵官姜漢，簡鋭卒六十人爲牙兵，令周昂領之。昂遂與何錦爲寘鐇定計，設宴招鎮、巡官飲于第，惟學、東不至。錦、昂率牙兵直入，殺漢及太監李增、鄧廣于坐，分遣丁廣等殺惟學、東于公署。遂焚官府，釋囚繫，撤黄河渡船于西岸以絶渡者。即使人招楊英、仇鉞降。英衆潰，單騎奔靈州。鉞時駐玉泉營，佯許之，引兵入城，寘鐇奪其軍分隸群賊，出金帛犒將士，僞署昂等官有差。

令景文作檄，以討劉瑾爲名。檄至，諸鎮皆畏瑾，不敢以聞。延綏巡撫黄珂封上之，因陳討賊便宜八事。

20 癸巳，巡撫陝西都御史黄寶，奏「四川賊流入陝西、湖廣，三省大擾」。時已命洪鍾總制三省，詔更于陝西、湖廣各增設副總兵一人，以莊浪右參將吴鉉及致仕都指揮同知康泰充之。

21 庚子，封左軍都督府致仕署右都督神英爲涇陽伯，賜誥券，歲禄米八百石。英以媚劉瑾，自陳在邊鎮舊功，遂有是封。

22 丙午，起右都御史楊一清總制寧夏、延綏、甘凉軍務，涇陽伯神英充總兵官，游擊將軍仇鉞副之，討寘鐇。又陞協守延綏副總兵侯勛充總兵官，鎮守延綏。

23 戊申，游擊將軍仇鉞襲執寘鐇，遂平寧夏。

先是鉞解兵隸寘鐇，歸，卧家稱病。何錦等信之，時時就問計，鉞亦謬輸心腹，而陰結壯士，遣人潛出城，令還報「官軍旦夕至」。鉞因紿錦等，「宜亟出兵守渡口，遏東岸兵，勿使渡河」，于是錦及丁廣等悉傾營而出。

是時副總兵侯勛、參將時源，分兵扼河東。陝西總兵曹雄聞變，遣指揮黄正以兵三千駐靈州，檄楊英督靈州兵防黄河，而指揮韓斌亦以兵來會。雄更遣靈州守備史鏞浮渡，奪西岸船營河東，焚大小二壩積草，賊大懼。鏞潛遣人通鉞書，約爲内應。

錦等既出，獨留周昂守城，會寘鐇以禡牙召鉞，聞鉞病，亟遣昂來視。鉞方堅卧呻吟，伏卒猝起，捶殺昂。鉞乃被甲横刀，提昂首躍馬大呼，壯士皆集，徑馳詣寘鐇第，縛之，傳寘鐇令召錦、廣還，而密諭其部曲以禽寘鐇狀，衆遂大潰。錦、廣單騎走賀蘭山，皆獲之，械送伏誅。寘鐇自舉事至是凡十九日而敗。【考異】寘鐇以是月庚寅舉事，明史本紀月日與實録同。是月丙戌朔，故諸王傳及紀事本末皆云四月五日。惟實録不載禽寘鐇及命太監張永監軍日分，而明史本紀書于四月辛亥，「命張永督寧夏軍務。是日，游擊將軍仇鉞襲執寘鐇」。據此，則禽寘鐇在辛亥，爲四月二十六日。而證之明史傳中，則云「寘鐇舉事凡十八日而敗」。重修三編多據列傳，而改「十八日」爲「十九日」。今考寘鐇以庚寅舉事，十九日而敗，則四月二十三日也。紀事本末書禽寘鐇，直云「四月二十三日」。以庚寅舉事計之，至戊申正十九日，或三編據而改之，抑明史數庚寅之越日爲十八日，故三編明書「十九日」，以與舉事之庚寅相應。不然，何以上下文皆據列傳，獨改「十八日」爲「十九日」，其爲據紀事本末之日分可知也。至明史本紀書禽寘鐇于辛亥，則距庚寅二十二日，蓋據奏至京師之日分耳。今仍據三編「十九日」語，系之戊申，爲得其實。

先是楊一清奉命將行，俄傳鉞降于賊，廷議欲追敕還。閣臣楊廷和曰：「鉞必不從賊。今知朝廷擢用，志當益堅。不然，棄良將資敵人耳。」乃寢之。已而事果定，一清及監軍之張永等未至，鉞之捷奏已聞。

24 辛亥，命太監張永提督寧夏軍務，詔赦天下。【考異】武宗實録不載命永監軍月日，而于五月突書「張永請賞功銀牌」。又禽寘鐇亦不載，而于五月書曹雄奏捷，亦第以「寘鐇已禽，寧夏平」七字了之，疑鈔本轉寫四月之事，必有漏脱。而張永監軍，明史本紀書之辛亥，必有所據，今從之。至憲章録載禽寘鐇于五月，法傳録又系之六月，皆誤也。

25 是月，大理寺評事羅僑，以京師旱霾，上疏請「慎逸游，屏玩好，放棄小人，召還舊德。」又請「敕法司慎守成律，毋妄有輕重」。

時朝士久以言爲諱，僑自揣必死，輿櫬待命。劉瑾大怒，矯中旨詰責，令廷臣議罪。大學士李東陽力救，得改原籍教職。其秋，瑾敗。尋召僑復官，卒引病去。

26 五月，丙辰，湖廣盜劉惟華、洪景清等掠桂陽，指揮鄧旻禦之。遣千户楊泰先往，未至而遁。旻馳進，力戰死。賊殺指揮翟翱、劉懷。百户朱鏞趨樟橋。百户于江率所部力戰，殺惟華、景清，餘黨并力刺江，死焉。

事聞，賜贈卹，並逮楊泰論罪。

27 壬申，以寧夏平，召總兵官神英班師還。張永、楊一清仍往寧夏安撫地方，及械送寘鐇于京師。

28 癸未，焦芳罷。

芳居内閣五年，凡劉瑾濁亂朝政，荼毒縉紳，流惡海内，皆芳導之。諂事瑾，至稱「千歲」，自稱「門下士」，四方賂瑾者必先賂芳。洎芳以子黄中不得一甲詈讀卷官，瑾亦漸厭之。會張綵以媚瑾洊擢吏部尚書，芳父子鬻爵薦人無虚日，綵搆之于瑾，遂疎芳。而段炅見芳勢稍衰，轉附綵，因盡發芳陰事于瑾。瑾大怒，于衆中斥責之，芳不得已乃乞歸。黄中丐閣蔭以侍讀隨父還，皆許之。

29 六月，癸巳，巡撫四川副都御史林俊，奏「劉烈之亂，自眉州逃匿保寧山中，諸不逞者，率假其名四出剽掠」。詔洪鍾自湖廣移師討之。

時俊懸二千金之賞購禽烈者，至圖形以捕之，不能得。而藍廷瑞、鄢本恕、廖惠勢益張，聚衆十萬餘，僞署四十八總管，延蔓秦、楚間。廷瑞與惠謀據保寧，本恕謀據漢中，取鄖陽，由荆襄東下，三省大震。【考異】紀事本末系之四月，今據實録林俊原奏，在是月。

30 巡按御史周廷徵，勘報「延、寧二鎮功次，推寧夏總兵楊英所部斬獲最多，宜優陞賞。」內批謂：「此功本曹雄奏報，乃獨歸之寧夏，且混入延綏職名，兵部失于查參。」于是尚書王敞等亦以爲言。因自引咎，詔各奪俸兩月。是時，劉瑾方結婚于雄，故以寧夏功盡歸之雄，廷議不敢難也。

31 庚子，上自稱「大慶法王西天覺道圓明自在大定慧佛」，命所司鑄印上之。

上于佛經梵語，無不通曉，內臣誘以事佛，遂有是命。

于是番僧乞田百頃爲法王下院，中旨下禮部，稱大慶法王與聖旨並。禮部侍郎傅珪，佯爲不知，執奏：「大慶法王何人，敢與至尊並書！大不敬。」詔「勿問」，然所乞田亦竟止。

32 是月，致仕吏部尚書馬文升卒。

文升有文武才，朝端大議，待以參決。功在邊鎮，外國皆聞其名。致仕歸，後坐朋黨除名。及是卒，年八十五。瑾誅後始復官，贈特進光禄大夫、太傅，賜謚端肅。

33 劉宇請致仕，許之。

宇以展墓還，知劉瑾不相容，乃有是請。仍賜之敕遣之。

34 秋，七月，丁巳，降副使甯杲爲山西參議。先是杲以僉都御史撫治真定，有盜于内邱縣劫修撰康海財物，海貽書于瑾，瑾責令有司捕賊。遂論順德知府郭紘及捕盜官，坐奪俸，又以杲勘報稽遲，遂降官。海言于紘曰：「所失非吾財，皆瑾寄槖也。」紘不得已斂諸州縣民財至數千兩償海，其事始寢。【考異】明史海傳不見，此據實録書之。海坐瑾黨，不得以李夢陽事藉口，而明人以名士故諱之，今據增。

35 壬申，總制川陝、湖廣等處洪鍾，平湖廣沔陽州之賊。

時賊首楊清、邱仁等僭號天王、將軍，往來洞庭上下，遂攻破臨湘，圍岳州。鍾與總兵官毛倫調土漢官兵，檄布政使陳鎬、副使蔣昇及都指揮潘勳、柴奎等擊破之，湖湘底定。詔鍾移師入蜀。

36 八月，乙酉，免福建銀課一年。時礦脈微細，得不償費。守臣復以地方旱災爲請，故有是命。

37 癸巳，總制楊一清奏請蠲寧夏被兵稅一年，從之。

38 甲午，張永自寧夏還，俘寘鐇及其親屬十八人，上御東安門受之。何錦及諸從逆者數百人，皆反接由東華門入。獻俘既畢，金鼓之聲徹于大內。

39 是日，劉瑾謀反事發。

初，瑾在八黨中尤狡悍，爲七人所推。及專政，七人有所請，瑾俱不應，咸怨之。及張永方嚮用，奉詔西征，上戎服送之東華門，寵遇甚盛，瑾愈忌之。永至寧夏，楊一清與之結納，相得甚歡，知永與瑾有隙，乘間扼腕言曰：「賴公力定反側，然此易除也，如國家內患何？」遂促席畫掌作「瑾」字。永難之，一清慨然曰：「公亦上信臣；今討賊不付他人而付公，上意可知。曷以此時功成奏捷，請間論軍事，因發瑾奸，極陳海內愁怨，恐變生心腹。上英武，必聽公誅瑾。瑾誅，公益柄用，悉矯弊政，安天下心。呂强、張承業暨公，千載三人耳。」永曰：「脱不濟，奈何？」一清曰：「言出于公，必濟。萬一不信，公頓首據地泣，請死上前，剖心以明不妄，上必爲公動。苟得請即行事，毋須臾緩。」永勃然起曰：「老奴何惜餘年不以報主哉！」意遂决。

時瑾信術士俞日明言，謂其從孫二漢當大貴，遂謀不軌。會瑾兄都督同知景祥死，將以八月十五日俟百官送葬，因作亂。及永捷奏至，請以是日獻俘。瑾使緩其期，欲事成並禽永。或馳告永，永先期入。獻俘畢，上置酒勞永，瑾及馬永成等皆侍。比夜，瑾退，永密白瑾反狀，且出袖中奏，數其不法十七事。上已被酒，俛首曰：「奴負我。」永曰：「此不可緩，緩則奴輩當虀粉，陛下安所歸乎？」永成等亦助之，乃命執瑾。

瑾宿于內直房，聞喧聲，問曰：「誰？」應曰：「有旨。」瑾披青蟒衣出，就縛之。夜，啓東華門，繫之菜廠。【考異】據實録，是月甲申朔，甲午乃八月十一日也。十五日係戊戌，所謂「先期」者，在十五之前四日，故實録書獻俘與禽瑾同日，蓋即以甲午之夜禽之也。紀事本末乃誤以甲午爲望日，又云「劉景祥死，將以八月甲午葬」，不特與史所云「先期」之語不合，而甲午乃是月之十一日，並非望日也，蓋由不推曆而致誤，今據明史本紀及實録書之。

40 乙未，上出張永奏示內閣，謫瑾奉御，鳳陽閒住。

三編御批曰：劉瑾罪惡貫盈，擢髮難數，固神人所共憤。然張永本其黨與，即稍有猜嫌，亦未必遽肯自傷同類。楊一清乘機慫恿，而永尚懷疑慮，知非復可以大義相規，因以「瑾誅公益柄用」一語中其所欲，遂慨然直任不辭。一清蓋能洞見小人肺鬲，而譎以行其正者。

41 丁酉，籍劉瑾家。

上既謫瑾，意猶不欲誅之。及是籍其家，得金銀累數百萬，【考異】王弇州引震澤長語：「詔籍没劉瑾家，黄金一千二百五萬七千八百兩，白金二萬五千九百五十八萬三千六百兩。」而憲章録、皇明通紀因之致誤。王莽時，黄金尚餘六十萬斤，梁孝王没，黄金四十萬斤。以十六兩爲一斤計之，則莽之金尚不及一千萬，而孝王亦不及七百萬。至于漢盛時，大司農錢四十餘萬萬，水衡錢十八萬萬而已。董賢産直錢四十二萬萬，梁冀産直錢三十萬萬。其時錢最貴，止于萬錢爲一金，大概俱不能當瑾二十之一。恐當時傳聞如此，未必真有此數。證之正史，則但云「累數百萬」，此得其實。今附識于此。珠玉寶玩無算，及衮衣、玉帶、甲仗、弓弩諸違禁物，又所嘗持扇内藏利匕首二，上大怒曰：「奴果反，趣付獄！」

于是六科給事中謝訥、十三道御史賀泰等列奏瑾罪凡十九事，請亟賜誅戮。上是之，令法司錦衣衛會百官鞫訊于午門外。

都給事中李憲，瑾私人也，至是亦劾瑾，瑾聞之，笑曰：「憲亦劾我邪！」鞫之日，刑部尚書劉璟，噤不敢發聲。瑾大言曰：「公卿多出我門，誰敢問我者！」皆稍稍却避。駙馬都尉蔡震曰：「我國戚，得問汝。」即使人批瑾頰曰：「公卿皆朝廷用，云何由汝？抑汝何藏甲也？」曰：「以衛上。」震曰：「何藏之私室？」瑾語塞，獄乃具。

即日有旨：「巡撫、兵備官裁革者及鄉、會試中額增減者，俱如舊制。考察京官仍依朝覲例。江西之萬安、南城，浙江之餘姚，仍選京官。其翰林院調外任者，具名以聞。文武官誥俱免追，已追者仍給之。追賠浥爛糧米並以事罰米者皆免之。職官籍没家産不在叛逆律者仍還之。其餘應改正者，令所司詳擬以聞。」【考異】據實録，更正劉瑾所定之新例，此數事皆見之同日詔中者。而據明史列傳所載，瑾定江西人不得選除京職。惟實録所載，則但萬安、南城兩縣，萬安以蕭明舉故，而南城無所考。又，是時瑾所最恨者惟彭華，何以不及安福？疑轉寫有誤字也。至科道等劾瑾十九罪，瑾之惡散著于明史本傳者皆入焉。今並録于注中。○武宗實録：「八月，六科給事中謝訥、十三道御史賀泰等列奏瑾罪曰：『近者寘鐇謀反，由瑾差官丈量田地，尅害軍民，故彼得借以爲名，幾危宗社，罪一。私藏軍器，僞造御璽，扇中藏刀，出入禁闥，陰謀不軌，罪二。掘郊壇後土以營私室，罪三。今春下赦，瑾以恩不己出，復矯詔沮格，充軍者仍解原衛，罰米者仍令追納，冠帶閒住者仍令革去，邏卒取回者仍遣四出，新例病民者仍復引用。播弄威權，違背詔旨，罪四。寧府已革護衛，瑾受賂准復，罪五。諸司章奏，皆關白而後行，在外鎮巡官奏事，皆先以揭帖取進止於私宅，或奏未進，先授以旨，中外傳播，及次日奏下，無一字異者。人呼瑾爲「立地皇帝」，罪六。羅致占候者，日與私語，及天象有變，奏聞者輒加罪責，四方災異，阻令弗奏，罪七。非罪濫及良善，三四年來，枷號死者何止數千人，罪八。受神英賂，封涇陽伯陳熊，謝薄革爵没産，罪九。以焦芳、劉宇、張綵、曹元爲心腹，楊玉、石文義爲爪牙，孫聰、張文冕爲刀筆。宇初任巡撫，瑾受賂數萬，得入掌院，旋遷尚書入閣。其子俸拜瑾爲父，濫受指揮，次子仁傳奉爲庶吉士，尋授編修。焦芳朋比黨惡，其子黄中及鄉人胡纘宗俱傳奉檢討，又變成法，多刊制策二道，未及一年，黄中傳授編修，又陞侍讀。内外官不時訪察，任意黜陟，罪十。用侍郎韓福，肆虐湖廣，饋銀至十餘萬兩，盜賊緣此蠭起。又革四川、江西兵備，鄖陽巡撫，無以制盜，罪十一。都御史劉憲、劉孟，以小過械繫，憲死獄中，孟枷部門。順天府丞周璽與楊玉有隙，文致其罪，死於杖下。故都御史錢鉞、王嵩、尚書秦紘、侍郎黃景、通政强珍，皆以私怨籍没其家，罪十二。陞遷官員，拜謁門下，仍致賂遺，謂之謝禮，否則輒加罪譴。朝覲官至京，索賂動以千數，謂之「拜見禮」。各官回任，倍取之民，以致民窮盜起，罪十三。内外官不分公私過名，皆追奪誥敕，罪十四。官員罰米動至數千，少亦不下數百，雖年遠身故者不免。又各倉糧草有浥爛虧折者，械繫歷年巡撫、都御史，加倍責償，罪十五。以嚴刑峻法箝天下之口，臺、省、科、道皆不敢言，罪十六。緝事校尉分道四出，所過有司莫不郊迎厚賂，賢否禍福，繫其一言，天下騷動，罪十七。增陝西等處解額，改會試南北中卷。又因私忿令餘姚、萬安、南城三縣不選京職。巧立「擴充政事」名目，改調翰林院官，罪十八。曹雄子謐爲瑾姪壻，先已輸粟入監，輒立改文就武名目陞千户，罪十九。請亟賜誅戮，上以慰祖宗之靈，下以雪臣民之憤。』奏入，上是之。」

42 戊戌，下吏部尚書張綵都察院獄。

時追治瑾黨，並掌錦衣衛事、都指揮楊玉、掌鎮撫司事、指揮使石文義同下獄。綵既罷，起前禮部尚書劉機爲吏部尚書。

43 己亥，曹元罷。

元聞瑾敗，上疏自陳不職罪，「請開更生之門，歸守先人墓」。詞哀而鄙，詔許致仕。既而言官交劾，黜爲民。

44 辛丑，科、道官奏劾内、外官爲瑾奸黨者，内閣則焦芳、劉宇、曹元，尚書則吏部張綵、户部劉璣、兵部王敞、刑部劉璟、工部畢亨、南京户部張澯、禮部朱恩、刑部劉纓、工部李善，侍郎則吏部柴昇、李瀚、前户部韓福、禮部李遜學、兵部陸完、陳震、刑部張子麟、工部崔巖、夏昂、胡諒、南京禮部常麟、工部張志淳，都察院則副都御史楊綸、僉都御史蕭選，巡撫則順天劉聰、應天魏訥、宣府楊武、保定徐以貞、大同張綸、淮揚屈直、兩廣林廷選、操江王彦奇、前總督文貴、馬炳然，大理寺卿則張綸、少卿董恬、丞蔡中孚、張禬，通政司則通政吴釴、王雲鳳、參議張龍，太常則少卿楊廷儀、劉介，尚寶卿則吴世忠、丞屈銓，府尹則陳良器，府丞則石禄，翰林則侍讀焦黄中、修撰康海、編修劉仁、檢討段炅，吏部郎則王九思、王納誨，給事中則李憲、段豸，御史則薛鳳鳴、朱衮、秦昂、宇文鍾、崔哲、李紀、周琳，其他郎署監司又十餘人。于是綵論死，福以在湖廣所餽白金數十萬兩，封識宛然，遂謫戍。餘或謫外，或閒住，或除名，一時朝署爲清。又並及與焦黄中同傳奉之檢討胡纘宗，與劉仁同傳奉之編修邵鋭、黄芳、主事李志學、韓守愚，俱調外。【考異】此所劾瑾黨姓名，皆據明史焦芳傳，三編所謂「六十餘人」者是也。證之實録，先劾者二十六人，亦有不在此六十餘人之數者。如河南僉事白思誠、參議王欽、去任司務孫聰、掌真定府事參政楊儀、順慶知府莊褌、徽州知府柯瑛、杭州知府楊孟瑛。蓋傳中所列皆京官，外官則但有巡撫，故白思誠等七人皆不著，非漏脱也。若武官、内臣，皆不在此數。今隨事書之，而附録于此。

45 給事中張瓚等，劾奏「陝西總兵官曹雄，與劉瑾交通賄賂，結爲婚姻；並都督毛倫，納賄冒陞，并及家人陳鑑亦傳陞指揮使；伏羌伯毛鋭，求管漕運，納賂不貲；浙江都指揮僉事劉袓，備倭僉事魏文禮，前任揚州備倭官袁傑，涼州副總兵徐謙，俱以賕進，內外交通；乞執送法司明正其罪。」時雄、倫方有功，別有旨「鋭著回京」。自袓以下，或閒住，或爲民。

46 甲辰，浙江道監察御史舒晟，奏劾劉瑾之黨。除已劾處分之焦芳、劉宇等，又稱「趙松之違限賂免松事見三年。而反得美官；左布政使潘楷、按察使張禎，貪濫倖進；按察使仲本，奔競取容；主事侯自明之輕浮；員外郎徐璁、寺丞紀世梁之貪財怙勢；皆請按治」。會禮科給事中李貫等亦以爲言，且及「副使閻潔、郎中高選，貪緣陞遷，均乞罷黜」。然上以科道官職居言路，不能先事發奸，故凡論劾者皆從輕典云。

47 丙午，詔：「前調之翰林吴一鵬等十六人，除王九思入劉瑾黨外，餘皆復職。」

48 丁未，復革寧府護衛。以科、道官劾其賂瑾，奏請更正，從之。

49 戊申，劉瑾伏誅。

時法司上瑾獄，令「毋覆奏，即依淩遲律，磔之市三日。」怨家争購其肉生噉之。瑾從孫二漢及張文冕等俱坐反逆，並瑾親屬劉傑等十五人皆論斬。婦女送浣衣局。

50 己酉，釋劉瑾所謫戍諸臣。

51 是月，進楊一清爲户部尚書，代劉璣也。

52 前吏部尚書許進卒。

進以忤劉瑾致仕歸，又坐薦雍泰削籍，追奪誥命。未幾，瑾又摘進在大同時籍軍出雇役錢失勾校，欲籍其家。會瑾誅得解，復官，致仕，未聞命卒。【考異】許進忤瑾事，見明史本傳。憲章録于進有微詞，謂「雖不媚瑾，亦不與抗。事多調停。朱瀛欲傾進，乃言于瑾，謂『許尚書佯爲恭謹而外示伉直』，會瑾以怒雍泰，因及進」云云。按此殆沿實録之誣也。實録言「進素悻直，敢于犯權貴。以此屢遭挫抑，而名輒隨之，然亦多權術，人不能測。其爲吏部，瑾所用書辦官劉遐、劉淮常出入其門，進退百官，多徇瑾意。凡所陞用，能賂瑾者，輒聽瑾屬與善地以悦瑾。其得罪也，蓋焦芳、劉宇陰中之。」又言「進將行，以金銀賂瑾，覬免後禍，反爲瑾所薄，曰：『進銀或取之俸薪，金則何自得之』云云。」按進果有臨行賂瑾之事，何至歸後削籍，奪誥命不已，又欲藉大同籍軍事籍其家？是進之終不附瑾可知。此與雙溪雜記所載楊廷和賂瑾事大略相同，疑亦修實録者有憾于進而爲之詞耳，今皆不取。

53 復給前兵部尚書劉大夏、左都御史潘蕃誥命，吏部以劉瑾誅，請更正也。

是時廷臣奏瑾所變法請更正者，吏部二十四事，户部三十餘事，兵部十八事，工部十三事，詔皆如舊制。

54 九月，乙卯，以旱災，免山東濟南等府五十四州縣税糧。應天之太平、寧國、安慶等府大水，溺死者二萬三千餘人，户部奏「請蠲實鑴税，仍以所在公錢振濟」，從之。

55 斬逆賊何錦等于市。

56 丙辰，以平寘鐇功，封仇鉞咸寧伯。劉瑾以暱曹雄，盡歸其功而抑鉞，鉞竟無殊擢。巡按御史閻睿訟其功，坐奪俸三月。及是瑾誅，始進署都督僉事，充寧夏總兵官。尋論功封，給世券。

57 初，寧夏之變，都指揮僉事楊忠在巡撫公署，適賊衆衝入，殺都御史安惟學。忠罵曰：「賊狗！何敢犯上反耶？」遂遇害。都指揮僉事李睿，聞變馳至寘鐇府，門閉不得入，因大罵，遂爲亂兵所殺。寘鐇脅百户張欽，不從，夜，遁至雷福堡，遇賊，不屈死。楊一清總制寧夏，始具其事以聞。

丁巳，諭曰：「朝廷養兵，本以禦患也。臨難守義，每難其人，深可慨嘆！今忠等守義不屈，亟宜旌之以勵臣節。」于是三人皆贈官予廕，表忠、睿曰「忠烈之門」，欽曰「忠節之門」。

58 戊午，以吏部尚書劉忠、梁儲並兼文淵閣大學士，預機務。

忠先以忤劉瑾改南禮部侍郎，尋進尚書，改吏部。焦芳薦之，召還。瑾見忠頗負氣岸，甚悔，乃傳旨以吏部尚書兼翰林學士，專典誥敕。儲以修會典爲瑾摘其小疵，降左侍郎。尋復尚書，調南京吏部。至是瑾敗，二人遂同召入閣。

59 己未，以平寘鐇、劉瑾功，封太監張永兄富泰安伯，弟容安定伯。是時永兩建奇勳，自閣臣李東陽以下交請之。會有涿州男子王豸，嘗刺龍形及「人王」字于足。永以爲妖人，禽之。兵部尚書何鑑乞加永封，下廷臣議。永欲身自封侯，引劉永誠、鄭和故事風廷臣。内閣以爲非制，永意沮，乃辭免恩澤；尚書楊一清言「宜聽永讓以成其賢」，事竟已。

60 癸酉，封義子朱德、太監谷大用兄大寬、馬永成兄山、魏彬弟英皆爲伯。【考異】朱德，實録言其「不知所自出，初爲裴太監廝養，冒裴姓，後賜姓朱。能造西域食餌，有寵，賜姓朱」云云，然則蓋上之義子也。弇州史考：「時上義子少，故崇封之。其後世宗時下獄，始知其爲山西人，又名皮德。蓋北音『裴』『皮』同稱也。英亦非魏彬之弟，冒魏姓耳。」

尋又以平寧夏叛逆功，晉東陽左柱國，楊廷和少傅兼太子太傅、謹身殿大學士，劉忠少傅兼太子太傅、武英殿大學士，梁儲少保兼太子太保、武英殿大學士。六部尚書皆有陞賞。

御史張芹奏稱：「劉瑾亂政之時，閣臣李東陽阿諛承順，不能力争。及陛下任用得人，潛消内變，又攘以爲功，冒膺恩蔭，乞賜罷斥。」疏入，不報。

時瑾雖誅而張永用事，政仍在內，魏彬、馬永成等擅竊威柄，閣部仍斂手而已。

61 庚辰，南京十三道御史張俅等劾奏：「劉瑾黨除張綸、張龍等已處外，有南京鴻臚寺卿趙履祥、湖廣參政尹灝、山西參議甯杲、原任荆州知府王綬，俱交結劉瑾，納賄轉遷者。」得旨，黜綬爲民，餘降調有差。

62 辛巳，斬張文冕于市，妻妾悉送浣衣局。

63 是月，禮部尚書白鉞改內閣管誥敕，以禮部侍郎費宏爲本部尚書。工部尚書畢亨坐瑾黨改南京，復召李鐩代之。

64 國子祭酒王雲鳳請休致，不許，改南京右通政。

初，雲鳳爲陝西提學副使，笞辱生徒，同于拷訊，有至死者，瑾聞而喜之；復以張綵薦，遂擢祭酒。及進謁瑾，瑾笑其多髭，雲鳳皇恐跪謝。後既上章請頒瑾新例，又欲請瑾臨太學如唐魚朝恩故事，士論鄙之。及是，爲科道所劾，內不自安，乃有是請。然猶以平日虛名，終得免于罪云。

65 禮部請給還前大學士劉健、尚書許進、馬文升原賜玉帶衣物，內批已之。蓋是時劉瑾雖敗，中官之黨猶憾健等未已也。

66 是秋，河復衝黃陵岡，入賈魯河，汎溢橫流，直抵豐、沛。御史林茂達，亦以北決安平鎮爲虞，而「請濬儀封、考城上流故道，引河南流以分其勢，然後塞決口，築故堤」。

工部侍郎崔巖，奉命修理黃河，濬祥符董盆口、滎澤孫家渡。又濬賈魯河及亳州故河各數十里，且築長垣諸縣決口及曹縣外堤梁靖決口。功未就而驟雨，堤潰。巖上疏言：「河勢衝蕩益甚，且流入王子河，亦河故道，若非上流多殺水勢，決口恐難卒塞。莫若於曹、單、豐、沛增築堤防，毋令北徙，庶可護漕，且請別命大臣知水利者共議。」於是上責巖治河無方，而以侍郎李鐩代之。

鐩言：「蘭陽、儀封、考城故道淤塞，故河流俱入賈魯河，經黃陵岡，至曹縣，決梁靖、楊家二口。侍郎巖亦嘗修濬，緣地高河澱，隨濬隨淤，水勢不多而決口又難築塞。今觀梁靖以下，地勢最卑，故衆流奔注成河，直抵沛縣。藉令其口築成而容受全流無地，必致迴激黃陵岡堤岸而運道妨矣。至河流故道，堙者不可復疏，請起大名三春柳至沛縣飛雲橋，築堤三百餘里，以障河北徙。」從之。【考異】據明史河渠志，河決在九月。實録系之十月者，蓋奏報在先，修治在後也，今據志系之是秋。

67 冬，十月，己丑，斬劉二漢及劉瑾親屬十五人于市。

68 己亥，磔張綵尸于市。

綵初以交結劉瑾論死，遇赦當免，法司因改擬與瑾謀反，遂瘐死獄中。詔仍戮其尸，籍其家，妻子徙之海南。

方劉二漢臨刑，曰：「吾固當死。第吾家所爲，皆焦芳與張綵耳。我處極刑，綵下獄論死，而芳獨宴然，豈非冤哉！」

瑾之敗也，芳子黄中，坐黨黜爲民。久之，芳使黄中齎金寶遺權貴，上章求湔雪復官，爲吏科所駁。于是吏部覆奏，「請械繫黄中法司，以彰天討」，黄中狼狽遁走。芳居第宏麗。其後大盜趙鐩入泌陽，火之。發窖，多得其藏金，乃盡掘其先人冢墓，雜牛馬骨焚之。求芳父子不得，取芳衣冠被庭樹，拔劍斫其首，曰：「吾爲天子誅此賊。」鐩後被獲，臨刑嘆曰：「吾不能手刃焦芳父子以謝天下，死有餘恨！」芳父子竟良死。【考異】張綵、焦芳事見明史本傳。惟據實録，斬劉二漢等在己丑，磔綵尸在己亥，相距十日。而芳傳謂二漢臨刑有「我與綵俱處極刑」之語，三編則直云「我處極刑，綵剉尸」。其實綵之剉尸在二漢死後，而綵瘐死獄中，二漢又何從而知其處極刑耶？蓋綵時已改擬謀反不赦之死罪，二漢知其必不免，故以焦芳之不預爲冤。明史本紀但書戮張綵尸于己亥，而證之實録，在斬劉二漢後之十日。今但書「下獄論死」云云。

69 乙巳，霸州盜起。

初，畿輔多盜，馳馬鳴箭，號曰「響馬」。有司患之，募捕盜者，有霸州文安人劉六名寵、其弟劉七名宸應募。至，與其黨楊虎、齊彦名等協捕，數有功。會劉瑾家人梁洪徵賄于寵等不得，誣爲盜，令捕之。寵急，乃投大盜張茂。

茂素招納亡命，爲逋逃主，家與太監張忠鄰，結爲兄弟，夤緣馬永成、谷大用輩，出入豹房，侍上蹴踘，而乘間爲盜如故。後數爲河間參將袁彪所敗，茂窘，求救于忠。忠置酒私第，招茂、彪東西坐；酒酣，舉觴屬彪，字茂曰：「彥實，吾弟也，自今毋相厄。」又舉觴屬茂曰：「袁公善爾，爾慎毋犯河間。」彪畏忠，唯唯而已。

既而茂爲御史甯杲所禽斬，寵、宸等相率詣京師謀自首。忠與永成爲請于上，且曰：「必獻萬金乃赦。」寵、宸無以應，逃去。及瑾誅，有詔許自首，寵等乃出詣官。兵部奏赦凡三十四人，令捕他盜自效。寵等憚要束，未幾復叛。

70 庚戌，以水災減浙江湖州、嘉興、寧波三府夏稅。

71 十一月，戊辰，謫曹雄戍海南。

雄以黨劉瑾結婚，瑾敗，降指揮僉事。尋言官交劾之，逮繫都察院獄論死，至是念其平寘鐇功，赦之。

寘鐇之平也，仇鉞爲首功，雄既至，則就禽已二日矣。一時劉瑾以其功盡歸之雄，人皆不服。然雄聞變即統兵壓境上，而賊之不得渡河者，雄遣史鏞奪船之力爲多，又令鏞潛通書于鉞，俾從中舉事。論者以爲是役也，功雖成于鉞，而居外布置，賊不內顧，雄有勞焉。既以平賊功受上賞，不自安，乃引咎自劾，推功諸將。故雖以黨逆被劾，而寬政之及，蓋有由也。

72 是月，巡撫四川右副都御史林俊言：「劉瑾謀逆未覺之先，臣嘗草一疏，俟賊平隨上。幸天假手張永，先發其奸，陛下神武英斷，立決此獄，誠國家之大幸！然臣徐思之，昔夙沙衛殿（師）〔帥〕楊思勖平亂，前史書之，謂『政出閹寺，國爲無人。』今賊瑾謀逆，舉朝文武無一人言之，獨幸一内臣永也，幸一永，傷文武之無人，亦以見陛下信文武臣之不如永也。臣又聞近日大臣有缺，與二三内臣會推。夫百官統于冢宰，九伐掌于司馬，今吏、兵二部是也，使内臣應預，周制之矣，我太祖稽古建官，又制之矣，弊端未可自今日始也。夫爲户部莫如韓文、許進，爲内閣莫如劉健、林瀚、謝遷、王鏊，方撥亂反正之始，而不引忠良端謹不可屈之人，治未可望也。伏望慮遠慎微，時時以專任賊瑾之誤爲戒。循用先朝舊人，修復舊治，則聖政日清，盛業允昌矣。謹録前稾附進。」上以瑾已正典刑。俊乃不陳之于亂政之時而追論于既誅之後，有旨詰責。【考異】林俊此疏，明史本傳不載，今據實録增。惟實録于俊有貶詞，言「當瑾用事，出爲巡撫，俊欲避禍以全身耳。及瑾既敗，又覬保完名，故上此奏。然爲計已拙，士類笑之」。予謂此亦必惡俊者爲之詞耳。史稱「俊歷事四朝，抗詞敢諫。以禮進退，始終一節」。即以此奏而論，劉瑾雖敗，張永、馬永成之等復起，而俊仍指斥内臣不宜預吏、兵二部之柄，故奉旨詰責，亦必出自内批，未可以其追論劉瑾而疑之也。

73 十二月，乙酉，以霜災，免山西渾源、蔚、朔等州，山陰、馬邑等縣秋糧。

74 己丑，四川賊破江津，僉事吳景、典史張俊死之。

先是藍、廖、鄢三賊謀取荆襄東下，巡撫林俊議遏通江，而廖惠已至，陷其城，殺參議黄瓚、僉事錢朝鳳等。適官軍自他郡還，賊疑援兵至，遁去。俊發士兵蹴之龍灘河，賊墜崖溺水死者無算，遂禽惠。藍、鄢二賊奔陝西西鄉，越漢中三十六盤，至大巴山，官軍追及，復大破之。而瀘州賊曹甫復糾衆寇川南綦江等縣，大肆劫掠，殺照磨漆堅等，遂犯江津。俊聞亂，自率兵馳救，而廷瑞等因乘間招集散亡，勢復熾。

75 是月，吏部尚書劉機，刑部尚書劉璟，皆以瑾黨被劾致仕。

76 詔發太倉庫銀三十萬兩入寶藏庫應用。户部尚書楊一清言：「太倉銀專備三邊軍餉。弘治間，各邊皆有積餉，自劉瑾括天下之財，斂之京師，半入公帑，半歸私橐，故太倉雖稍有蓄積而四方庫藏爲之一空。即今大同邊警，各省災傷，乞省無益之費，爲天下惜財。」詔以十萬兩送庫。

77 是歲，下禮科給事中陳鼎于獄。

初，鎮守河南中官廖堂，福建人，其弟鵬之子鎧，冒中河南鄉試籍，物議沸騰，畏堂不敢難。鼎上章發其事，遂除名，堂、鵬大恨。會霸州盜起，鼎陳弭盜機宜，堂屬權倖摘其語激上怒，下詔獄掠治。坐前籍平江伯貲産，附劉瑾增估物價，疑有侵盜。尚書楊一清力救之，乃釋爲民。

78 方劉瑾之敗也，刑部員外郎夾江宿進疏陳六事，言：「忤逆瑾死者，内臣如王岳、范亨，言官如許天錫、周鑰，並宜卹贈。又，附瑾大臣如兵部尚書王敞等及内侍餘黨俱宜斥。」疏入，上怒，將親鞫之，命張永召閣臣李東陽。東陽語永曰：「後生狂妄。且日暮非見君時，幸少寬之。」永入少頃，執進至午門，杖五十，削籍歸。未幾卒。嘉靖初，贈光禄少卿。

79 劉宇、曹元既罷，劉忠、梁儲入閣，政事一新，而内臣猶用事，導上嬉遊如故。皇子未生，多居宿于外，又大興豹房之役。閣臣李東陽憂之，累疏切諫，不報，連乞致仕，亦不許。

明通鑑卷四十四

江西永寧知縣當塗夏　燮編輯

紀四十四 起重光協洽（辛未），盡玄黓涒灘（壬申），凡二年。

武宗毅皇帝

正德六年（辛未、一五一一）

1 春，正月，壬子朔，巡撫林俊大破瀘州之賊于江津。

俊以藍、鄢二賊未滅，遣人招諭曹甫，甫佯聽命，而令其弟琯劫掠如故。指揮李蔭斬琯首，賊遂移江津，分七營，將攻重慶。俊發酉陽、播州土兵助蔭，遂以元旦掩破其四營，賊遁入民家，焚之，盡斃。乘勝擣老營，指揮汪洋中伏死。蔭復進，去賊十五里而軍，甫以數十騎突出，遇蔭兵，敗走。官軍乘勝進圍之，俘及焚死者二千有奇。【考異】紀事本末、憲章録俱系破江津賊于是年正月之朔，中有「元旦夜半」語，蓋據奏報之文也。實録中載之二月，據其奏至之月日也。今據紀事，參明史俊傳書之。

2 甲子，大祀南郊。

3 戊辰，林俊奏報吳景死事狀，言：「賊至江津，御史俞緇避入重慶，委景及都指揮龐鳳禦之。鳳要景與俱走，景不可，率典史張俊迎敵，手殺三賊，矢被面，亟收兵入保，而城已陷。乃大呼曰：『寧殺我，毋殺百姓。』賊强之跪，不屈，遂與俊俱死。」詔贈恤，賜祭葬，仍立祠江津祀之。【考異】吳景死事在去年十二月，實録所記正月，蓋奏報之月日也。惟陷江津之賊，明史林俊傳作「瀘州賊曹甫」，據實録則云「重慶人曹弼」，附識于此。

4 癸酉，四川賊陷營山，分巡僉事王源死之。

源行部川北，會藍、鄢諸賊自大寧竹山轉掠通巴，至營山，源率典史鄧俊禦之。賊縱火焚門，源開門力戰，遂與俊同遇害。

維時總制洪鍾已至蜀，檄陝西、湖廣、河南兵分道進剿。而林俊方破江津之賊，不遑顧，曹甫衆潰遁，俊乃還兵與鍾會。而鍾與俊議不合，軍機牽制，盜卒不戢。

5 乙亥，以四川布政使高崇熙爲右副都御史，巡視四川，會洪鍾等討賊。

6 丁丑，南京御史周期雍、王佩奏：「前忤瑾建言諸臣牧相、任惠、貢安甫等及以事獲罪于瑾之趙士賢、李夢陽等，如其年力才識可用者，乞復其原職。」吏部覆以爲請，從之。

7 是月，改楊一清爲吏部尚書，以孫交掌户部。又以南京兵尚何鑑爲刑部尚書。

8 以王守仁爲吏部主事。

守仁以五年陞廬陵知縣，其年冬，聞瑾敗，始入覲，授刑部主事，至是改吏部。又起李夢陽爲江西提學副使。【考異】守仁陞廬陵知縣在五年，尋陞刑部主事在五年十二月。證之文成年譜，其年冬入覲，改授刑部，是年復改吏部，今據之。

9 二月，丙申，寘鐇伏誅。錮其子孫五人于西内。

10 壬寅，巡視四川高崇熙，奏「播州楊友之亂，請撫之，責令立功贖罪。」

初，友編置保寧，與其弟愛不相能。諸苗搆煽，挾友糾衆攻播州，焚愛居第及公私廨宇略盡，愛屢奏于朝。至是四川盜熾，恐友乘衅而起，故崇熙以其與江津不同，因以撫請。兵部議：「友叛逆已著，若復柔之以德，慮諸蠻效尤。宜調土人及四川兵征之，俟其悔過歸誠，撫之未晚。」從之。

11 停江西徵派物料及燒造瓷器，以地方災故也。

12 己酉，起左都御史陳金總制江西等處軍務。

時樂平姚源峒賊汪澄二等攻安仁縣，陷之。巡視御史王哲及鎮守太監王嵩會兵討之，不克，指揮秦勳、通判粱奎等死焉。而東鄉賊王鈺五、徐仰三等、瑞州賊羅光權、陳福一等及贛州大帽山之賊何積欽等方熾。廷議以「江西盜賊蠭起，官軍屢失利，宜簡大臣一人總制軍事」。時金守制家居，遂起之，南直隸、浙江、福建、廣東、湖廣文武將吏，俱聽節制。都指揮以下不用命者，得專刑戮。嵩等請調廣西狼、土兵爲助，金亦以屬郡兵不足奏請，從之。尚書楊一清，復薦雲南按察副使吴廷舉、蘇州同知李嘉言俱有才略，乃授爲江西參政僉事，俾統領土兵佐金等平賊。

13 是月，召工部侍郎李鏜還。

鏜築大名堤，工未竣，又請增築陳橋集、銅瓦廂，設副使一人專理。會河南盜起，命姑已其不急者，乃召鏜，而委其事于副使。堤役自此復罷。【考異】據明史河渠志，李鏜召還在是月。今從之。

14 三月，甲寅，山東賊四十餘騎，劫掠彰德府回龍驛，入延津，轉封邱、長垣、東明、曹等縣，百户張世禄死之。詔山東、河南、南北直隸巡撫、都御史防守要害。

15 丁巳，巡撫薊州、都御史李貢等奏：「霸州劉六、劉七、齊彦名等流劫山東，殺斃京營指揮張英等六人。」詔「巡撫都御史蕭翀會貢分督副總兵、守備統領官軍，隨賊所在討之」。

16 戊辰，賜楊慎等進士及第、出身有差。——慎，大學士廷和子也。

17 庚午，小王子諸部入河套，寇掠沿邊諸堡，巡撫延綏都御史黄珂會同鎮、巡官擊却之，斬首六十四級，獲馬九十三匹。捷聞，賜敕獎勵。

18 命惠安伯張偉充總兵官，右都御史馬中錫提督軍務，率京營鋭卒討畿輔、山東、河南之賊。

先是劉六等既叛，復四出劫掠，部檄下有司緝捕。安肅知縣獲齊彦名，繫之獄，六等率衆劫去，旬日間號召至數千，畿南大震。

有趙風子鐩者，故文安諸生，聞劉六等之亂，挈家匿渚中。賊得之，驅之登陸，將污其妻女，鐩素驍健，有膂力，手格殺二賊。賊聚執之，遂入其黨爲渠魁。自是賊勢益横，延蔓山東、河南界上，連攻濱州、臨朐、臨淄、昌樂、日照、蒲臺、武城、陽信、曲阜等縣及泰安州，皆破之。日照典史余清、巡官司福禦之，皆被殺。尚書楊一清建言推用大將及文臣有才望者提督軍務。遂有是命。

19 丙子，太監張永傳旨：「近來各處盜賊縱横，多因水旱，衣食維艱，有司不能振恤。遇朝廷下詔蠲免，視爲具文，徵解重複，以致小民冤抑無伸，流離失業，相誘爲非，苟延性命，日復一日，實可矜憐！其令都察院出榜分給直隸、山東、河南、四川、江西、湖廣、陝西、福建、兩廣用兵地方，凡被寇之府州縣，概免税糧一年。」

20 己卯，賊犯信陽州，指揮僉事馬振等督兵城守。賊解去，追擊至湖廣應山縣境，官軍失利，振及信陽衛指揮陳鎮皆死焉。詔參將宋振分兵千人，赴河南會守臣協剿。

21 夏，四月，癸未，大學士劉忠致仕。

忠累疏乞休，不許，至是復以省墓爲請，賜敕給驛歸。

是年，忠典會試甫畢，上以試録文義多舛，召李東陽示之，忠知爲中官所齮，遂有是請。抵家，再上章乞致仕，許之。【考異】據薛氏憲章録言忠致仕之由，謂「禮部費宏摘其會試録中疵謬語，粘貼文字旁，託中官入奏，張永進之于帝，遂有致仕之請」。王弇州史乘考誤辨其必無此事。今按明史忠傳，但言「忠爲中官所齮」。三編目中並言「張永嘗遣廖鵬謁忠，忠僕隸遇之，又却其餽，永大恨」云云，然則忠之以會録得譴，即永所搆也。證之實録，但云「上摘其文字之疵」，不言中官，亦無一語及費宏，是憲章録之不足信明矣。且據實録，忠省墓之請在會録未進之先，而以此謂爲宏所搆，是誣宏也。今第據明史書之，餘詳考證中。

22 癸卯，總督漕運兼巡撫鳳陽都御史陶琰等，奏「淮安、贛、榆等處盜賊蠭起，乞處置兵食」。下户部議，「請以運司鹽課銀十萬兩及截留本年鈔關所入給之」，因言「淮民造麯者歲糜麥數十萬石，請權時禁之」。不許。

23 霸州賊五六百騎，自青城過壽光，攻濰縣，知縣張志皋先期遁去，防守指揮張陞、知事杜德銘死之。

24 五月，甲寅，四川盜藍廷瑞，自鹽亭縣焚劫富村及柳邊驛，殺百户賈雄，茂州知州汪鳳朝與戰，馬蹶而死。盜遂攻破梓潼，掠蓬、劍二州，劍州判官羅明及其子介、義官王思政、鄭廷禄等禦之，不克，明父子罵賊死，思政、廷禄並遇害。詔贈卹死事者，而令洪鍾會林俊合兵討之。

25 庚申，以蝗災，免陝西華州、渭南十一州縣去年税糧。

26 己巳，河南盜由湖廣應山縣破雲夢，掠黄州，官兵追敗之，乃趨江西，掠星子縣，都指揮趙鉞敗之于左蠡，復還湖廣。

27 丙子，命太監張永會兵部尚書何鑑及科、道官各一員選京營軍，南京太監黄偉會科、道官各一員選南京軍，備討賊也。

28 是月，以提督軍務、右都御史馬中錫爲左都御史，右副都御史王鼎爲右都御史。中錫俟賊平回掌院事。

兵部尚書王敞，坐瑾黨乞致仕，改何鑑爲兵部尚書。明年，始以刑部侍郎張子麟進尚書代鑑。

29 四川松潘之賊復起，有綽嶺寺僧倡之，遂聚衆焚紅花屯，指揮胡寧與戰，被執。復據黄土坡山，殺千户史寬。總制洪鍾請改巡視都御史高崇熙提督松潘軍務，兼理巡撫，從之。

30 六月，癸未，山西盜李華等起，逆瑾黨亡命者多從之，衆至千人，衣幟皆赤。與劉六等合，掠壺關縣之趙村，大肆焚戮。瀋王乞師，詔切責鎮、巡官，令軍、衛有司失事者，俱停俸帶罪殺賊。【考異】明史本紀，是月山西盜起，證之實録，在是月癸未。諸書以其與劉六等合，不備載，今據實録增。

31 南京十三道御史周朝佐等上言三事：一重操江，謂「長江之險，武事日弛。若徐、鳳之盜奔突而南，九江之盜順流而東，何以備之？請敕操江都御史及總兵官，慎選久任之士卒，俾練習舟師」。一選官軍，謂「南京操備軍士，壯者占役私門，老弱濫充行伍，其把總管隊官又皆非將材。乞令南京兵部會科、道官閱選，有例外多占軍伍投充勢要者，太監、總兵而下悉令指實劾奏」。一嚴守備，謂「南京城中盜出入自如，往歲有盜洪武門金獸環者，守衛之疎可知矣。乞令各城門守臣嚴加戒備，有私役賣放者，據實重處」。詔下所司依議行之。

32 己丑，江津賊曹甫餘黨方四等，以正月之敗遁走綦江，旋流入貴州之思南、石阡等府，不受撫，與花水盜任倖舟合，聚衆至二千人，號萬人，勢復振，官軍與戰不利。踰月，遂陷婺川、龍泉坪，焚烏江屯寨四十。巡撫湖廣都御史陳鎬奏調永順、保靖土兵征之。

33 甲午，霸州賊楊虎等自河南至山西，由山西十八盤山還破武安縣，毀臨洺關，掠威、曲周、武城、清河、故城等縣及景州東、西關，由淮鎮店渡河，直入文安，與劉六等合。六、七等自湖廣、江西仍由故道入長清、齊河等縣，直抵霸州，所至縱横，如蹈無人之境。

時都指揮桑玉迎剿，與劉六、劉七遇于文安村中。六、七匿民家樓上，欲自刎，玉素受賊賂，故緩之。有頃，齊彦名持大刀殺傷官軍數十人，直至樓下，大呼救兵至。六、七遂彎弓注矢出，射殺數人去。

守臣請益兵，詔署都督同知張俊充副總兵，率京營兵千人援之。

34 乙未，江西華林山盜陳福一等攻陷瑞州府，指揮通判皆先期遁，詔陳金分兵捕之。

35 戊戌，巡撫陝西都御史藍章奏請撫四川賊。

先是湖廣永順土兵敗賊于陝西之石泉，藍廷瑞遂走漢中，都指揮金冕圍之，食竭力盡。時章統兵駐漢中，廷瑞遣其黨何虎等詣章，乞還川就撫。章以廷瑞本川賊，恐急之必致死，陝且受患，遂令冕護之出境。至是以聞，兵部以爲非策，且令總制、鎮、巡官會議，便宜行之。【考異】明史紀事本末，藍賊請撫在六月，與實録合，而所載六月十四、十五、十六日之事，皆誤也。實録據藍章奏至之日系之戊戌，而賊之請撫又在其前。今以爲藍賊約期出降，延至六月十四日始至信地，固已舛誤，而至謂「十五日廷瑞結婚于永順土舍彭世麟，冀得間逸去。世麟佯受之，密以白鍾。鍾授方略使圖之，遂以十六日禽藍、鄢等」，此尤誤也。鍾等之禽二賊，事在八月，明史本紀及實録皆同。而實録記其請降以後之事，皆在七、八月間，則紀事之明著日分，必有脱誤。所謂六月十五、十六等日者，恐即八月，誤「八」爲「六」耳。今據正史。

36 是月，起右副都御史周南巡撫南贛、汀漳等處。

先是守臣奏「其地四省接境，盜賊出没，宜仍設巡撫官以統治之」，故有是命。【考異】明史周南本傳言「巡撫之設自南始」，誤也。南贛設巡撫，始于弘治十年，見職官志中。後復裁之，至是又請設，實録所載甚明，今據之。

37 秋，七月，丁巳，賊陷棗强縣，知縣段豸死之。

先是賊薄城，豸率衆捍禦，斬賊二百餘人，賊首一人。賊怒，攻圍益急。越三日，城陷，豸身中數矢一鎗，猶瞋目奮呼曰：「殺賊殺賊！」知不可爲，乃赴水死。賊怒，殺其爲首者，遂屠其城，死者四千八百餘人，絶者五十餘家。時參將宋振駐兵縣東門，與賊對語，不發一矢，賊尋引去。

事聞，贈豸太僕少卿，録其子。科、道交劾振，詔令戴罪自贖。

38 壬申，劉六、劉七、楊虎等合犯文安，密邇近郊，京師戒嚴。癸酉，兵部尚書何鑑，以「盜賊縱横，非京營軍所能制。延、綏二鎮，游奇兵多，邇來邊警稍緩，請調副總兵許泰、馮禎、游擊將軍郤永各領所部，泰、永千人，由居庸關至涿州，禎千五百人，由紫荆關至保定，聽提督官調遣」。從之。——調邊兵討賊自此始。

是時又有賊二三千人，自稱劉六，攻破南宮縣，執知縣孫承祖，燬縣治，放獄囚，又掠寧晉皇莊。事聞，兵部請「停二縣掌印巡捕官俸，責限滅賊，且許招募士兵，立功陞賞，毋爲賊用」，從之。

39 是日，太白晝見，踰月方止，凡十二日。

40 乙亥，盜攻江西臨江府，破之。總制副都御史陳金，前請調兩廣土兵未至，詔復趣之。

41 八月，己卯，命兵部侍郎陸完兼右僉都御史，提督軍務，統宣府、延綏及京營官軍剿直隸、山東、河南之賊。

時馬中錫師久無功，兵部尚書何鑑劾其玩寇，奏遣完代之，故有是命。

42 總制都御史洪鍾，巡撫四川都御史林俊，禽斬四川盜首藍廷瑞、鄢本恕及其黨二十八人。

初，廷瑞等倡亂蜀中，二三年間烏合十餘萬人，僭號稱王，置四十八營，攻城殺長吏，流毒三省，俊及鍾連年征討，不克。及賊爲湖南土兵所敗，走漢中求撫，巡撫藍章遣人護之還蜀，鍾傳令至東鄉聽撫。而賊意在緩師，遷延累月，依山結營，要求營山縣或臨江市屯其衆，要官爲質，鍾令漢中通判羅賢入其營，本恕來謁。約既定，會官軍有殺其樵採者，賊復疑懼，遂殺賢，剽如故，欲乘間脱走，官軍爲七壘守之，不得逸。廷瑞乃以所掠子女詐爲己女，結婚于永順土舍彭世麟，世麟佯諾之，密白鍾，鍾授方略使圖之。及期，廷瑞、本恕暨其黨王金珠等二十八人皆來會，伏發，悉就禽，惟廖麻子得脱。其衆聞變，驚潰渡河，鍾遣兵追擊，俘斬七百餘人。

于是鍾、俊及藍章各以捷聞，得旨陞賞，賜敕奬勵。【考異】禽斬藍、鄢二賊，明史本紀系之八月己卯，實録同。是月戊寅朔，己卯乃八月二日也。紀事本末以爲六月十五、六等日者，不特月分相差，即干支亦全不合，今悉據本傳。

43 甲申，陸完出師至涿州，忽報賊犯固安。上召李東陽、楊廷和、梁儲至左順門，問曰：「賊在東，師乃西出，恐緩不及事。宜令兵部追還陸完使東出。」東陽等曰：「甚當。但恐官軍在北，賊若南奔，益不可制。」上曰：「張俊等皆在南，料亦無害。」東陽復奏曰：「願朝廷賞罰嚴明，諸將效力，必有成功。」上頷之。

44 丙戌，召總兵官張偉、都御史馬中錫還。

中錫書生，不習兵事，偉亦紈綺子，見賊强諸將怯，度不能破賊，乃議招撫，謂「盜本良民，由中官貪黷所激。若推誠待之，可不戰降」。遂下令：「賊所在勿捕，過勿邀擊，饑渴則食飲之。降者待以不死。」賊聞，欲就撫，相戒毋焚掠，猶豫未定。

尋朝議調宣府、延綏兵，中錫欲戰則兵未集，欲撫則賊時反覆，終不得要領，既建議主撫，不能變。會劉六等聞邊兵且至，退屯德州桑園，中錫輿入其營，開誠予之酒食，慰諭之。衆拜且泣，送馬爲壽，六慷慨請降。七乃仰天咨嗟曰：「騎虎不得下。今奄臣柄國，人所知也，馬都堂能自主乎？」遂罷會。

而是時，方詔懸賞格購賊，六等偵知之，益疑懼，徑去，焚掠如故，獨至故城，戒「毋犯馬都堂家」。

由是中錫謗大起，謂其以家故縱賊，言官交劾之，下詔切責。中錫猶堅持其說以請，兵部尚書何鑑，謂「賊誠解甲則貰死，即不然，毋爲所誑」。既而六等終不降，乃遣陸完代之。

45 乙巳，下都御史馬中錫、惠安伯張偉于獄，以六科、十三道先後劾之也。下法司鞫問，皆論死。中錫死獄中，偉革爵。

初，中錫受命討賊，大學士楊一清曰：「彼文士耳，不足任也。」竟無功。【考異】明史恩澤表，偉無革爵事，以嘉靖十四年卒，贈太師，謚康靖，或以外戚故，旋革旋復耳。實録亦云「革太保禄米，閒住」。今據明史中錫傳書之。

46 九月，己酉，流賊楊虎等二千餘人攻滄州，奪船爲浮橋，列兵圍之數重。知州張奇、鹽運使楊遂等分城守禦，焚其橋，圍三日不克。會浙江解兵器至，以弓弩藥矢焚賊攻城梯具，劉六、劉七中流矢走。

先是六等倡亂，官兵望風先遁，至是副總兵許泰、游擊將軍郤永等兵出霸州、平口迎戰，斬數百人，賊始懼，南奔。于是天津指揮賀勇等遏之于信安鎮，又敗之。泰復追擊于東光半壁店，禽斬二百七十餘人，永再破之景州鑑橋集。未幾，馮禎破之于阜城，郤永破之于棗強，永又會泰敗之于三老集及薛官屯，皆楊虎黨也，餘賊東奔，皆從劉六，于是勢復熾。

47 庚申，四川賊藍、鄢餘黨復自陝西漢中流入寧羌州、沔縣等處，遂及略陽、徽州、成縣，皆破之。指揮王韶，屯沔不敢出，徽州知州、成縣知縣皆不戰而遁，略陽、扶風知縣敗而遁，千戶侯爵、百戶瓦剳、舍人郭玘等皆死焉。

先是任扶風知縣者爲孫璽，巡撫藍章以略陽爲漢中要地，舊無城，檄璽往城之。工未竣，賊至，縣令嚴順欲遁，璽拔刀斫坐几曰：「欲去者視此。」乃率僚屬堅守數日，城陷，璽被執，大罵不屈，賊臠殺之。

順遁去，誣璽俱逃，溺于江，以他人尸斂。璽子紹相訟于朝，稱其父「拒守凡五日，力屈而死，盜投之江中」。下巡按覈實，如紹相言，踰年，方賜贈卹。【考異】事見明史忠義傳，在是年，今彙記于扶風、略陽被陷之下。

48 癸亥，命都指揮張勇充副總兵官，赴江西剿賊。先是陳金以兩廣土兵將至，議調參將金堂及勇統之。至是以兩廣多賊，堂分守潯、梧不可去，乃以勇統兵，別設把總二人。

49 丙寅，陸完請益兵，詔再調宣府及遼東兵給之。

50 己巳，廣東流賊三千餘人，入江西永豐縣，此吉安府所屬縣。知縣朱璡逃去，遂破樂安、新淦，參政趙士賢及知縣皆被執。士賢吏走臨江，索銀贖之。仍敕陳金趣調兩廣土兵分道剿捕。

51 是月，四川賊方四等復攻江津，林俊督酉陽、播州、石砫等兵分三道擊破之。尋遣人招撫，不從。翌日，副使李鉞分兵爲六哨，四面蹙之，破其中堅，禽賊首任驕子等。賊大敗，追殺三十餘里，斬首一千八百餘級，生禽方四妻妾。未幾，賊見官兵少，還擊，殺千户田宣、冉廷質等，方四妻妾復逸去，遂率餘賊二千餘人遁入思南境内。

52 冬，十月，癸未，流賊入山東長山縣，典史李暹與戰，殺數十人，中流矢卒。

53 甲申，賊劉六等攻濟寧州，不克，焚糧艘千二百有奇。陸完遣張俊往援，運船不及，遂與漕運總兵鎮遠侯顧仕隆、都御史張縉及濟寧州衛官俱被劾，詔俱停俸帶罪自贖。

54 丙戌，劉六寇曹州屯、裴子巖，馮禎、郤永等迎戰，斬首三百餘級。又追至集北，禽斬千八百餘人，又獲賊首朱千户。餘黨遂遁。

55 丁酉，小王子犯陝西山丹境，都指揮張鵬擊却之。尋犯甘州，副總兵白琮與戰于黑柴溝，斬首百六十三級，獲馬駝牛騾甚衆。賜敕奬勵。

56 戊戌，賊方四等四千餘人，自貴州石阡踰馬腦關，復入四川綦江縣，陷之，百户柳芳、義官曹騰皆戰没。巡撫林俊奏調總兵楊弘、都御史高崇熙會剿，從之。

57 是月，太監張永奉敕揀選團營官軍，得十二萬三千七百有奇。永請于將臺下精選六十萬爲正兵，又每營各選三千爲奇兵，共四萬二千人，隨時操練以備調遣。

58 提督軍務、侍郎陸完奏：「賊千餘人自宿遷渡河，攻虹縣，去鳳陽皇陵不遠，而賊劉六等在沂、莒間，京邊兵少，不能兩援。請敕河南都御史鄧璋、直隸都御史張縉會兵防禦，南直隸京操班軍亦宜留守。」（諸）〔詔〕從之，仍令完度賊勢緩急，别議調軍。

59 十一月，庚戌，命太監谷大用提督軍務，伏羌伯毛鋭充總兵官，統領京軍五千人會陸完討賊。時完奏邊兵屢捷，大用謂賊可即平，故謀督軍以出，冀亦如寧夏論功也。【考異】谷大用、毛鋭領京軍，明史本紀所載月日，與實録合。明史紀事本末系之八月，誤也，憲章録系之十月亦非，今據本紀、實録。至大用之出，諸書皆以此事非書生所能辨。惟實録謂「完討賊屢捷，大用等亦欲如寧夏論功，故有是請。」此得其實，今據之。

60 丙辰，命户部侍郎叢蘭振濟南直隸及河南，南京户部侍郎王瓊振濟北直隸及山東。

時各省災祲、被寇，給事中張潤等奏請發帑分振。户部覆奏：「四川、江西等處，令巡撫督有司振之，南北直隸、山東、河南特遣二人。」遂有是命。

蘭奉使未至，而河北賊自宿遷渡河，將逼鳳陽，乃命蘭以本官巡視廬、鳳、滁、和，兼理振事。

61 巡撫四川、右都御史林俊致仕。

俊在軍，與總制洪鍾議多左，而中貴子弟欲冒軍功者輒爲所格。御史俞緇走避賊，而僉事吳景戰没，緇慚，欲委罪于俊，遂劾「俊累報首功，賊終不滅。加以鑿井毀寺，逐僧徒，迫爲賊。」于是俊前後被切責。

會藍、鄢二賊就禽，方四屢敗，俊辭加秩及賞，乞以舊職歸田，詔不許辭秩，仍聽致仕，言官交請留，不報。俊歸，士民號哭追送。【考異】事見明史俊傳，特書云「時正德六年十一月也」。證之實録，在十一月丙辰。憲章録系之八月，乃平藍、鄢二賊之月，俊之加秩蓋在其後，紀事本末系之九月，亦誤也。今據本傳及實録。

62 戊午，京師地震，保定、河間二府、薊州及畿南八縣、三衛同日震，皆有聲如雷，動摇居民房屋。霸州尤甚，三日中十有九震。又山東武定州亦同日震。【考異】明史五行志但言「八縣、三衛」。證之實録，八縣則良鄉、房山、固安、東安、寶坻、永清、文安、大城也，三衛則萬全、懷來、隆慶也。「十九次」，實録作「十次」。又，志言「山東武定州亦同日震」，蓋實録所書，皆畿輔也。今仍據明史志書之。

63 辛酉，詔百官修省。

64 乙亥，命用兵所在瘞暴骸。

65 十二月，丁丑，小王子犯宣府龍門所，守備趙瑛、都指揮王繼死之。

66 己丑，以旱災，免浙江長興、天台等六縣暨昌國衛税糧。

67 癸巳，以禮部尚書費宏兼文淵閣大學士，預機務。

是秋，宏自侍郎進尚書。上耽于逸樂，早朝日講俱罷，宏上疏切諫，報聞而已。及是劉忠致仕，遂以宏代。

宏既入閣，以禮部侍郎傅珪爲本部尚書。尋進楊一清少保兼太子太保。一清固辭，不許。

68 甲午，黄河清，自清河口至柳鋪九十餘里，自是至丙申凡三日。

69 辛丑，四川賊麻六兒等自陝復入川劫掠，兵備副使馮傑，率兵追擊于蒼溪縣之鐵山關，敗績，死之。【考異】馮傑戰没于鐵山關，據實録在是年十二月辛丑，又系之于七年正月癸亥，蓋因奏報至而複記也。今據實録六年月日。

70 是月，以總理河道、右副都御史張鳳巡撫山東，仍兼河道右副都御史。彭澤巡撫直隸保定等府。

71 以旱雹災，免陝西慶陽、西安等府税糧。

72 是冬，谷大用等出師，見賊勢方熾，駐臨清不敢進。

劉六尚在山東，而楊虎陷宿遷，執淮安知府劉祥，靈璧知縣陳伯安，連陷虹、永城、虞城、夏邑及歸德州。邊兵追及，賊退至小黄河口，百户夏時設伏蹴之，虎溺死。餘賊奔河南，復推劉三名惠者爲首，大敗副總兵白玉軍，攻陷沈邱，縣丞杜斌死之，殺都指揮王保，執都指揮潘翀，射殺河南布政司經歷任傑，北陷鹿邑。

有黨陳翰者，與甯龍謀奉惠爲奉天征討大元帥，趙鐩副之，翰自爲侍謀軍國元帥府長史，與龍立東西二廠治事。分其軍爲二十八營以應列宿，各置都督，聚衆至十三萬，欲歧出以牽制官軍。于是惠、鐩擾河南，劉六兄弟及齊彦名等擾山東，黨分爲二。已而劉六復轉而北，郤永敗之濰縣，還走霸州。

會上以明年正月有事南郊，舊制以十二月朔省牲，于是賊謀以是日乘間犯駕。尚書何鑑奏聞，亟召陸完赴援，即夜嚴設守備，厥明，鑑請上早出安人心，遂成禮退。賊知有備，西掠保定諸州縣以去，完擊破之。文安賊南至湯陰，完又督諸將追敗之，先後俘斬千人。

73 劉七之入山東也，所過州縣率閉城守，或棄城遁，或遺之芻粟弓馬，乞賊勿攻，先後破者九十餘城。

惟樂陵知縣許逵，慨然爲戰守計。縣初無城，督民版築，不踰月城成。令民屋外築牆，牆高踰簷，啓圭竇纔容人，家選一壯者，執刃伺竇内。餘皆入隊伍，日視旗爲號，違者軍法從事。又募死士伏巷中，洞開城門。賊果至，旗舉伏發，竇中人皆出，賊大驚擾，斬獲無遺。後數犯數却之，遂相戒不敢近。事聞，進秩二等。

同時知縣能抗賊者，益都則牛鸞，郯城則唐龍，汶上則左經，濬縣則陳滯，然所當賊少。而逵屢禦大賊有功，遂與鸞俱超擢兵備僉事。

其抗節不屈而死者，則登州通判邵章，萊陽縣丞陳韜，萊蕪知縣熊駿、主簿韓瑭也。

【考異】熊駿、韓瑭，見明史忠義傳。據實録：「七年正月贈登州府通判邵章爲知府，萊陽縣丞陳韜爲州判，各賜祭一壇。」二人當亦在是年死事之列，並據增。

74 賊之擾河南也，上蔡知縣霍恩與典史粱逵共守。賊至，恩語妻劉曰：「脱有急，汝若何？」劉誓同死。乃築臺廨後，約曰：「見我下城，即賊入矣。」及城陷，恩拔刀下城，劉臺上見之即縊，未絶，以簪刺心死。恩被執，賊脅之跪，罵曰：「吾此膝豈爲賊屈乎！」賊日殺人以懾之，罵益厲。賊以刀抉其口，支解之。逵自經死。

西平知縣王佐，聞賊起，練民兵爲守具，拒賊于城上，手殺數十人，矢斃其渠帥。賊忿，急攻三日，佐力竭被執，罵不絶口。賊懸諸竿，殺而支解之。縣丞毛繡亦遇害。

葉縣知縣唐天恩，賊至，與其父政等七人俱死。

永城知縣王鼎，城陷，繫印于肘端，坐待賊，不屈死。

裕州同知郁采，與都指揮詹濟、鄉官任賢共堅守，斬獲多。城陷，被執，采罵不輟，賊碎其輔頰而死。濟亦不屈死。賢嘗爲御史，方里居，招邑子三千人拒守，罵賊死。一家死者十三人。

西華知縣李景拒賊死。教諭孔環，自來安知縣爲劉瑾黨所陷，左遷是職。賊陷西華，環被執。賊曰：「呼我王即釋。」環厲聲曰：「我恨不得碎汝萬段，肯媚汝求活耶！」遂被殺。

固始丞曾基被執，使馭馬，不從，遇害。

夏邑丞安宣，方之官，聞賊至，或勸勿往。宣兼程進，抵任七日，賊大至，拒守有功。

城陷，死之。

息縣主簿邢祥，已致仕，城陷，駡賊死。

時又有鹽運使同知徐天英、封御史朱紀，皆以守城被害。又，陣亡指揮景瑞等三十三人，皆不得其月日。

其賊擾南畿，抗節而死者，則靈璧主簿蔣賢、指揮同知梁文也。【考異】此所載死事諸人，皆是年河南、山東被擾前後事，並據明史忠義傳。又，西華知縣李景及徐天英以下三人，皆據三編補入。

七年（壬申、一五一二）

1 春，正月，甲寅，賊復犯霸州，京師戒嚴。

兵部尚書何鑑，「請敕陸完及谷大用、毛鋭還禦近畿；其分擾山東之賊，責之邊將許泰、郤永、劉暉、李鋐；河南之賊，責之邊將馮順、時源、神周、金輔。」——周，英子也。

2 丁巳，賊入大城縣，知縣張汝舟與主簿李銓迎戰不克，皆死之，汝舟子策與故典史張俊之子信、生員楊思恭、醫士孫堂同遇害。詔分別賜贈卹。【考異】據明史本紀及忠義傳，惟載主簿李銓與汝舟同戰死，其汝舟子策以下四人，皆據實録增。

3 己未，大祀南郊。

是時賊方敗于湯陰，北走交河，遣京師團營分布近畿，又調遼東兵至。屆期，成禮而還。

4 癸亥，賊自安肅博野攻蠡縣，遂至臨城。主簿張俊率兵拒之，斬其酋一人，遂遇害。詔從重褒卹。【考異】張俊死事，明史不載，此亦據實録增。此與大城典史之張俊，似非一人，蓋姓名偶同耳。

5 是月，兵部奏議平賊賞格：「各官軍能用命禽斬賊三名，賞加一級。獲賊首一人者，授世襲正千戶，賞銀千兩。其將領亦陞三級，賞如之。有能禽滅劉六、楊虎之等者，如寧夏例，待以封爵，無所吝。」報可。

是時賊黨雖衆，多脅從者，其精鋭不過千餘人。自兵部首功令下，官軍追賊，賊輒驅良民當之，急則棄所掠逸去。官兵所殺皆良民，故捷書屢奏而賊勢不衰。

6 伏羌伯毛鋭剿近畿之賊，會賊自臨城出，遇于長垣，鋭與戰大敗，谷大用擁衆觀望不敢進。鋭率師至真定，復大敗，身被傷，失將印，會許泰援兵至，鋭僅以身免。言官交章劾，乃與谷大用並召還。【考異】事見明史毛忠傳，特書于是年之正月，而實録不載。諸書亦系之正月，今從之。

7 二月，丁丑，以咸寧伯仇鉞爲平賊將軍，偕副都御史彭澤提督軍務，討河南賊，太監陸闇監軍。

時河南賊劉惠、趙鐩等連破州縣，親王、守臣告急日至，乃以命鉞。兵部會議，「請以文臣一人提督討賊事」。澤方擢右副都御史、巡撫保定，未行，復有是命。澤陳便宜十一事，「厚賞峻罰以激勸將吏」，從之。

8 己卯，賊陷利津。

9 山東賊犯萊州界，指揮僉事蔡顯率兵禦之，不克，與其三子淇、英、順同力戰死，舍人劉勳、劉仲、武臣等皆殉焉。詔贈顯父子官，卹其家。【考異】事見明史忠義傳。惟據實録，有舍人劉勳以下三人，今據增。

10 丙申，副總兵時源敗河南之賊于陽武，斬首三百七十餘級。

11 是月，四川賊方四等復入川南，陳金以兩廣土兵至，先議剿東鄉之賊，遣參議徐蕃等分屯要害。

12 三月，丙午朔，巡按山東、御史張璿言：「山東生民，被害已極。賊之自北而東也，則由樂陵、海豐、壽光、安邱以入青州，其自南而西也，則由莒、沂、滕、嶧以趨東兖，縱横荼毒。朝廷命將出師，宵旰不遑，而渠魁未殲，徒黨愈熾，一月而兩趨霸州，震動畿輔者，其害有三：一曰蠲征無實。今賊徒被脅自首者，得免糧税三年，而瘡夷溝壑之民，迫于官司以辦公家之税，不早停免，是爲盜驅民也。一曰冗兵太多。今奏帶將士，皆膏粱遊子，未經戰陣，遇賊輒藉邊兵以自衞，而邊兵有功，輒怙勢而奪之，何以服人心而一軍令？一曰事權不一。今總督、提督，互相是非，發謀命將，經宿而後定，故機事泄而功不成。」其言皆切中時弊，詔「下所司議行」。

13 己未，賊陷碭山、蕭、睢寧等縣，睢寧主簿金聲、邱紳，義士朱用之，皆力戰死之。

14 辛未，副總兵時源敗績于河南，都督僉事馮禎死之。

先是劉惠、趙鐩連陷河南州縣，駐師西平。會詔仇鉞、彭澤出師，又以河南之賊專責之禎、源等，于是禎、源會參將神周、金輔敗惠、鐩于西平。賊奔入城，官軍塞其門，乘夜焚死千餘人，斬馘甚衆，餘賊潰而西。

時仇鉞、彭澤等尚未至，巡撫鄧璋等以爲賊不足患，朝崇王于汝寧，宴飲連日。賊招散亡，陷鄢陵、滎陽、汜水、鞏，遂圍河南府三日，諸軍始集。賊屯洛南，覘官軍饑疲，迎戰，右哨金輔，不敢渡洛。禎及源、周方陣，而後哨參將姚信所部京軍，先馳失利，遽遁還，陣亂，賊乘之，禎下馬殊死戰，援絶，死焉。由是賊勢復張。

禎殉難之地，明年是日，風霾大作，又明年，亦如之，敕有司建祠，歲以死日致祭。

15 夏，四月，丙子，太監谷大用奏請陞賞陸完、許泰等。下兵部議，以「四方盜賊蠭起，雖捷書屢奏而賊首未禽。宜通俟功成之日，奏請定奪。其有功者，且令紀功官勘實以聞」。于是僅賜大用敕獎勵。時大用召還，慚于無功，故有此奏。

16 甲申，以水災，免淮安府稅糧十六萬石。

17 戊子，振畿內、山東饑。又發通州、天津、德州、臨清四倉米二十萬石，遣侍郎王瓊會各巡撫官振之。

18 是月，副都御史彭澤至軍，引見諸將校，責以畏縮當死。諸將校股栗伏罪，久乃釋之，遂下令鼓行薄賊。

是時賊聞澤至，乘夜奔汝州，官軍扼之于要害。賊乃走寶豐，復由舞陽、遂平轉掠汝州東南，敗奔固始，屯朱皋鎮。

19 五月，丙午，劉六等自山東敗于滕嶧，乃奔東萊。總制陸完，師次平度州，令游擊郤永、參將溫恭等迎剿，副總兵許泰軍萊陽策應，敗賊于古城集東。復令指揮傅鏜、張椿夾攻其左右，賊大敗，山東遂平。

是時賊分爲二：一西走，騎兵追及之于淮河，易服而遁。一復北走霸州，犯香河、寶坻、玉田等縣，殺參將王杲于武清，畿輔復震。而賊復轉南至冠縣，副總兵劉暉連敗之，遂奔邳州。

20 戊申，湖廣永順宣慰使彭明輔及都指揮曹鵬等敗河南之賊于朱皋鎮。賊倉猝渡河，溺死者二千人，斬首八十餘級，餘衆悉走光山。

21 甲寅，陳金剿東鄉之賊，令副總兵張勇、土官岑猛等並進，連敗之于赤岸、蔭嶺等處，禽徐仰三，馘王鈺五等，克柵二百六十五，斬首萬一千六百餘級，俘七百五十餘人。撫州遂平，移師姚源。【考異】明史本紀系平東鄉賊于是月，陳金傳則書二月，蓋以二月進兵，五月始平，故傳記移師姚源于五月，是撫州之平在五月也。今分書之。

22 丁巳，巡撫南贛、都御史周南討贛州大帽山賊，平之。

先是南之任，徵集江西、福建、廣東三省兵，督副使楊璋、僉事凌相、指揮孫堂、義民林富等分道進剿，江西總制陳金亦遣兵來助。至是江西兵自安遠入，克其寨七，廣東兵自程鄉入，亦克七寨，福建兵自武平入，克其寨八，禽斬賊渠何積欽、劉隆、李四仔、張時旺等，先後斬獲五千人，遂平贛州。南乃移師會金討賊于撫州。【考異】諸書皆系平大帽山賊于正月，而三編目中則云平東鄉之前一月，是四月也。明書本紀據實録，而實録多據奏報之月日。且撫州賊平在前，而此言周南移師會（訂）〔討〕撫州之賊，是平大帽山之賊又當在前，三編所記，未爲誤也。今仍據實録書之，而附識于此。

23 丙寅，盜殺總督南京糧儲都御史馬炳然于武昌江中。

時劉七等五百餘人自邳州南渡，抵固始，聞劉六等敗于河南，遂走湖廣，由團風鎮奪船十三艘，泝流至夏口。炳然自蜀攜家赴南京，道遇賊詐稱胥吏來迎，遂登舟，殺炳然，投之于江，其妾吴氏亦自沈死。

已，賊焚劫漢口，指揮滿弼等追及之，禽斬六十餘人。其一中箭溺水死，獲其尸，即劉六及其子仲淮也。

24 閏月，戊寅，山東餘賊陷濰縣。

時楊虎已死，其妻崔氏曰「楊寡婦」者，率千騎犯境，指揮喬剛禦之，賊少却。僉事許逵復追敗之于高苑，令指揮張勛邀之于滄州米家屯，凡俘斬二百七十餘人。【考異】明史紀事本末作陷利津，今據實録，係濰縣，從之。

25 己卯，獲四川賊方四，磔于市。

四破綦江，僉事馬昊率土兵敗之，奔婺川，復劫梁山縣。與曹甫不協相攻，衆遂散。四變姓名，潛逃開縣，義官李清獲之，遂伏誅。

四之略梁山也，時梁山主簿時植攝縣事，賊至，拒却之，斬獲數十級。踰月復至，相拒數日，城陷。賊説之降不屈，脅取其印不予，大罵，被殺。妻賈，聞變即自縊，女九歲，赴火死。詔贈植，表其妻女曰貞烈。

26 方四之亂，士民之冒死殺賊者，有梁山諸生趙趣，同友人黄甲、李鳳、何璟、蕭銳、徐宣、楊茂寬、趙采，誓死拒守，城陷皆死。都御史林俊嘉其義，立祠祀之。

又有徐敬之者，亦梁山人，衆推爲部長，以拒賊陷陣死。

雷應通，嘉州人，與賊戰于百丈關，父子七人倡義死戰，被執，俱慷慨就殺。

袁璋，江南人，素以勇俠聞。林俊委剿賊，所在有功，後爲賊執。其子襲挺身救之，連殺七賊，亦被執俱死。襲死三日，兩目猶瞠視其父俊。表其門曰「父子忠烈」。

27 甲申，咸寧伯仇鉞追擊河南之賊于光山，遣諸將神周、姚信、時源、金輔左右夾擊，大敗之，斬首千四百有奇。盜衆潰，奔六安。

28 己丑，北部伊畢喇伊木等寇甘肅，指揮王杲等擊却之。

29 壬辰，仇鉞、彭澤等討河南賊，平之。

先是賊敗于光山，會湖廣軍亦敗其別部賈勉兒于羅田，賊沿途潰散，自六安陷舒城，復還光山。至商城，官軍追之急，賊復南攻六安，將陷，時源等涉河進，敗之七里岡。賊趨廬州，至定遠西，又敗。還至六安，分其衆爲二，劉惠與趙鐩二弟鐇、鎬，率萬餘人北走商城。而鐩道遇其徒張通及楊虎遺黨數千人，勢復振，掠鳳陽，陷泗、宿、睢寧、定遠。

于是澤與鉞計，使神周追鐩，時源、金輔追惠，姚信追勉兒。勉兒復與鐩合，信連敗之宿州，追奔至應山，其衆略盡。鐩薙髮懷度牒，潛至江夏，飯村店，軍士趙成執送京師，伏誅。輔追劉惠，連戰皆捷。惠窘，走南召，指揮王謹追及于土地嶺，射中惠左目，自縊死。勉兒亦爲都指揮夏廣所敗，獲之項城。餘黨皆先後被禽。凡出師四月而河南賊悉平。

30 趙鐩之起也，稍有智計，定爲部伍，勸其黨無妄殺。移檄府縣，約官吏師儒毋走避，迎者安堵，由是以「風子」名，橫行中原，勢出劉六等上。嘗攻鈞州五日，以馬文升家在州中，舍之去。

有司遣人齎招撫榜至，鐩具疏附奏，言：「今權奸在朝，舞弄神器，濁亂海內，誅戮諫臣，屏棄元老。舉動若此，未有不亡國者。乞陛下睿謀獨斷，梟群奸之首以謝天下，即梟臣之首以謝群奸。」蓋其桀黠如此。【考異】河南賊平，明史本紀系之是月甲申，據實録也。趙鐩之入鈞州，諸書或系之去年之冬，或系之今年之春，蓋與入泌陽焦芳家皆同時事。而明史仇鉞傳，謂「鐩攻鈞州，以馬文升方家居，舍之去」。此沿野史之誤也。野史皆云馬文升卒于七年，正趙鐩入鈞州，傳聞以爲是時文升尚在。不知文升卒于五年六月，霸州盜起于十月，故王弇州考定國史以糾皇明通紀、憲章録諸書之誤。明史馬文升傳亦記其卒于五年，是與仇鉞傳中「文升方家居」之説自相矛盾，蓋沿野史書之，未及更正耳。今但云「文升家在鈞州」，爲得其實。

31 六月，癸卯，四川賊方四餘黨奔寧羌，遂犯沔縣，官兵擊敗之。追至老馬山，賊與苗、蠻合，千户黄虎死之。

32 丁巳，劉七等自武昌黄州下九江，經安慶、太平、儀真以達鎮江，所過殘掠。南京守臣奏「乞增兵防禦」，廷議：「鎮江四達之地，東南抵浙江，西北抵山東，逆流而上抵湖廣，沿江而下則濱海傍江，均宜防守。請敕彭澤、仇鉞統兵自湖廣而下，駐南京以東，陸完自山東、淮、揚而南，駐蘇、常、浙江便地，督操江坐營、鎮、巡及備倭、巡海、兵備三司府衞等官，水陸巡防，分守要害，以防窮寇北潰。」從之。

33 壬戌，黑眚見。初自河間、順德二府及涿州夜出傷人，有至死者；尋見于京師，形兼赤黑，大者如犬，小者如貓，若風行有聲。居民夜持刁斗相警，達旦不敢寢。踰月乃息。後又見于河南封邱縣。

34 乙丑，户部侍郎王瓊奉命振北直隸、山東被寇者。時順天、河間、保定、真定、大名、廣平六府及山東、濟南、青、兖、登、萊、東昌，被賊殺斃男婦六萬五千有奇，陣亡官軍民快人等一千五百有奇。詔俱恤其家。

35 丁卯，南京御史周朝佐等奏，「賊以奔敗餘孽，自湖廣越黄州，下九江，抵鎮江，其舟不過十三，衆不過五百，而豕突縱横，如入無人之境。操江都御史陳世良，武靖伯趙弘澤，宜如馬中錫、張偉例，械繫京師，别簡才能大臣代之」。兵部亦請如奏，上不許，仍令世良等戴罪自效。

36 秋，七月，丁丑，四川賊陳二等降。——陳二，即曹甫也。

時副使馬昊，偕總兵官楊弘、副使張敏等分擊賊于營山、蓬州等處，斬千三百餘人，賊勢大蹙。總制尚書洪鍾乃遣人分詣賊營撫諭。敏單騎入甫營，甫聽命。而廖麻子忿甫背己，殺之，并其衆。敏被拘留，既而送還。然是役也，甫黨散者幾二萬人。廖麻子收甫餘衆，復轉掠川東，官兵仍不敢擊，潛躡賊後，馘良民爲功，土兵虐尤甚。民間謡曰：「賊如梳，官軍如篦，土兵如鬀。」言愈搜愈密也。論者咸歸咎鍾之不能戢下云。

37 贈卹四川陣亡官軍，其死事之都指揮樊煜，推官吴伯鈞，各贈二級，賜祭一壇。

38 初，河南虞城訓導圻琮，以守城禦賊被害，至是其子自勝陳奏，令贈恤如例。

39 戊寅，以副總兵劉暉、時源、郤永、李鋐俱充總兵官，分守山東、河南、南、北直隸。時河南、山東已平，令「各率所部千人，仍于各部選留五千人屬之，假以總兵名目，暫留鎮守，仍聽提督官征調」。

40 壬午，罷陳世良、趙弘澤，以副都御史俞諫、陵寧侯孫應爵代督操江事。

41 癸未，吏部奏「請起致仕尚書劉大夏、韓文等」，詔：「大夏等已復職致仕，勿復言。」

42 癸巳，江西按察司副使周憲討賊于華林，敗績，死之。

初，賊累敗食盡，憲連破賊于仙女雞公嶺，斬獲千餘人。乘勝進攻北門，三戰，賊少却。憲與子幹先登蹴之，賊下木石如雨，憲中鎗顛，幹前救父，力戰，墜崖死。憲創重被執，罵不絕口，賊怒，支解之。

事聞，贈憲按察使，幹陞二級，令有司旌其門曰「孝烈」。

43 丁酉，振四川饑。

44 是月，山東殘賊自冠縣劫朝城，大同指揮謝琴率兵追之，斬首七級，力戰而死。

時流賊雖已敗奔，間復嘯聚，少者百人，多或千人。寧陽、鄒、費、臨邑、高唐諸州縣復遭蹂躪，巡檢劉斌、潘佑皆死之。詔分別贈卹。

45 上以黑眚之異，京城内外譌言迭起，欲命谷大用仍舊提督官校内外緝訪，大學士李東陽力諫，不納。

46 八月，己酉，總制、都御史陳金剿姚源峒賊，平之。

初，姚源賊殷勇十、洪瑞七、鄒成七等復先後起，積年猖獗。金受總制之命，募鄉兵得五六萬人，令參政董朴、吴廷舉等分營餘干、貴溪、安仁、鄱陽、樂平，遏其要害，金親統軍擣其巢，勇十創重死。會副總兵張勇以土兵至，毒弩射殺瑞七等，俘斬五千餘人。金以捷聞。

時賊聞敗，沿途潰散，而土兵虐而貪，姚源敗賊賂之，乘夜遁，走貴溪。廷舉以土兵追及于弋陽，賊復轉掠徽、衢間。金更假作賊僣號以張其功，朝廷不知，賊首王浩八乞降，竟許之。【考異】金平姚源賊事，見明史本傳，而土兵受賄，賊復逸去，轉掠徽、衢間，皆見實録，今參書之。

47 初，劉七等賊在長江一帶，乘潮上下，官兵所遇輒敗。已而賊治舟孟瀆。陸完等至鎮江，留仇鉞防守，令温恭以騎兵駐江北，自督劉暉、郤永等以舟師趨江陰福山港。七月十八日，賊至通州，其夜，颶風大作，舟壞，乃奔狼山。二十一日，完遣同知羅璋等爲鄉導，率諸將登狼山，列陣以戰。賊敗，奔山頂，矢石交下，暉自山北，永自山南，皆蒙盾自蔽，揮刃而上。齊彦名中鎗死。劉七率其親信數十人下山，謀奪小舟逸，官兵列岸，攢矢射之，七中矢溺水死，餘黨殲焉。霸州之賊至是遂平。【考異】實録，七月壬申朔，八月壬寅朔，而皇明通紀、紀事本末所敘日分，皆係七月干支而系之八月中。及考之實録，則破狼山之賊實在七月，而書八月癸亥者，據奏至之月日也。實録所記「七月十八日賊至通州遇颶風」及「二十八日破賊狼山」事，皆原奏月日，至八月癸亥始奏至京師，故據書之。大抵實録所載多據奏報月日，而破賊必在前一月、兩月不等。諸書系之八月，亦自不誤，而所書丁丑、壬辰等日，丁丑則七月初六日，壬辰則七月二十一日，是誤以七月之干支繫之八月下，此則其推曆之失詳也。今仍據實録書八月癸亥，而別系破賊月日于癸亥報捷之前。

癸亥，陸完等以捷聞，賜敕獎勵。

是役也，以數盜横行中原，殺人滿野，村市爲墟，喪亂之慘，百數十年所未有。京軍再出無功，乃調諸邊之兵，竭天下之力，經三載。賊以舍陸從舟，困于暴風，實天厭其虐，非專恃兵力所致云。

48 是月，江西增設東鄉縣于撫州府，以臨川縣之孝岡，又析金谿，進賢、餘干、安仁四縣地置焉。又增設萬年縣于饒州府，以餘干縣之萬春鄉，又析鄱陽、樂平及貴溪三縣地置焉。從總制都御史陳金請也。【考異】諸書或以爲陳金，或以爲俞諫，惟三編目中系之九月平華林賊下。明史地理志七年八月置，則陳金任内事也。實録系之八月庚午下，今據書于八月之末。

49 九月，乙酉，陳金討華林賊，平之。

先是副使周憲遇害于華林，軍潰，南昌知府李承勛單騎入憲營，衆乃復集，金即檄承勳代之。賊黨王奇聽撫，搜其衷刃，釋之，置麾下，奇感激誓死。承勳遣奇密入寨説降其黨，約期爲内應。至期，承勳率鋭卒五百人，夜銜枚登山，令奇前導，歷重險，抵賊壘。群賊方酣寢，奇拔栅率衆入。五百人大呼奮擊，内應者起夾攻，賊倉猝不知所爲，四奔山谷。尋斬賊渠羅光權及其黨胡雪二等，華林遂平。

自金出兵剿東鄉，甫八閲月，破劇賊幾盡。惟所用土兵，貪殘嗜殺，剽掠甚于賊，有巨族數百口闔門罹害者，所獲婦女率指爲賊屬，載數千艘去。民間謡曰：「土賊猶可，土兵殺我。」金亦知民患之，方倚以討賊，不爲禁，又不能持廉，軍資頗私入，士民皆深怨焉。

50 戊子，召總制四川軍務洪鍾還。以彭澤在河南有平賊功，擢右都御史，總制四川軍務，代之。

鍾以不能戢下，爲巡按御史王綸、紀功御史汪景芳所劾。尋四川賊自合州渡江，陷銅梁、榮昌等縣，殺驛丞侯忠等，直趨内江、遂寧諸州縣。綸再劾之，遂有是命，鍾既召還，尋乞歸。

51 丙申，賜義子一百二十七人皆國姓。

初，中官奴卒及市井桀黠，偶爲上所悦者，輒收爲義子，永壽伯朱德及都督朱寧、朱安爲首，其次朱國、朱福、朱剛，皆至都督，餘則授都指揮、指揮、千、百户、鎮撫、旗舍之等。時有朱静等五人皆亡虜，亦至千户。自後賜姓者日益多云。

52 是月，狼山餘賊十二人奔入泰興，主簿黄璉率兵追之，爲賊所殺。贈知縣。

53 冬，十月，戊申，旌表直隸沙河縣生員王得時等，女玉梅等十人。玉梅爲賊所奪，欲污之，不從，遂支解之。其九人則大名縣民李欽女，王得山女，錢雄女，駢珩妻王氏，王表妻張氏，黄縣民馮茂女，李瓚妻馮氏，魏縣民楊善妻劉氏及其女，皆死于賊者也。

54 甲子，增建豹房。

工部上言：「豹房之造，迄今五年，所費白金二十四萬餘兩。今又增修房屋二百餘間，國乏民貧，何以爲繼！乞即停止或量減其半。」不聽。

55 是月，免河南、江西、浙江被災及被寇者税糧。

56 以平賊功，加陸完太子太保。

時王鼎罷，遂擢完都察院左都御史，侍郎李士實爲右都御史。

57 十一月，壬申，命鎮守河南總兵官時源佩平賊將軍印，充總兵官，會總制彭澤討四川賊，澤請之也。

58 丁亥，留宣府、大同、遼東兵于京營。

先是，河南賊平，兵部議：「以仇鉞所部邊軍，酌留三之一備賊，餘悉遣還。其劉暉、時源、郤永、李鋐，分鎮山東、河南等處，亦令各留千人，餘亦遣還。」

至是遼東、宣府、大同軍過闕賞勞，上方好弄兵，時大同游擊江彬，隸總兵官張俊，赴調過薊州，殺一家二十餘人，誣爲賊，得賞。嘗與賊戰于淮上，被三矢，其一著面，鏃出于耳，拔之再戰，上聞而壯之。及還軍，過京師，彬因錢寧得召。上見其矢痕，曰：「彬健乃爾邪！」彬狡黠有力，善騎射，談兵上前，上大悅，遂與宣府守將許泰皆留不遣。擢彬都督僉事，出入豹房，同卧起，寵在寧上，寧心忌之。

彬知寧不相容，顧左右皆寧黨，欲藉邊兵自固，因盛稱「邊軍驍悍勝京軍，請互調操練。」言官交章諫，閣臣李東陽疏陳十不便，皆不省。

59 是月，太監張永罷。

初，永在御用監，託以稽查，令庫官吴紀等竊出銀七千餘兩，舁歸私宅。至是御用監太監邱聚發其事，執紀等下鎮撫司鞫治，具得其實。永多方營救，乃調御用監閒住。

60 十二月，丁卯，大學士李東陽致仕。

東陽乞休，前後章數上。至是因調邊兵，力持不可，上坐乾清門趣之，東陽卒不奉詔。翌日，復以老病請，許之，賜敕給廩隸如故事。

61 己巳，巡按御史王綸等奏：「四川流賊廖麻子攻破綿竹、樂至、金堂等縣，都指揮許鳳、西安衞指揮殷輔、千户伊佐等十四人力戰死。」

時洪鍾方召還，彭澤未至。巡撫高崇熙，恇怯主招撫，麻子等陽受約。崇熙遽許罷諸軍，令副使張敏徙開縣、臨江市民，空其地處之，許給復三年，爲請于朝。副使馬昊力爭，謂「臨江市上達重、敘，下連湖、湘，地土饒衍，奈何棄以資賊，自貽患？」崇熙不從，昊乃益治兵以防其變。

62 是月，免南畿、山東、山西、陝西被災寇者税糧。

63 是冬，祈雪。

明通鑑卷四十五

江西永寧知縣當塗夏燮編輯

紀四十五起昭陽作噩（癸酉），盡閼逢閹茂（甲戌），凡二年。

武宗毅皇帝

正德八年（癸酉、一五一三）

1 春，正月，癸酉，以右副都御史俞諫代陳金討江西賊。

初，金及張勇討姚源之賊，狼兵受賂縱賊，復主招撫。賊渠王浩八陽聽約，未幾復叛，率五峒蠻兵與東鄉賊分劫州縣。言官交章劾金，乃召金還。

2 辛巳，宣府守臣奏送降虜托克托泰舊作脱脱太。等至京，命充御馬監勇士。尚書何鑑等言：「漢、魏徙氏、羌于關中，郭欽、江統皆勸晉武以早絶亂階；苻堅處鮮卑于塞南，苻融亦慮其窺伺虛實以生邊患；此既往之明驗也。今使降虜出入禁闥，萬一結外寇以爲内奸，將來之患，可勿深慮！仍乞徙之遠方以杜後患。」不聽。

3 韃靼小王子犯大同，命宣府、延綏及山西諸鎮兵禦之。

4 壬午，大祀南郊。

5 乙酉，以邊將江彬、許泰分領京營，皆賜國姓。

是時邊軍調集京師，而神周坐罪謫，夤緣入豹房復官，已而復召劉暉。尋設勇士營，周、暉分領之，又立東、西兩官廳軍，彬、泰分領之，名「四鎮兵」，又名「外四家」云。

6 癸巳，命户部右侍郎叢蘭以右僉都御史巡視西路，自居庸關至龍泉；右僉都御史陳玉巡視東路，自山海關至古北口；以大同之警故也。

7 是月，以旱災，免陝西西安、延安等府、南直隸鳳陽等府被災州縣税糧。

8 追卹狼山陣亡之石頭港巡檢温聰等三百九十二人。

9 二月，辛丑，以四川賊復熾，罷總兵官楊弘。時弘爲言官所劾，遂繼洪鍾召還。弘怯懦寡謀，數爲賊敗。或傳其在德陽，賊縛之樹而毆之，弘急示以印，乃引去，弘僅以身免。士民多怨之，竟免于罪云。

10 甲辰，贈西安後衛指揮使雲海爲都指揮同知。

初，藍廷瑞等劫掠川、陝，海領兵與戰，身先赴敵，射殺數十人。賊圍之數重，海提刀力戰而死。至是奏聞，始賜贈卹。

11 乙巳，以浙江水災，竈丁多溺死者，巡鹽御史林季瓊，奏「請免歲辦鹽課八千九百餘引，仍令巡視都御史量爲振濟」，從之。

12 丙午，以平賊功，封太監谷大用弟大亮、陸闇姪永皆爲伯。

時大用等欲如寧夏例求封，兵部執不可，謂「仇鉞獨建奇謀，削平禍亂。今群賊殄滅，乃諸將併力，非一人之功。且諸將如劉暉、郤永、時源，皆出萬死一生。而大亮、永藉父兄之勢，坐而得之，其誰不解體！」上令再議，兵部復請「比朱寧例，加陞至右都督而止」。仍不許。尋内批竟封之，賜誥券，歲食禄千石。

13 癸亥，江西紀功給事中黎奭奏，「姚源賊王浩八等刧弋陽、上饒等縣，尋入浙江開化境上」。時上命鎮守徐、邳總兵官李鋐協同俞諫提督江西軍務，令統所部大同官軍一千人，副總兵李瑾統湖廣官軍二千人會剿。詔「俟俞諫及鋐等至，分道討之」。

14 三月，戊子，置鎮國府，處宣府官軍。

15 癸巳，逮四川巡撫高崇熙至京師，以廖麻子復叛也。

崇熙既主撫，遣張敏處賊于臨江市，買田安置。比敏至新寧，賊以爲誘己，執之，屠殺數百人。言官劾「崇熙不俟命罷兵」，遂就逮。

尋調延綏兵千八百人，以指揮同知杭雄統之；寧夏、慶陽、固靖三鎮兵共千五百人，以署都指揮僉事楊義統之；仍聽彭澤、時源節制。擢馬昊四川巡撫，代崇熙。

16 甲午，以今春少雨，風霾屢作，令英國公張懋祭告天地社稷。敕百官修省。

17 夏，四月，壬寅，平鎮筸叛苗。

初，鎮筸、五寨、平頭、烏羅等處苗賊龍童保、龍麻陽等，連年搆亂，湖廣、貴州鎮、巡官調土、漢各軍攻之，禽麻陽以歸。至是都御史沈林、總兵李昊，率都指揮張泰等分四路攻之，破其寨，禽童保等六十餘人，平九十七寨。

捷聞，賜敕獎勵。守臣請增設鎮筸守備一人，從之。

18 癸丑，姚源賊首王浩八等，聚衆萬餘屯開化，分掠婺源、休寧諸縣。有章仁者，故石埭諸生也，少習妖書，爲群盜亡命，與浩八合。詔「巡按、御史張縉購懸賞格，有能禽斬浩八、仁及賊徒自禽斬以獻者，俱授正千户，賞銀千兩」。

19 庚申，上御經筵。以講官修撰何瑭語觸忌諱，傳諭內閣，欲撻之，閣臣楊廷和等委曲申救，乃以舉止不恭謫爲開州同知。【考異】事具明史瑭傳。而實録謂其「敝衣垢面，言詞蹇澀，幾不能終篇」，蓋修實録者誤信中官傳諭之詞。而是時江彬被寵，瑭進講時必有指摘，故史以爲「觸忌諱」者，此實録也。今仍據本傳書之。

20 乙丑，總制四川軍務彭澤等敗賊于劍州。

廖麻子之叛也，澤尚未至，至是與總兵時源屢戰敗之。麻子衆潰，奔羅江，馬昊以五千騎與澤敗之。游擊將軍閻勳追及于劍州之青林口，賊棄馬登山拒戰。勳射而顛，邊軍黄回兒等争撲之，斬麻子首，以捷聞。

既而紀功給事中王萱言：「勳之禽賊，由龍州土官把事王臣實爲鄉導，且用鐵爬擊仆之，回兒等始争取首級以去。」兵部請覆勘，不許。

21 是月，副都御史俞諫，督江西、浙江、福建諸軍討賊。

先是右參政吴廷舉，從陳金破賊于姚源，王浩八乞撫，許之，既而復叛。又有胡浩三者，亦降而復叛，廷舉乃以單騎入浩三營撫諭之，爲所執。廷舉居三月，盡得其要領，因識其左右有謀勇者，陰結之使爲内應，竟送廷舉歸。

賊之入開化也，副使胡世寧、僉事高賓，以聽撫賊艾茹七等二百人爲新兵，而茹七所過，縱兵虜掠，執安仁縣官氏二女，欲污之，不屈，俱赴水死。

給事中黎奭劾世寧等，并及廷舉，詔以「廷舉方被拘執，世寧亦討賊有勞，令停俸戴罪自贖」。

會諫至，與世寧畫討賊之策，乃檄都指揮白弘、參將李隆與嘉興同知伍文定等分道進兵。

22 五月，辛巳，小王子犯大同，由白羊口入，掠平虜、井坪、乾河等處，官軍敗績于黄土嶺。寇解去，遂趨朔州，犯馬邑。

巡撫都御史高友等，乞命將出師以彰天討，詔「咸寧侯仇鉞充總兵官，統京營軍六千人，會鎮、巡官禦之」。

23 癸巳，都御史俞諫等破姚源之賊。

先是賊屯開化，諫檄白弘與湖州知府黄衷軍馬金鎮，李隆、伍文定與僉事儲珊、都指揮江洪軍華埠。賊黨劉昌三等衝入馬金，破之，執弘，軍士死者十餘人。王浩八突華埠，文定擊敗之，斬汪十二及其黨二十人。隆、珊追至池淮，擣其巢，斬首百七十二級。而江洪以奇兵深入，賊佯敗走，以金帛擲地，衆兵競取之，賊遂反攻，執洪及指揮張琳等。文定等殿後得還，暮抵華埠。

而是時賊勢亦衰，遁歸江西德興，以所執弘、洪等爲質，求撫于按察使王秩，秩受之，爲傳送姚源，浩八等卒不降。【考異】姚源之賊，王浩八爲首。而吴廷舉被執之賊爲胡浩三，明史廷舉傳可證。而三編目中則云：「有賊渠胡浩三者，廷舉往諭，爲所執。」是胡浩三亦浩八之黨，而實二人。紀事本末以爲廷舉被執之賊即王浩八固誤，野史又有以爲胡浩八者亦誤也。「池淮」，明史伍文定傳作

「地淮」，誤也，實録作「池淮」。三編質實云：「池淮，溪名。有二源，一出歇嶺，一出開化。縣西百里大榕嶺合流至縣西三十里滕巖下之池淮畈曰池淮溪。」皆本之一統志，今據之。

24 六月，戊戌朔，河決黃陵岡。廷議以「其地界大名、山東、河南，守土官事權不一，請專遣重臣」，乃命管河副都御史劉愷兼理其事。愷奏：「率衆祭告河神，越二日，河已南徙」，尚書李鐩因請祭河，且賜愷羊酒。愷于治水束手無策，特歸功于神，曹、單間被害日甚。

25 庚子，巡撫山東、都御史趙璜奏：「霸州賊之亂，曲阜縣治被賊殘破，而闕里廟廷又在曠野。請移縣治就闕里，并爲一城，庶易守。」從之。

26 丙午，給事中潘塤等復劾奏：「游擊江彬討流賊，次新河縣蘇添村不進，乃殺其居民康强等四十一人；闞學等九人耦而耕，又召而殺之。都指揮張銘，亦于鉅鹿韓家寨殺耕夫趙五漢等二十八人，至隆平又殺六人，以冒首功。請行勘按治。」詔令彬等停俸，竟不之罪也。

27 乙卯，俞諫破賊于貴溪。

時王浩八等至姚源，仍不受撫，復奔據貴溪之裴源山，餘衆復集，連營十里。諫檄按察使王秩、副使胡世寧、參政吴廷舉等列屯要害，斷其歸路，躬與都督李鋐乘夜冒雨潛進，大破之，俘斬數千人，遂禽浩八。

捷聞，賜敕獎勵。

然是時賊黨潰走玉山，而有司急于報功，仍議招撫，越兩月而勢復熾。

28 辛酉，江西豐城縣西南隕火星如斗，光赤。明日火起，既滅復作者累日，焚官民廬舍二萬餘間，死于火者三十餘人。户部以「火災異常，請敕巡撫官查勘被火之家，分別振之」。

29 是月，户部尚書孫交、禮部尚書傅珪皆致仕，二人均以忤中官罷之也。

時征討流寇，調度煩急，加以歲凶，正用不足，交區畫必先其急者。四方告饑，輒請蠲振，以故民不至甚敝，而小人用事者皆不便之。雲南鎮守中官張倫請采銀礦，南京織造中官吴經奏費乏，交皆力争。

流寇之擾河南也，太監陸誾謀督師監神鎗軍，廷議莫敢先發，珪厲聲曰：「師老民疲而賊日熾，以冒功者多，僨事者漏罰，失將士心。今賊横行肘腋間，民囂然思亂，禍旦夕及宗社。吾儕死不償責，諸公安得首鼠兩端！」由是議罷。疏上，竟遣誾，而中官皆憾珪。珪奏災異，言：「春秋二百四十二年，災變六十九事。今自去秋來，地震天鳴，雹降星隕，龍虎出見，地裂山崩，凡四十有二，而水旱不預焉。災未有若是甚者。」極陳時弊十事，語多侵權倖，權倖益深嫉之。至是遂傳中旨，與交同罷。兩京言官交章請留，不省。

以户部侍郎王瓊爲本部尚書，吏部左侍郎劉春爲禮部尚書。

30 是夏，北部額布勒舊作亦卜剌。與小王子仇殺。

初，額布勒竄西海，阿爾托蘇舊作禿厮。與之合，逼脅洮西屬番，屢入寇，巡撫張翼不能制，漸深入。至是擁衆來川，遣使詣翼所，乞邊地駐牧修貢。翼啗以金帛，令遠徙，額布勒遂西掠烏斯藏，據之。自是洮、岷、松潘無寧歲。

31 秋，七月，總制四川彭澤奏：「廖麻子之黨有喻老人、王長子等二百餘人，自昭化渡江，襲殺都指揮姚震，百户周增。轉入通巴，利州判官曾璉、井研主簿張岐，力戰遏賊，死之。賊復謀趨陝，越寧羌，犯略陽，夜走，度廣元，爲官軍所遏，還趨通巴招餘黨，總兵官陳珣不敢擊。」詔逮珣，且責馬昊刻期滅賊。

32 八月，丁酉，免南畿水災税糧。

33 戊戌，總兵官仇鉞，奏「小王子等寇萬全衛沙河境，督參將昌佐等與戰，斬首三級」，以捷聞。

時陣亡官員二十餘人，馬百四十餘匹。論者謂是役也，所失十倍所獲，鉞威名以是頓減。

34 庚子，王浩八之黨劉昌三、蔡六二、柳三十等，奔據玉山縣之懷玉山寺，列險屯栅，俞諫會巡撫南贛周南、江西巡撫任漢、都督李鋐等，集三省兵四路邀擊，前後斬首二百餘級，生禽五百餘人。昌三等走匿西源，爲知縣陳攬所獲，餘賊千餘復奔姚源。

35 壬寅，追贈江西瑞金知縣萬琛爲光禄寺少卿。

初，琛知瑞金，劇盜大至，縣人洶洶逃竄。有勸琛亟走者，琛斥之，率民兵數十人相持至明日，力屈被執，駡不絶口，賊攢刺之，乃死。

同時有廣昌知縣王祐者，賊至民（畫）〔盡〕逃，援兵又不至。祐拔刀自刲其腹曰：「有城不能守，何生爲！」左右奔奪其刀。後援兵集，賊稍退，越七日，復突至，祐倉皇赴敵，死之。

事在弘治之末，至是始得旨贈衈。【考異】事見明史忠義傳。琛死事特書于弘治十八年之正月，實録紀于是年之八月，據請贈衈之年月書之也。今據實録，仍追記其死事于弘治之末。

36 是月，東鄉、萬年之賊復起。

先是陳金所撫東鄉賊，隸胡世寧部下爲新兵，以所過殘掠，爲言官所奏，乃下令散遣。于是賊艾茹七、樂庚三等懼罪復叛，衆至二千餘，入萬年界。

萬年雖立縣，賊尚衆，吏胥多賊黨，官府動息必知。副使李情，治峻急，衆欲叛，畏都督李鋐在餘干，不敢發。會是月十六日，（宏）〔鋐〕疽發背卒，于是萬年縣賊王垂七、胡念二等乘間起，殺縣丞馬環、主簿冬禎、典史孔卓于菱塘，縱火毁公私廨宇殆盡，遂殺情及浙江督捕指揮邢世臣、饒州通判陳達、秦碧、千户許政，隸卒死者甚衆。

事聞，命鎮守山東右都督劉暉往代鋐。【考異】實録記李鋐卒于十月乙巳，據奏報之月日也。其奏稱「鋐以八月十六日疽發背卒，于是萬年賊起」云云。又據六月所載，「俞諫破貴溪之賊，有司仍議招撫。越兩月而變復作」，即指是月玉山、東鄉、萬年之役也。又據明史本紀，「十月丁未，俞諫破賊于東鄉」，是實録據其奏捷之日追書之明矣。今仍據奏報中語，系之八月下。

37 土爾番復據哈密。

初，哈密巴爾濟之立也，部人不順。會土爾番莽蘇爾嗣，其弟展特穆爾尚在甘州。弘治之末，莽蘇爾遣使求展特穆爾，廷議持不可，以甘州守臣言送之還，遂輸邊情于莽蘇爾，于是莽蘇爾復有吞併哈密之志。而哈密巴爾濟，心怵國人害己，莽蘇爾因數以甘言誘之。至是巴爾濟竟棄其國奔土爾番，莽蘇爾奪其印，遂遣和卓塔實鼎舊作火者他只丁。據哈密。【考異】哈密土爾番事，見弘治十七、十八兩年。舊譯俱見二十五卷，巴爾濟即拜牙即，莽蘇爾即滿速兒，展特穆爾即真帖木兒也。今悉據三編目中書之。

38 九月，甲戌，俞諫破賊于姚源。【考異】此據明史稿，在是月。按史稿前作「姚源」，此作「桃源」，與地里志合。

先是姚源賊胡浩三送吴廷舉還，其黨不協，浩三遂殺其兄浩二，官軍乘間攻之。諫遂會李鋐督廷舉及參政王子言、副使李情、僉事李嘉言等合剿，禽浩三等，俘斬四百餘人。會徽州知府熊桂等亦破賊于休寧、婺源，遂以捷聞。

39 癸未，以旱災，免大同州、縣、衛、所夏税之半，又免河南開封等府，睢陽等衛夏税有差。

40 乙酉，巡視江西右僉都御史王哲卒。

哲爲御史有風裁，巡按江西，劾「鎮守太監董讓，怙勢驕縱，諱盜不聞」。擢臨清副使，外夷來朝貢者私市鹽事發，哲請没入之而返其直，人稱得柔遠體。

及巡視江西，病不能事事，而寧王宸濠屢以計去守臣不附己者。哲自濠所宴飲歸，以病暴卒，時以爲濠毒之云。【考異】明所設巡按、巡撫外仍有撫治、巡視名目，但不常設耳。哲以正德五年三月巡視南贛，而是時南贛巡撫則周南，江西巡撫則任漢。似是時哲仍係巡視，而諸書及實録皆作「巡撫」，今仍據本紀五年所命巡視之官書之。再，哲以宴歸暴卒，實録系之是年九月乙酉，而據明史孫燧傳，言「寧王惡哲不附己，毒之，得疾，踰年死」，與實録小異。附識于此。

41 冬，十月，丁未，俞諫討東鄉賊，平之。

先是艾茹七等之叛，守臣匿不以聞。臨川縣民陳琦等連章上愬，且言：「茹七等各有窩主，潛爲間諜，不盡誅之，亂無已時。」詔「俞諫等相機撫勦」。至是諫遣參將桂勇、李隆等分道進兵，大敗之。遂禽茹七、庚三等及其家屬、窩主十九人，俘斬三百餘人，又禽萬年賊首王垂七等送京師伏誅。江西遂平。

方事之殷也，諫懲陳金失，一意用兵。而巡撫任漢巽懦，先爲布政使，嘗贊金主撫，亟上首功，追賊遂緩，以致餘黨復熾。至是言官劾漢，並及諫、南贛巡撫周南。兵部請「召漢還，命諫兼領巡撫」。

42 甲子，江西新淦縣賊張元二等作亂，知縣劉天錫、縣丞朱公俶等率兵勦之。而公俶通賄于賊，棄兵逃去，天錫傷于賊，幾死。尋獲公俶，巡撫任漢請治其罪。詔逮公俶，仍令都御史俞諫會鎮、巡官尅期勦滅，以靖地方。

43 十一月，己巳，江西紀功給事中黎奭奏，「姚源之賊尚有數千，時懷反側，東鄉諸處仍宜防禦。而温、處、南贛之兵多病死逃回，所恃者惟邊軍，然止長于騎射，未能舍馬而戰。請增調附近永順、保靖等處精鋭土兵三千人，相爲犄角以殄殘賊兵」。部議以「苗、蠻反覆，徵調非宜，必不得已，則福建浦城縣民快，亦驍勇可用」。從之。詔「選浦城土兵一千，選二司官一人統領，仍聽俞諫等調遣」。

薛應旂曰：正德間，平中原盜用邊兵，平蜀盜用苗兵，平江西盜用狼兵，而兩京、十三省之兵舉無一可恃。自是以後，不但邊兵日益驕悍，而福建省城之兵亦效尤矣。

44 癸未，以災傷，免浙江寧波府五縣、衢州府四縣及衢州守禦千户所秋糧十八萬石有奇。

45 是月，兵部尚書何鑑致仕。

鑑以諫召邊兵、設勇士忤上意，中官尤忌之。寧王宸濠謀復護衛，鑑力遏之。都督白玉以失事罷，厚賄豹房諸倖臣求復，鑑執不從。至是倖臣嗾詗事者發鑑家僮取將校金錢，言官交章劾鑑，遂罷歸。以左都御史陸完代之。

完有才智，急功名，善交權勢。劉暉、許泰、江彬，皆其部將，後並寵倖用事，完遂得其力。又與宸濠素善，濠久萌異志，至是聞完掌本兵，致書盛陳舊好，踰年，遂請復護衛。宸濠亂階始此。

都御史李士實致仕，以侍郎石玠代之。

46 十二月，辛丑，吏部尚書楊一清論救逮問下獄之巡按陝西御史劉天和、王廷相。——二人者，太監廖鑾搆之也。

初，鑾鎮守陝西，誅求無厭，天和、廷相相繼按其地，稍裁抑之，遂致怨。鑾之弟指揮使鵬，時諂事中官錢寧，拜爲恩父，寧每自豹房歸，輒過鵬家止宿。會鏜以事謫南京閒住，因鵬求解于寧，遂復職。未幾，鏜奉旨蘭州采辦，宜關白巡按，天和以蘭州爲馬溥然所轄，辭不往。洛川妖民邵進禄謀爲亂，事覺，自首於官，廷相釋之。鏜遂摭奏天和違命，並及廷相釋賊事，詔遣官校械繫二人至京師，下鎮撫司拷訊，獄久不釋。

先是有巡按雲南御史張璞，爲鎮守雲南太監梁裕所搆，逮問，死獄中。一清等因言：「巡按御史，責在振風紀，禁奸貪，否則人將指而議之。且鎮守内臣縱皆安静，其隨從官舍頭目人等，豈能盡循禮法！今以小加裁抑，即成大隙，信口摭拾，何患無詞！邇聞璞已死獄中，天和等或疾疫相染，或驚憂不測，傳之中外，未免駭動人心。又恐此後巡按官相率隱忍，因之風紀掃地，奸貪肆行，其所關係，實非淺鮮。伏望特敕有司，將天和等早具罪狀，奏請發落，以全大體而安人心。」疏入，詔「即鞫實勘處以聞。」久之，獄乃具，降天和爲金壇縣丞，廷相贑榆縣丞。【考異】天和、廷相事，弇州中官考系之九年，據其謫降之年月也。證之實録，一清等論救在是年十二月辛丑，今據之。（「鏜」明史作「堂」。）

47 總制四川都御史彭澤奏：「廖麻子之黨喻老人等爲官軍所敗，率數十人走匿大巴山，川、陝之兵已足搜捕，請罷邊兵還。」從之。

48 甲辰，遣南京刑部侍郎鄧璋振江西。

先是巡撫任漢奏：「江西自夏徂冬不雨，省城內外並各府縣火災屢發，延毀民居不可勝計。加以温疫流行，寇盜爲害，乞蠲糧稅，仍振之。」乃命璋發本處預備倉及兩淮、浙鹽課銀十萬兩備振。

49 辛亥，追贈誠意伯劉基太師，始賜謚曰文成。禮部議並及翰林學士承旨宋濂、國子祭酒宋訥，皆賜謚。于是謚濂曰文憲，訥曰文恪。【考異】明史基傳，賜謚在正德九年，蓋以八年之冬議賜謚，九年始奉旨得之。今據實録書于是月辛亥。

50 癸丑，以水災，免陝西平涼等六州縣夏稅一萬六千三百石有奇。

51 是冬，祈雪。

九年（甲戌、一五一四）

1 春，正月，乙丑朔，進右副都御史周南爲右都御史，總督兩廣軍務兼巡撫。

2 丁卯，南京十三道御史羅鳳等上言：「寧王自交通劉瑾，陳乞護衞，愈生驕恣，侵奪腴田，掊尅富室。自省城以至鄉境，利之所在，百計牢籠，商旅不敢出入，舟楫不敢停泊，民之受害，何可勝言！撫、按、三司爲其所餌，莫敢喙息，寧負君恩，不敢賈奇禍以忤宗室。高煦、寘鐇，可深鑒也。伏望諭令寧王改過自新，無預有司之事。仍榜諭江西百姓，凡被王府侵占田產房舍者，俱准訴復。及令本省鎮、巡、三司各官，謁見有時，宴飲有節，非禮餽送，不許接受。王府人役有生事擾民者，執治其罪，以消禍患之萌。」疏入，不報。

3 丁丑，大祀南郊。

4 庚辰，乾清宮災。

上每歲張燈，費浮數萬。及是，寧王宸濠別爲奇巧以獻，令所遣人入宮懸掛，多著柱附壁以取新異。上復于庭軒間依欄設氈幙，貯火藥其中，偶不戒，延燒宮殿，乾清以內皆燼焉。上往豹房臨視，回顧光焰燭天，猶笑語左右曰：「是一棚大烟火也。」

壬午，以災御奉天門視朝，撤寶座不設。遂下詔罪己，並諭文武百官同加修省。

5 癸未，大學士楊廷和等以宮災自劾，奏「請援漢廷策免例，各賜罷歸，別簡賢能以充委任。並請陛下念皇天付託之重，祖宗創業之艱，天下生民仰戴之切，早朝宴罷以延接群臣，深居簡出以頤養聖體。九廟之蒸嘗必親其事，兩宮之孝養必致其誠；經筵勤日講之御，殿廷復面奏之規；大開言路以達下情，遣還邊兵以防外患；革禁中市肆以肅內，令出西僧于外以絕異端；罷皇店之設以通商賈，停不急之工以紓民力，減免各處織造以節民財。任用正直忠良之士，親信老成持重之人，夙夜孜孜，勤求治理。將見人心感悅，天意可回」。疏入，上優詔褒答，諭令仍舊供職。而疏中所陳，惟「皇店欲嚴禁下人，工作織造令所司條陳緩急來奏」，姑取一二事勉徇所請而已。

6 户科給事中呂經言：「乾清宮者，陛下之正寢，祖宗之意，欲萬世聖子神孫法天之行而永清海內也。陛下舍乾清宮而遠處豹房，忽儲貳而廣蓄義子，疎儒臣而暱近番僧，棄文德而寵用邊戍，輕朝政而創開酒店，信童豎而日事宴游。君臣暌隔，紀綱廢弛，是以天心赫怒，顯示譴告。陛下震驚不安，悔悟求言，臣望乘此悔悟之機，痛懲往日之弊。數詔儒臣，講求消復之道；退朝之暇，端處寢宮；四時廟享，必親其事；義子番僧，邊戍童豎，俱宜罷遣；豹房酒店，俱宜拆毁。政事委諸六部；各省委諸撫按；讒諛賄賂，奸貪不法，委諸科、道、法司；仍令各以職掌詳陳利病之源，且以考驗各官忠佞而進退之。將見元首既明，股肱自良，庶事皆康而災變自可弭矣。」

河東巡鹽御史張士隆上疏曰：「陛下前有逆瑾之變，後遭薊盜之亂，猶不知警。方且興居無度，狎暱匪人；積戎醜于禁中，戲干戈于卧內；徹旦燕遊，萬幾不理；寵信內侍，濁亂朝綱。致民困盜起，財盡兵疲，禍機潛蓄，恐大命難保。惟陛下深鑑之！」

工科給事中潘塤上疏曰：「陛下蒞阼九年，治效未臻，災祥迭見。臣願非安宅不居，非大道不由；非正人不親，非儒術不崇；非大閱不觀兵，非執法不成獄；非骨肉之親不干政，非汗馬之勞不濫賞。臣聞陛下好戲謔矣，臣以爲入而內廷，琴瑟鐘鼓，人倫之樂，不必遊離宮以爲懽，狎群小以爲快也；出而外廷，華裔一統，莫非臣妾，不必收朝官爲私人，集遠人爲勇士也。聞陛下好佛矣，臣以爲南郊有天地，太廟有祖宗，錫祉迎庥，佛於何有！番僧可逐而度僧可止也；聞陛下好勇，好貨，好土木矣，臣以爲誅奸遏亂，大勇也，不須馳馬試劍以自勞；三軍六師，大武也，不須邊將戍軍以自擁；任土作貢，皇店奚爲！闤闠駢闐，內市安用！阿房壯麗，古以爲金塊珠礫也，況養豹乎！金碧熒煌，古以爲塗膏釁血也，況供佛乎！是數者之好，豈非可已而不已哉！」

是時先後應詔陳言者，部臣則楊一清、劉春等，翰林則修撰吕柟上言六事，編修王思言三事，科道則十三道御史羅縉等言六事，監察御史施儒等言八事。户科給事中石天柱、雷雯及户部主事馮馴、中書舍人何景明等，語皆切至。

而天柱則以「前星未曜，儲位久虛，陛下既不常御宮中，又不預選宗室，何以消禍本而永靈長？」景明亦言：「聖躬單立，皇儲未建，內無手足相倚之親，外無肺腑可託之戚。」上不懌，悉以煩瀆置之，皆不報。

7 是月，起致仕南京右副都御史陳壽爲右都御史，巡撫陝西。

時太監廖堂（校者按：前八年十二月辛丑記太監廖堂事作「鏜」，注云：「鏜」明史作「堂」，但自此以下又均作「堂」。）鎮守陝西，以貪暴著，尚書楊一清以壽剛果，特請起之。

8 二月，乙未朔，南京十三道御史汪正等疏言：「陛下嗣位九年，儲位尚虛。請擇宗室幼而賢者一人，置之左右，以代宗廟之禮，盡晨昏之職。俟皇子誕生，遣之歸國。」不報。

【考異】據實録，在是年二月，據奏至之月日也。諸書有系之八年十二月者，自南京奏也。

9 庚子，上始微行，夜至教坊觀樂。

10 辛丑，以兵部右侍郎鄧璋爲右副都御史，總制陝西、延綏、寧夏、甘肅等處軍務。時小王子、北部皆犯邊，諸番部落爲所侵擾，往往寄寓甘肅城外，居民驚竄，耕牧皆廢。廷議「請增設總制大臣」，乃命璋往。

時璋奉使振江西，命大理寺卿燕忠兼理代之。

11 甲辰，南京禮部尚書喬宇等疏言：「近見邸報，知乾清宮災。累朝列聖寢息之所，一旦蕩爲灰燼，臣等不勝惶懼！歷稽前代，如魯新宮災，漢淩室災，未央宮罘罳災，史備書之以示警戒。今日之災，更有甚焉。謹按五行傳：『王者嚮明而治，賢佞分别，官人有序，率由舊章，禮重功勳，則火得其性。若信道不篤，讒夫昌，邪勝正，則火失其性，自上而降，乃濫炎妄起，燔宗廟，燒宮室。』京房易傳曰：『君不思道，厥妖火燒宮。』故災變之發，所以明教誡也，惟率禮修德，可以禳之。敬天以實不以文。近年以來，陛下視朝勤政，不無疎闊；經筵講學，未見頻繁；國本當建，而宗藩之簡注不聞；名分當正，而義子之寵榮益盛；番僧異端，常留禁寺；優伶賤役，尚侍起居；皇店設立，盈耳嗟怨之聲；邊兵拘留，馳心戰鬥之事；京師土木之繁興；南京織造之工費。凡此十事，皆今日之（垂）〔重〕且急者，陛下思所以消弭天變，莫先于此。伏願復視朝之常規，舉經筵之舊典，選宗室之賢以備眷注，黜義子之名以別嫌疑；逐番僧，斥優伶，罷皇店，遣邊兵；停止京師土木之役，取回南京織造之官。而又簡任賢能，修舉職業。若臣等瘝曠，宜先賜罷以謝天譴。庶可化災爲祥，轉禍爲福也。」疏入，不報。

12 丙午，以禮部尚書靳貴兼文淵閣大學士，預機務。貴以宮僚舊臣，故有是命。三編質實：「按王瓊雙溪雜記云：『内閣劉忠去位，楊廷和欲引門生靳貴代之。朝廷以禮部尚書費宏代，貴憾之。後讒，斥罷宏，仍以貴代宏。』然考明史武宗紀及明實録，宏以五月乙丑致仕，在貴既入閣之後，並非以貴代宏。且宏之去位，以却寧王護衛之請，事見明史宏傳，亦非由貴讒搆。瓊之所記，皆不得其實也。」今按雙溪蓋以此詆廷和，因及靳貴耳。弇州考誤極爲廷和辯，而此一事偶遺之，三編之論是也。

13 癸丑，彭澤討四川賊，平之。

先是喻思俸——即喻老人等奔入通巴，僅百餘人，據險，時出虜掠，澤會總兵時源督諸軍圍之，賊窮蹙，降敗略盡。思俸復率其黨走匿西鄉山中，官軍追至木竹溝，夜，禽之，並斬其黨數十人，思俸創重死。遂以捷聞。

于時澤駐漢中，請班師，命未下而內江賊駱松祥、榮昌賊范藻等復熾，澤又移師討之，禽松祥等，再請班師，巡按御史王汝舟請暫留澤鎮撫。詔澤移駐保寧，尋進澤左都御史、太子太保。

初，澤將西討，問計于大學士楊廷和，廷和曰：「以君才，賊不足平，所戒者班師早耳。」澤後平鄢本恕等，即請班師，而餘黨復蝟起不可制，澤既發復留，乃歎曰：「楊公先見，吾不及也！」【考異】憲章録系平川賊于正月，紀事本末系平駱松祥于八年十二月，平范藻于本年正月。實録蓋據奏報月日也。

14 是月，大學士楊廷和、費宏、梁儲再請致仕，皆慰留之。

15 三月，丙子，江西副使胡世寧上疏曰：「江西之盜，剿撫二説相持，臣愚以爲無難決也。已撫者不誅，再叛者無赦，初起者亟剿，如是而已。顧江西患非盜賊。寧府威日張，不逞之徒，群聚而導以非法，上下諸司承奉太過。數假火災奪民廛地，採辦擾及旁郡，蹂藉偏于窮鄉。臣恐良民不安，皆起爲盜，臣下畏禍，多懷二心，禮樂刑政漸不自朝廷出矣。請于都御史俞諫、任漢專委一人，或別選公忠大臣鎮撫。敕王止治其國，毋撓有司，以清亂源，消意外變。」章下兵部，尚書陸完議「以撫剿事宜委之于諫。至所言違制擾民，疑出僞託，宜令王約束之」。得旨報可。

16 辛巳，賜唐皋等進士及第、出身有差。

17 是月，寧王宸濠請復護衞屯田。

初，陸完遷兵部尚書，宸濠貽書欲復護衞屯田，完答書令以祖制爲詞。宸濠遂遣人輦金帛鉅萬，寓所善教坊臧賢家，徧遺用事貴人，屬錢寧爲内主，完應之。

事既成，大學士費宏從弟寀，——其妻與宸濠妃，兄弟也，知之，以告宏。宏入朝，完迎謂曰：「寧王求護衞，可復乎？」宏曰：「不知當日革之何故？」完曰：「今恐不能不予。」宏佛然曰：「公自任之！」

會宏充廷試讀卷官，月之十五日，寧王奏至，中官以疏下内閣擬旨，竟許之，宏不知也。

是時大學士楊廷和在内閣，不能力争，時論以是惜之。【考異】憲章録謂「復護衞事，票旨實出廷和，故中官持奏過東閣，言『只請楊師傅到閣，諸公不必動勞。』」弇州史乘考誤，謂「此出雙溪雜記之説。寧王請復護衞，閣臣惟鉛山一人持正不予。若楊新都爲首輔，自有不能辭其咎者，第不得以污名巇之耳」。今按實録中亦無此語，故三編據書之，但云「中官賫奏詣内閣，宏執不予」。而明史諸王傳，亦但言「乘宏讀廷試卷，取中旨行之」，不及廷和票旨之事。此得其實，今從之。○明史本紀系復護衞于四月丁酉，據詔下之月日。諸書系之三月，（振）〔據〕下内閣之月日也。今仍書之三月下，爲復護衞張本。

18 是春，江西巡撫俞諫擊臨川賊，斬其魁陳九、譚懿昌等，遣參將李隆等擊新淦賊。賊踞萬山中，僭稱王且八年。隆等深入，悉就禽，俘斬千七百餘人。

先是有劇賊徐九齡者，初嘯聚建昌、醴源，已，出没江湖間積三十年，黄州、德安、九江、安慶、池州、太平咸被其害，命諫移師討之。【考異】平臨川賊，明史俞諫傳書于是年，諸書皆系之三月。而平徐九齡，紀事本末系之八年十二月，據實録則十年七月事也，明史因平賊前後事彙記耳。今分書之。

19 夏，四月，丁酉，詔復寧王護衛，並屯田予之。六科給事高淓、十三道御史汪錫等【考異】「錫」，明史陸完傳及實録作「賜」。惟三編改作「錫」，注：「仁和人」，今據之。力争，章並下部，而陸完從中庇之，久不覆。

丙午，南京禮科給事中徐文溥復上疏曰：「自古親親莫如兄弟，然必以義制之者，所以防其過而全之也。秦鍼以多車出奔，鄭段以貳鄙自蹙。漢文之時，七國方睦，而賈誼、鼂錯切切爲帝言之，卒有吴濞等之變。曩者寧藩不靖，英廟革其護衛屯田，及逆瑾亂政，重賄謀復。瑾既伏誅，陛下又革之，正所謂制之以義而安全之也。乃曰『驅使乏人』。夫晏居深邃，靡征討之勞，安享尊榮，無居守之責，何所用而乏人？且王暴行大彰，剥削商民，脅制官吏，招誘無賴，廣行劫掠，致舟航斷絶，邑里蕭條，萬民莫不切齒。及今止之，猶恐不逮，顧可縱之加恣，假翼于虎乎？貢獻本有定制，乃無故馳騁飛騎，出入都城，伺察動靜。況今海内多故，天變未息，意外之虞，實未易料。宜裁以大義，勿徇私〔清〕〔情〕，罪其獻謀之人，逐彼偵事之使。宗社幸甚！」時宸濠奥援甚衆，疏入，人咸危之，上但責其妄言而已。又請擇建儲貳，不報。

20 五月，甲子，振順天、河間、真定、保定、大名、廣平等被災州縣饑，發存留本年起運京邊糧十之二三以備振濟，又減免逋稅。

21 乙丑，大學士費宏致仕。

宏以持宸濠復護衛屯田事，權倖之受寧府賄者交銜之。錢寧數偵宏事，無所得，以御史余珊嘗劾「宏當國，其從弟寀宜引避，不得留翰林」。寀亦嘗峻絶濠使，寧遂以此譖于上，責宏陳狀。宏自伏，乞休，並寀罷歸。恩禮無所及，惟給驛而已。

22 癸酉，罷江西布政使鄭岳，斥爲民，江西提學副使李夢陽冠帶閒住。

初，夢陽提學江西。令甲，副使屬總督，而夢陽與陳金抗禮，金惡之。監司五日會揖巡按御史，夢陽不往揖，又諭「諸生毋謁上官，即謁，長揖毋跪」，于是御史江萬實亦惡之。淮王府校與諸生爭，夢陽笞校，王怒，奏之，下御史按治，夢陽恐萬實右王，訐萬實。詔下金行勘，金檄岳勘之，夢陽僞撰萬實劾金疏以激怒金，並搆岳子沄通賄事。

時夢陽爲寧王撰陽春書院記，王亦惡岳，乃助夢陽劾岳。萬實復訐夢陽短及僞撰奏章事，遂謝病去。而參政吴廷舉，吉安知府劉喬，素與夢陽有隙，廷舉因奏夢陽侵官，尋亦乞休，不俟命徑去，夢陽再劾喬受賕事。

是時金以軍事繁，又夢陽方善于寧府，乃請付巡撫任漢勘理。漢時已謝病，乃命大理卿燕忠會紀功給事中黎奭勘理。于是給事中王爌言：「江西多事之秋，各官不能協濟時艱，乃逞其私忿，自相搏噬，均宜究治。」故岳既得罪，而夢陽亦以陵轢同列，挾制上官。忠既往鞫，羈夢陽廣信獄中。諸生萬餘爲訟冤，不聽。時夢陽以黨于宸濠，亦干清議，遂坐廢。【考異】夢陽、鄭岳事，俱見明史本傳。而胡世寧奏寧王事，已爲鄭岳訟冤，故實録系以「初」字敘其顛末。至此事處分，實録系之是月癸酉，今從之。夢陽黨于宸濠，明史傳中但摘其爲撰陽春書院記，而實録則謂其「剛愎險薄，又藉寧府以報仇，由是得罪公議，無復有齒録之者」。語雖過當，亦非盡誣。今仍據明史本傳書之。

23 己丑，命右都御史彭澤提督甘肅軍務，經理哈密。

初，土爾番既據哈密，復遣使赴甘肅，言「巴雅濟舊譯見前。不能守國，故遣將代守。乞犒賜。」總制鄧璋、甘肅巡撫趙鑑以聞，且請遣大臣經略，閣臣楊廷和等交章薦澤。澤時駐四川保寧，數請班師，方召還，未行而有是命。澤久在兵間，厭之，以鄉土爲辭，且引疾，推璋及咸寧侯仇鉞可任。上優詔慰勉，乃行，督延綏、寧夏、固原軍，駐甘肅。

24 六月，壬辰朔，寧王宸濠奏請鑄護衛及經歷、鎮撫司、千、百户所印，凡五十有八，詔予之，仍致書于王。于是宸濠益自恣，遣承奉劉吉等招江湖劇盜楊清、李甫、王儒等百餘人入府，號曰「把勢」。

25 乙卯，開雲南銀礦。

時有雲南瀾滄衛軍丁周達奏：「雲南如大理、楚雄、洱海、臨安等處，皆有銀場，可採辦以益國課。」下户部議，「銀礦之弊，多派貧民陪納，而利歸奸徒。況近年久已封閉，豈可復開？」並請治達罪，詔不許，乃以太監梁裕等理其事。

26 丙辰，罷工部署員外郎韓邦靖爲民。

初，邦靖言：「廷臣頃因災變，極陳闕失，未見聽納。前後以言得罪者，未蒙召用。乞開延攬採擇之門以收人心。」上怒，遂下錦衣獄。會以天熱疎遣獄囚，而不及邦靖，給事中李鐸等言：「邦靖雖狂妄之見，出于忠懇之誠。乞原情聽斷以全國體。」乃付法司擬罪。詔「邦靖出位妄言，罷爲民」。且諭吏部：「自今凡言事黜謫者，毋再起用。」【考異】韓邦靖，三編作「兵部員外郎」。證之實録，蓋工部主事署員外郎，疑即本部也，今從實録。

27 秋，七月，乙丑，小王子犯大同、宣府。

先是小王子與官軍戰于萬全衛，得利去，總兵官仇鉞以捷聞，而寇益深入肆掠。至是連營數十，復入宣、大塞，而別遣萬騎掠懷安。

總制叢蘭告急，京師戒嚴。乃命太監張永提督宣府、大同、延綏等處軍務，都督白玉充總兵官，發京營官軍二萬人，以都督僉事昌佐、指揮姜義充左、右參將統之。又發宣府京營諸軍凡六千二百四十人，命太監張忠監督，而以都督溫恭充副總兵官，仍聽永節制。

28 戊辰，寇自懷安掠順聖川，游擊將軍張勛，守備田埼、廣彪，皆力戰死之。御史于鏊參劾總兵官劉淮、副總兵陶杰等，請逮治。兵部議，以「臨敵易將，兵家所忌，俟事平勘處」。從之。

29 丙子，以旱災，免順天、河間、保定三府所屬州縣稅糧。

30 壬午，巡按湖廣、御史王相奏：「致仕兵部尚書劉大夏，歷官中外四十餘年，開節不通，門無私謁，天下高之。今年踰八十，家徒壁立，乞如例優其廩隷，並録其子。」下户部議覆，謂「宜從公論，特加優禮」。未幾，忽傳内旨已之，蓋大夏主兵部時，于中人多所裁抑，故復爲所沮云。

31 是月，加陸完太子太保，中官錢寧力也。

32 初，韃靼別部額布勒、阿爾托蘇等，舊作阿爾禿廝。避小王子，居甘肅塞上，漸深入，攻破堡寨五十三，殺掠官軍居民一千二百有奇，孳畜器械糧餉亡失以數萬計。

巡撫張翼等匿不奏，襲取塞上老弱殘病及小王子所敗亡者，斷其首冒爲首功，凡一千九百餘級，其所斬獲不及二百。以捷奏者先後十一次，每奏輒賜敕奬勵，至增祿米，賜蟒衣，而寇熾如故。

至是巡按、御史成文紀驗功次，因劾翼等欺蔽狀。會僉事張璡亦與翼訐奏，翼疑文主之，乃與總兵王勛摭奏文事，因辯其驗功之枉。詔復遣給事中邵錫、刑部郎中閔槐往勘，具得其實，内批「且宥之」。蓋翼等皆有内援故也。

33 八月，辛卯朔，日有食之。

34 癸巳，寧王宸濠奏：「邇者宗枝日繁，多以選用儀賓、點檢、校尉爲由，巧索民財，肆其横暴。乞降敕痛懲前弊。其有怙惡不悛者，許臣繫治。」尚書陸完等譽其忠勤，請「如奏戒敕榜諭，及許王並治其不法者」。于是優詔褒答，並通行各省巡撫一體禁約。

是時宸濠逆焰方張，其爲此奏，一以掩飾己罪，沽取美名，一以束縛宗支，肆其吞噬，而上不之覺也。

35 丁酉，以災傷，免山西平陽府各州縣税糧。

36 辛丑，以災傷，免真定等四府税糧之半。

37 小王子寇白羊口及浮圖峪，連營數十里，詔保定副總兵張勇、游擊將軍劉寶馳往禦之。

38 乙巳，京師地震。歲星晝見凡十日。

39 己未，小王子入寧武關，掠忻州定襄。寧化守備指揮陳經，率官兵三百餘出城鏖戰，久之矢盡，持刀奮擊，力盡，死之，三百人幾殲焉。

巡按、御史劾「副總兵神周屢遭挫衄，請逮治」。詔周停俸戴罪。經及死事軍士贈恤有差。

40 以災傷，免陝西西安府、蒲城等二十一州縣稅糧。

41 九月，壬戌，小王子率五萬餘騎，自宣府萬全衞新開口入，踰懷安，趨蔚州等處劫掠，又三萬餘騎入平虜城。南都御史叢蘭、總兵官白玉等領兵追擊，潛使人于田間置毒飯中如農家餉，而設伏以待。敵至中毒，伏猝發，多死者，乃引去。

42 癸亥，以旱災，免廬、鳳、淮、揚等府縣夏稅。

43 庚午，上以狎虎被傷，踰月不視朝。

先是上觀搏虎，一日，虎迫上前，江彬趨撲乃解。上戲曰：「吾自足辦，安用爾！」至是，果爲虎所傷。

編修王思疏言：「孝宗皇帝子惟陛下一人，當爲天下萬世自重。近者虎逸于柙，驚及聖躬，臣聞之，且駭且懼！陛下即位以來，于兹九載，朝宁不勤政，太廟不親享，兩宫曠于問安，經筵倦于聽講。揆厥所自，蓋有二端：嗜酒而荒其志，好勇而輕其身。由是戒懼之心日忘，縱恣之欲日進，好惡由乎喜怒，政令出于多門，紀綱積弛，國是不立。上天示警，日食、地震，宗社之憂，凛若朝夕。夫勇不可好，陛下已薄有所懲矣。至于荒志廢業，惟酒爲甚。陛下露處外宫，日湎于酒，廝養雜侍，禁衛不嚴。即不幸變起倉猝，何以備之？此臣所大憂也。」

疏入，留中者數日，忽傳旨，降遠方雜職。遂謫爲三河驛丞。前此言事謫官者率有譴責語，至是不言，諱之也。思爲吏部尚書王直之曾孫，人以爲無忝厥祖云。

44 是月，鎮守陝西太監廖堂，進上用鋪花氈幄一百六十二間。

先是傳旨，以紙式尺寸令堂及巡撫陳壽依式製造，重門、堂廡、庖湢、户牖之屬，無不悉具。自是上出郊祀，陳設幄幕，不復宿齋宫矣。堂以此朘削，贏金數萬，將遺權倖。壽檄所司留備振，堂銜之，謀傾壽。未幾，壽調南京兵部侍郎。

45 冬，十月，甲午，刑部主事李中上言：「曩者逆瑾竊弄威權，陛下悟而誅之，天下莫不仰陛下之聖武。夫何今日大權未收，儲位未建，義子未革，紀綱日弛，風俗日壞，小人日進，君子日退，士氣日靡，言路日閉，名器日輕，賄賂日行，禮樂日廢，刑罰日濫，民財日殫，軍政日敝。瑾既誅矣，而善治一無可舉，蓋陛下之惑於異端也。夫以禁掖深嚴，豈異教所得雜，今乃于西華門豹房之地建護國佛寺，延進番僧，日與起處，忠言日遠，邪説日滋。臣願陛下毁佛寺，出番僧，以謹華夷大防；又妙選儒臣，朝夕進講；則以上諸弊，可以次第革矣。」

疏入，不報。尋謫廣東驛丞。

46 己酉，工部以修乾清、坤寧宫上請，命尚書李鐩督營建，工部侍郎劉丙總督四川、湖廣、貴州採木，而以署郎中主事伍全于湖廣，鄧文璧于貴州，李寅于四川分理之，又遣官于浙江、江西、直隸、徽州等處收買竹木。既而傳旨令太監谷大用、張雄總理，皆賜之敕。

47 戊午，敕左都督劉暉充總兵官，鎮守山西地方兼提督三關，從兵部議也。

48 降吏科給事中張原爲貴州新添驛驛丞。

原上疏言六事：「一汰冗食；一慎工作；一禁貢獻；一明賞罰；一廣言路；一進德業。」時原拜官未數月，傳旨：「原驟陞言路，輒摭往事奏擾。」遂有是謫。

49 十一月，庚申，命兵部選團營官軍六千人，分前、後二營與勇士並四衛營，營各三千人，以右都督張洪、都指揮桂勇、賈鑑、李隆分領之，于西官廳操練。洪勇士營，勇前營，鑑後營，隆四衛營。

50 辛酉，廢歸善王當沍爲庶人。——王，魯荒王裔孫，莊王陽鑄幼子也。

初，流賊攻兖州，當沍率家衆乘城，取護衛弓弩射却賊，賜敕奬諭，遂以武健聞，數與卒袁質、舍人趙巖校射。質、巖家東平，武斷爲鄉人所惡。同里吏部主事梁穀，少不檢，頗倚質等爲助，既貴，厭苦之，又與千户高乾有怨。會有銜質、巖者，誑穀云：「質、巖且爲亂。」穀心動，因並指乾等，告變于尚書楊一清，兵部議「以大兵駐濟南伺變」。而當沍父魯王，入長史馬魁譖，言「當沍結質、巖欲反」，慮禍及，奏于朝。

上遣司禮太監温祥、大理少卿王純等往按問。圍當沍第，索其兵械，則前射賊弓弩半敝，讞穀所指皆平人。魁懼事敗，乃諷所厚陳環及術士李秀佐證之，復以書及賄抵鎮守太監畢真，使逮二人詰問。已而二人以實對，及書、賄事爲真所發，于是御史李翰臣劾穀、魁誣罔。而近倖方欲邀功，責翰臣爲叛人掩飾，下之獄，謫德州判官，而釋穀等不問。御史程啓充疏言：「穀、魁煽惑流言，死不蔽罪。縱首禍而謫言者，非國體。」不報。

廷臣議當沍罪，卒無所坐，乃以藏護衛兵器違祖制，廢當沍爲庶人。戍質等肅州，所連逮多瘐死。魁坐誣當斬。

中官送當沍之高牆，當沍大慟曰：「冤乎！」觸牆死。聞者傷之。【考異】事見明史魯王傳中。明史本紀系之是月辛酉，據實録也，今從之。

三編發明曰：趙巖、袁質，隸卒賤人耳，而當沍與之善。其武斷鄉曲，亦未必不倚藩府爲聲勢，當沍豈得爲無過！然不過交遊之濫，誣以作亂，初無實據。而兵部張皇其事，即議駐兵伺變，遂至馬魁挾怨而售譖，魯王懼禍以證子。迨按問無狀，讞訊已明，當沍卒無所坐之罪，而以射賊既敝之弓弩，摭拾以斷斯獄。在近倖，貪功而樂禍，固不足深責。彼廷臣既正魁罪，則宜爲當沍昭雪其誣，而復廢爲庶人，仍使含冤而死於非命，豈得謂持讞之平哉！

51 庚午，小王子等入花馬池，掠牧放官馬五百三十二匹。參將尹清追之，兵出百餘里，與寇戰于方山，中流矢死。陝西總制鄧璋以聞，詔巡按御史查勘。

52 癸未，以災傷，免河南開封等府、陽武等二十四州縣秋糧。

53 是月，晉楊一清少傅兼太子太傅。

時給事中王昂，以選法不公劾一清，奉旨切責。一清上書自劾而保留昂，不許，謫昂休寧縣丞。昂不避權貴，一清能受盡言，時兩賢之。

54 十二月，壬辰，太白晝見，自上月甲申至是凡九日。

55 甲寅，工部奏：「營建宮室，庀材鳩工，計直白金百萬兩，請于南、北直隸及天下各府州縣加賦于民，歲徵十之二。恐徵輸不及，暫于內帑借其半以給用。」上終不欲動內帑，乃令于一歲中盡徵之。自是催科旁午，海內騷然矣。【考異】明史稿：「是月甲寅，加兩畿、浙江賦一百萬兩，建乾清宮。」考明史則云：「建乾清宮，加天下賦一百萬兩。」據此，則一百萬之賦，乃加之天下，非獨兩畿、浙江也。證之實録：「甲寅，工部奏營建宮室料價工役當用銀百萬兩，宜派浙江等布政司並南、北直隸府州縣均賦于民，每年帶徵十之二。」史稿所記，似即本此。然既云「浙江等布政司」，則不但浙江也。明史改爲「加天下賦」。此得其實。故三編亦據之，目中言「帝終不欲假用內帑，令于一歲中盡徵之。」明史食貨志不具，今據三編書之。

56 是歲，乾清宮災，廷臣應詔言事者後先相望。

會崑山周廣自莆田、吉水知縣以治最徵授御史，乃疏陳四事。其略曰：「三代以前，未有佛法。況喇嘛又釋教所不齒者，耳貫銅環，身衣赭服，殘破禮法，肆爲奸邪，宜投之四裔以禦魑魅。奈何令近君側，爲群盜興兵口實哉！

昔禹戒舜曰：『毋若丹朱傲，惟慢游是好。』周公戒成王曰：『毋若商王紂之迷亂，酗于酒德。』今之伶人，助慢游迷亂者也。唐莊宗與伶官戲狎，一夫夜呼，倉皇出走。臣謂宜遣逐樂工，不復籍之禁內，所以放鄭聲也。

陛下承祖宗統緒，而群小獻媚熒惑，致三宮鎖怨，蘭殿無徵。雖陛下春秋鼎盛，獨不思萬世計乎！中人積有資產，猶畜妾媵以圖嗣(績)〔續〕，未有專養螟蛉，不念祖宗繼嗣者也。義子錢寧，本宦豎蒼頭，濫寵已極，乃復攘奪貨賄，輕蔑王章，甚至投刺于人，自稱

『皇庶子』，僭踰之罪，所不忍言。陛下何不慎選宗室之賢者，置諸左右，以待皇嗣之生！諸義兒養子，奪其名爵，乃所以遠佞人也。」

末復言：「近今討賊不效如陳金、陸完輩，宜加以切責，令尅期成功以贖前罪。」

寧見疏大怒，留之不下，傳旨謫廣東懷遠驛丞。主事曹琥論救，亦被謫。寧怒不已，使人遮道刺廣，廣知之，易姓名變服，潛行四百餘里，乃免。

武定侯郭勛鎮廣東，承寧風旨，以白金試廣，廣不受。伺廣謁御史，攝致軍門，箠擊幾死，御史力救之始解。【考異】事見明史廣傳。傳中不言因災變陳言，而疏中所論皆近日事，今增系之是年之末。

明通鑑卷四十六

江西永寧知縣當塗夏燮編輯

紀四十六 起旃蒙大淵獻（乙亥），盡柔兆困敦（丙子），凡二年。

武宗毅皇帝

正德十年（乙亥、一五一五）

1 春，正月，癸亥，享太廟。薄暮乃成禮還。

2 乙丑，以大祀天地，誓戒致齋。比夜乃傳旨免朝。

3 戊辰，大祀南郊。是夜，漏下二鼓始還宮。【考異】享太廟不常書，此以薄暮，譏失禮也。實録，享太廟不書薄暮。而證之王良佐疏中，言「正月初五日躬祀太廟，薄暮方出行禮」。故明史于太廟、南郊皆書「薄暮」，今據之。

4 乙亥，大學士楊廷和等，「請謹視朝之節以觀示臣民，嚴官衛之防以消弭禍變」。庚辰，吏部尚書楊一清等言：「比歲視朝太稀，又復大晚，或日西，或薄暮。入春以來，漸至昏夜，日月之光既遠，上下之情不達。」又言：「陛下親閱禁兵，以天子之尊行將帥之事，以禁密之地爲攻戰之場，震撼喧呼，以夜繼日。既無警蹕之規，復乖堂陛之分。」皆不報。

于是六科給事中李陽春、十三道御史于鏊等皆以爲言，而給事中王良佐言尤切。其略曰：「郊廟之祀，天子必省牲，必誓戒。散齋致齋，有常期，有專所。當祭之日，夙駕而往，行禮之際，無貳爾心，期昭假也。邇者正月初五日躬祀太廟，薄暮方出行禮，則登獻夙戒之饈不將敗惡，與祭斂戢之容不浸懈怠者寡矣。初十日郊祀，初七日當誓戒。臣等導駕，與百官具朝服候至夜漏下，忽見執駕之人一呼而散，宿衛之士群噪而奔。臣等佇集左掖，昏暗中傳聞免朝，不知旨從何出，皇懼失措，徘徊久之。至初九日，車駕當臨齋宮，百官莫不晨趨以俟。乃薄暮方往，倉猝至壇行禮，行禮甫畢，旋即下營。臣愚不知陛下此行，果事天邪，抑游幸也？及次日駕還，復至夜分，城門失啓閉之常，禁闥縱馳騁之樂，一切非時與制矣。又，凡令節大朝賀每至昏暮，而司晨之官尚報卯時，傳之四方，所損非細。乞自今，祭祀朝賀之期，經筵講書之候，起居寢興之節，務各及時遵制舉行，則事天事祖與百凡綱紀，無不畢張矣。天下幸甚！」不報。

是月，小王子犯潮河川。

6 御史張翰上言：「旬日以來，民間相傳，謂朝廷欲博選女子以充後宮。凡有女之家，未字者不擇壻而配，及笄者不備禮而成，甚至藏于娼黨之家，致帷薄之議。京師如此，傳之天下，驚疑益甚，上虧聖化，下斁彝倫，乞敕禮部榜諭，以解萬民之惑。」不報。

尋有無賴子數輩，挾二媪爲媒氏，乘夜猝入李姓者家，强舁其女去。次夕，復强舁祁氏女，不從，相詬爭，爲邏卒所獲。詰其名，乃蔡明、馮玉、吴綱、安亨也。錦衣衛以聞，詔令都察院禁約之，人心始安。

7 二月，庚寅，直隸定遠縣流寇之亂，婦女不受賊污而死者，有司奏請旌表居氏、丁氏等凡五十六人。禮部議：「立坊，人衆不能徧及，宜如近例刻石于旌善亭以彰貞烈，人給銀三兩以資斂葬。」報可。

8 巡按廣東、御史高公韶奏：「韶州故有唐宰相張九齡祠。考九齡子拯爲伊闕令時，安禄山陷河、洛，拯不受僞官，堅守臣節，忠義著聞，而獨遺從祀。（以）〔似〕爲闕典。」禮部議覆，祔祀九齡祠。

時部議又請以故大學士邱濬祔祀蘇軾于瓊州奇甸書院，亦從之。

9 辛卯，免南直隸鳳陽等府、滁、徐二州及中都留守司所屬州、縣、衛、所被災者去年秋糧。

10 丁酉，給西域烏斯藏大德法王誥命。

上崇信西僧，常襲其衣服演法。內廠有綽吉我些兒者，出入豹房有寵，遂封大德法王。至是遣其徒二人還烏斯藏，請給國師誥命如大乘法王例，歲時入貢，且得齎茶以行。禮部尚書劉春持不可，上命再議。春執奏曰：「烏斯藏遠在西方，雖設四王撫化，其來貢必有節制，使不爲邊患。若許其齎茶，給之誥敕，萬一假上旨以誘羌人，妄有請乞，不從失異俗心，從之則滋害。」奏上，罷齎茶，卒與誥命。【考異】事見明史春傳。證之實録，在是月丁酉，今據之。

11 乙卯，寇入延綏、寧夏地方。

時總督彭澤奏：「甘肅稍寧，宜令鄧璋處置陝西。一省有總制、總督，恐多牽制。」並以疾乞休致，不許。至是兵部議，「令澤將原調延綏、固原人馬發回本處防禦」。從之。

12 三月，丙寅，大學士楊廷和丁父憂，請回籍守制，上令內閣吏部查奏起復例。廷和不俟復，上疏言：「臣自母喪至今，不得見父者十有四年。一旦抱恨終天，冀得早從禮制，親視殯葬，此心庶可少安，陛下幸以禮全臣！臣今五十六歲，計制滿不及六十。古者大夫七十致仕，臣若未即就木，尚有十年堪備任使。是臣以三年報父，以十年報陛下，是盡孝之日少，盡忠之日多也。用是不俟查覆，輒敢以情上瀆。惟陛下察其愚衷，不使臣以哀苦抑鬱成疾，雖臣父亦啣結于九原矣。」不允。【考異】明史本紀，廷和丁憂在是月壬申，證之實録係丙寅。蓋廷和三請始准奔喪，本紀蓋據其得請之日牽連並記耳。今據實録。凡三請，壬申，始得旨令奔喪，敕給驛，遣行人一員護送，仍俟葬畢起復。比廷和至家，復三疏辭，始聽終制。閣臣之得終父母喪者，自廷和始也。

13 癸未，廣東布政使羅榮等入覲，各言鎮守内臣入貢之害；禮部尚書劉春，因列上累朝停革貢獻詔旨，且言四方水旱盜賊軍民困苦狀，乞罷諸鎮守内臣，不納。

14 謫户部主事戴冠爲廣東烏石驛丞。冠在户部，見寵倖日多，廩禄多耗，乃上疏極諫。其略曰：「古人理財，務去冗食。近京師勢要家，子弟僮奴，苟竊爵賞，錦衣官屬，數至萬餘，次者繫籍勇士，投充監局匠役，不可數計，皆國家蠹也。歲漕四百萬石，近水旱，所入不及前而歲支反過之，計此輩所耗蓋三之一，陛下何忍以赤子膏血養此無用之蠹乎？兵貴精不貴多，邊軍生長邊上，習戰陣，足以守禦。今遇警輒發京軍，而宣府調入京操之軍，屢經臣下論列，堅不遣還，不知陛下何樂于邊軍而不爲關塞慮也？天子藏富天下，務鳩聚爲帑藏，是匹夫商賈計也。逆瑾既敗，所籍財産，不歸有司而貯之豹房，遂創新庫。夫供御之物，内有監局，外有部司，此庫何所用之？」

疏入，上大怒，遂有是謫。

夏，四月，丙辰，下江西副使胡世寧于獄。

初，寧王宸濠聞世寧劾己，大怒，乃奏世寧離間，列其罪，偏賂權倖，必欲殺世寧。章下，右都御史李士實，宸濠黨也，與左都御史石玠等劾「世寧狂率當治」。命未下，宸濠奏復至，指世寧爲妖言，乃命錦衣官校逮捕。

時世寧遷福建按察使，聞之，間道走京師，自繫都察院，復奏其畏避掩飾，得旨，「下鎮撫司拷掠」。

于是御史徐文華言：「世寧之論寧府，非特爲朝廷，亦爲寧王慮也，安有所謂妖言誹謗，離間懿親者耶！寧府隱蔽之事，豈惟世寧知之，痛之，憂之，中外之臣亦知之，痛之，憂之矣，但人多顧忌而世寧則忠于謀國耳。乃以忠獲罪，始令御史逮繫，復發官校捕解。世寧恐懼，間關赴訴，其情蓋有難于顯白者。夫人臣上爲國家，下爲宗室，發憤畢誠，圖畫安危，言適啓其口而災旋逮于身，亦可哀已！比見寧王乞護衛則予護衛，乞屯田則予屯田，凡璽書之褒嘉，恩禮之稠疊，諸宗藩未能或之先也。威勢日以張大，失今不戢，容有紀極乎！江西之臣，畏其隱禍，莫敢顯言。世寧一言及之，置之重法，異日誰復敢爲陛下言者！臣以爲杜天下之口，奪忠鯁之氣，弱朝廷之勢，長宗藩之威，招意外之虞，皆自今日始，可不爲寒心哉！乞履霜謹始，曲賜優容，庶遠僭逼之嫌，全治安之體。」不聽。

世寧于獄中三上書言宸濠逆狀，卒不省。繫歲餘，言官程啓充等又交章論救，楊一清以危言動錢寧，乃論謫戍。居三年而宸濠果反。【考異】紀事本末、明書及憲章録皆記世寧下獄於十年十月，蓋據其謫戍遼東牽連並記耳。明史世寧傳在九年，而末言「歲餘論謫戍」，則下獄在九年，謫戍在十年也。今證之實録書是月丙辰，從之。

16 閏月，辛酉，以吏部尚書楊一清兼武英殿大學士，入内閣預機務。先是一清再推内閣不用，及是楊廷和以憂去，遂代之。

一清言：「累朝簡用内閣，皆翰林館閣之英，其自别衙門進者，僅有李賢、薛瑄，蓋極一時之選。近年援此濫及，士林以爲訾議。如臣者，論才行既非前李賢、薛瑄之倫，又出今劉春、蔣冕之下，顧使處非其據，必至自貽罪愆。」疏入，温旨趣令供職，不必固讓。一清再辭新命，不許。

17 戊寅，召總制甘肅左都御史彭澤還。

初，澤奉命未至，賊遣兵分掠赤斤、苦峪諸衛，聲言「與我金帛數萬，乃歸城印」。澤抵甘州，謂番人嗜利，可因而款也，遣通事馬驥諭，「還侵地及王，當予重賞」。莽蘇爾即滿速兒，見前。僞許之，澤即賜舍音和珊即寫亦虎仙，見前。以幣二千、銀酒鎗一往賂。未得報。澤輒奏「番酋悔過效順，事已平」，上乃召澤還。巡按御史馮時雍言：「城未歸，澤不宜遽召」，不納。既而哈密卒不能復。

18 癸未，兵科給事中安金奏言：「京師四方之則，比年俗尚太奢，宴會豐腆，居室宏麗，錦繡珠玉下飾于倡優，菴院禱祠深惑乎民庶。乞嚴加厲禁。」會南京吏部郎中歐陽詔奏請續增問刑條例，禮部議「以禁止奢俗增入例中，通行天下」。報可。

時大臣有設宴以會錢寧者，一席之費遂至千金。蓋風俗之壞，自上導之，雖有禁令，徒爲具文耳。

19 丙戌，時方建乾清、坤寧二宫，役重費繁，而内官監復請營太素殿及天鵝房、船塢等工。大學士梁儲偕同官靳貴、楊一清切諫，不聽。

20 是月，以陸完爲吏部尚書。王瓊始擢户部尚書，至是改兵部，代完也。

是時廷議以尚書首推彭澤，而瓊以中官之援，内批特用。由是澤與瓊遂有隙。

21 烏梁海朵顔衛入寇。

時朵顔都督有花當者，恃險而驕，數請增貢加賞，不許。至是花當子把兒孫，以千騎毁鮎魚關，入馬蘭谷大掠，參將陳乾及指揮談茂、千户馬英、百户田營等，皆力戰死之。

【考異】事見明史三衛傳。實録統系之六月下，蓋據遺桂勇往禦之月日，故其敘馬蘭谷之役，系以「初」字。

明書及憲章録皆系寇馬蘭于閏月，今從之。惟憲章録謂「朵顔通小王子部落烏梁海入寇」，誤也。烏梁海即朵顔三衛，與小王子部落自別。明史傳中但書「陳乾戰死」，其談茂、馬英等據實録增。

22 五月，壬辰，雲南趙州永寧衛地震，踰月不止，有一日二三十震者。黑氣如霧，地裂水涌，壞城垣、官廨、民居不可勝計。死者數千人，傷倍之。地道之變，此爲最烈云。

23 戊戌，禮部尚書劉春奏：「西番俗信佛法，故祖宗承前代之舊，設立烏斯藏諸司及陝西洮、岷、四川松潘諸寺，令化導番人，許之朝貢，貢期人數，皆有定制。比因諸番僻遠，莫辨真僞，中國逃亡罪人，習其語言，竄身在内，又多創寺請額，番貢日增，宴賞繁費。乞嚴其期限，酌定人數。每寺給勘合十道，緣邊兵備存勘合底簿，比對相符，方許起送。並禁自後不得濫營寺宇。」報可。

24 是月，都察院左都御史石玠遷户部尚書，彭澤還任左都御史，起前僉都御史王璟爲右都御史。

25 六月，庚申，起致仕參政吴廷舉爲廣東右布政使兼按察司副使。時嶺西猺賊竊發，廷臣薦廷舉才略可任，故有是命。

26 己巳，朵顔衛花當等分道内侵，命都督僉事桂勇充副總兵官禦之。虜率五百騎入板場谷，千騎入神山嶺，又分掠水關洞，勇統團營西官廳三千人守馬蘭谷。花當退屯紅羅山，遣其子入朝請罪，詔釋不問。

27 辛未，大學士梁儲等言：「近竊聞聖駕自西安門出外，經宿而回，不知臨幸何所？臣等初聞，未敢遽信，既而道路相傳，衆口藉藉，使臣等心志憂惶，神魂飛越。竊惟天子出入，必備法駕，傳警蹕，將士環列，百官扈從，所以嚴至尊之分，防意外之虞也。且如南郊大祀，不過一宿，虎賁之旅，鷹揚之將，周旋左右，而直廬拱衞官軍萬餘，警柝之聲，夜以達旦，至于皇城各門，亦令勳戚把守，祖宗之法，至爲詳備。今聖駕無故而出，不知防衞者何兵，扈從者何人，居守者何官，文武群臣，茫然不聞。萬一銜橛之虞，寇盜之變，出于意外之所不及，未知何以備之？夫千金之子，坐不垂堂，況陛下一身乃宗廟社稷之主，縱不爲身惜，獨不爲宗廟社稷計乎！此必有左右群小，貢諛希寵，倡引事端，蠱惑聰聽。伏乞陛下端拱深居，嚴內外出入之防，正堂陛尊卑之分，戒非時之宴游，屏無益之玩好。仍遣查究導引出入之人，置之于法，以彰剛斷之德，解臣民之疑，宗社幸甚！」疏入，不報。

28 秋，七月，乙未，俞諫討江西賊徐九齡，平之。

初，諫至建昌，九齡率其（儻）〔黨〕奔湖廣，已，復拏舟遁還醴源，諸軍進蹙之。豐城知縣吳嘉聰，率衆先登，禽其從顏曰和等二十一人。餘賊衝入，高安主簿袁瑶敗之，瑶亦戰死。九齡引衆夜遁，副使宗璽扼之于青頭岡，會南昌同知汪穎兵合擊之，斬九齡及其黨余長子、徐九祥等。前後禽斬首從四百八十一人，俘一百四十一人，醴源遂空。

捷聞，進諫右都御史，巡撫如故。

29 己亥，建太素殿成，比舊尤華侈。凡用銀二十餘萬兩，役軍匠三千餘人，歲支工米萬有三千餘石，鹽三萬四千餘引。

是時工役繁興，禁中自乾清大役外，如御馬監、鐘鼓司、南城豹房、新房、火藥庫，皆一新之。中外因緣爲利，權奸、奄人所建莊園、祠墓及香火寺觀，皆取給于此。時以爲木妖土災云。

30 是月，總制陝西鄧璋奏：「虜入瓦亭、隆德等處，官軍禦之，斬首五級，千户王友等九人死之。」【考異】明史五行志書是年「七月，文安水忽僵立，是日大寒，結爲冰柱，高圍俱五丈，中空旁穴。數日而賊至，民避穴中，坐全者甚衆。」弇州史乘考誤，謂「語本楊慎丹鉛餘録。録言正德中事，土人謂之『河僵』，此固災異也。不知五丈之冰穴藏得幾許人，又不知不爲照見否，不凍死否？我能往，寇亦能往，避兵之説，恐未可信也」。按文安被賊乃六年事，故二申録載之六年辛未，似爲近之。若實録則十年七月並無此事也。今附識于此，不入正文，以年月恐誤耳。

31 八月，丙寅，小王子以十萬餘騎自花馬池入固原，聯營七十餘里，肆行劫殺，城堡爲空。

巡按陝西、御史常在，奏劾總兵官潘浩、都御史邊憲及太監廖堂等，詔遣給事中一人往會巡按御史勘實以聞。【考異】明史本紀系犯固原于是月丙寅。據實録，巡按御史劾潘浩等事在九月，奏稱「八月十二日，虜自花馬池入固原」。是月乙卯朔，丙寅即十二日，史蓋據原奏中語也，今從之。明史稿同。

32 是月，禮部尚書劉春以憂去。春掌禮三年，慎守彝典；宗藩請封請婚及文武大臣祭葬贈謚，多所裁正。至是以吏部左侍郎毛紀代之。

33 九月，辛卯，小王子犯隴州，其別部額布勒復犯洮、岷。命右都督張洪充總兵官，提督陝西軍務，領京營兵五百人以行，洪以兵少，請調宣府、遼東兵五千，許之。給事中安金等言：「延、寧、甘、陝兵可十萬，素稱雄勁，何必復出禁軍，調度往返，動以旬月，又遠赴數千里外，遲回道路，而寇已過河矣。況三屯營山海關兵馬，俱以應援薊州，密邇京師，備亦未可輕撤。」詔「已有處分」，不納。

34 壬寅，起前總制江西、左都御史陳金總督兩廣軍務兼巡撫。時府江賊王公珣等爲亂，廷議起金討之，故有是命。

35 冬，十月，庚申，兵部尚書王瓊奏：「首級論功，乃嬴秦之弊政，行之邊方，猶未爲害，未有内盜竊發而行首功之令者也。頃年盜起，部臣謬建此議，差官紀功，但憑耳記，致使官軍惟貪首功，無志滅賊。如江西、四川等處，妄殺平民，何止千萬，官日濫陞，賊復彌熾，皆是故也。向使下令領軍官，有能剿滅劇賊者，不吝陞賞，惟不許開報首功，則豈有今日之弊哉！」從之，遂革前議。

36 甲子，以水災，免南直隸長洲、常熟、嘉定及蘇州衛秋糧。

37 丙寅，浙民日者曹祖，告其子鼎爲建昌侯張延齡家奴，與延齡謀不軌狀，擊登聞鼓上訴。詔下之獄，將集廷臣鞫之，祖忽仰藥死。

時上頗疑延齡，復命刑部窮詰祖死狀，而獄無左證，事遂寢。然自是上亦疎鶴齡兄弟，遂罷朝參。【考異】事見明史外戚傳。證之實録，言「壽寧侯鶴齡兄弟」，蓋延齡實主之也。明史又言「延齡後爲指揮司聰所（許）〔訐〕」，並及祖前所首事」，是前後皆延齡一人事。而祖之死，核之延齡後殺司聰，焚其尸，則祖死亦必延齡爲之，特廷臣畏勢，不敢窮詰耳。今仍據明史本傳。

38 是月，擢河南布政使孫燧爲右副都御史，巡撫江西。

初，寧王宸濠有逆謀，巡撫王哲死，董傑代之，僅八月亦死。自是任漢、俞諫皆歲餘罷歸。燧以廷臣薦代之，聞命，嘆曰：「是當死生以之矣。」遣妻子還鄉，獨攜二僮行。【考異】王哲巡視江西見前，然據本傳，似哲實爲巡撫，而任漢、董傑代之，若考其時事，則哲與漢同在江西，並非漢代傑、哲也。今據本傳書之，俟考。

39 十一月，甲辰，福建巡按御史毛伯温，劾奏「大理寺卿陳珂，先任福建布政，贓跡昭著。今儼在九卿之列，乞即罷黜，或令自陳，以爲牟利者戒。」不許。

40 丙午，以水災，免浙江杭州府八縣、湖州府六縣、台州府一縣夏税。

41 己酉，命司設監太監劉允往烏思藏賫送番貢等物。

時左右言西域胡僧能知三世上人，謂之「活佛」，上欣然欲一見之，命查永、宣間侯顯入番故事，遣允乘傳往迎。

閣臣梁儲等言：「祖宗朝雖嘗遣使西番，蓋因天下初定，藉以化導愚胡，鎮撫荒服，非信其教而崇奉之也。承平之後，止因其來貢，厚加賞賚，未嘗輕辱命使，遠涉其地。今忽遣近侍往送幢幡，朝野聞之，莫不駭愕。而允奏乞鹽引至數萬，動撥快馬船至百艘，又許其便宜處置錢物，勢必攜帶私鹽，騷擾郵傳，爲官民患。今蜀中大盜初平，創夷未起，在官已無餘積，必至科斂軍民，鋌而走險，盜將復發。況自天全六番出境，涉數萬之程，道塗絕無郵置，人馬安從供頓！脱中途遇寇，何以禦之？虧中國之體，納外番之侮，無一可者。所齎敕書，臣等未敢撰擬。」上不聽。禮部尚書毛紀、都給事中葉相、御史周倫、徐文華等並切諫，亦不聽。

允行，以珠琲爲寶幡，黃金爲供具，賜其僧金印袈裟，及其徒餽賜以鉅萬計。敕允往還以十年爲期，所攜茶鹽以數千萬計。

允至臨淄，漕艘爲之阻截。總督漕運叢蘭往謁，不見，索舟五百餘艘，役夫萬餘人。蘭馳疏極陳其害，不報。

比入峽江，舟大難進，益以艕艉，相連二百餘里；至成都，日支官廩百石，蔬菜銀百兩，錦官驛不足，取旁近數十驛供之。又治入番器物估值二十萬，守臣力争，減至十三萬。工人雜造，夜以繼日，居歲餘，始率千户十人、甲士千人以行。

越兩月，入其地，番僧號「佛子」者恐中國誘害之，不肯出。允部下人皆怒，欲脅以威；番人夜襲之，奪其寶貨器械以去。軍職死者二人，士卒數百人，傷者半之，允乘馬疾走僅免。

復至成都，仍戒其部下諱言喪敗事，空函馳奏乞歸，則上已龍馭上賓矣。【考異】三編書于十月，今據實録系之是月己酉日，並終言之。

42 十二月，癸丑朔，日有食之。

是日，以明年南郊，大祀省牲，禮部請移之次日，因言：「視牲乃郊祀之始，日食乃天變之徵。今大禮將舉，忽遘此變，上天示戒亦昭然矣。伏望順承天意，益加敬畏。自玆以往，凡郊社有事，起居必以其道，出入必以其時，一遵祖宗典訓而慎行之，至于朝賀燕享莫不然，則天心感格，災變不足弭矣。」不納。

43 浙江布政使方良永乞致仕。是時錢寧鬻鈔于浙，鈔敝價重，皆抑配于民。良永上疏言：「浙省近年兵荒相繼，食且不給，豈有贏餘買此無用之物？若借公帑以奉私征，臣又不能，請詰責罷之。」疏入，寧大怒，欲中以危法，或説之曰：「彼豈畏罪，害之適成其名耳。」寧乃止，密召所遣人還。良永待罪久之，乃以母老身病，再疏懇辭，許之。

44 丙辰，下寧波知府翟唐于獄。先是浙江市舶太監崔珤，藉貢物擾民，爲唐所裁抑；奸民附珤爲惡，唐執而笞之，尋病死。珤奏「唐阻格貢獻，笞殺所遣人」，上怒，逮下鎮撫司拷治。巡按御史趙春等交章救之，給事中范洵亦言：「唐被逮日，軍民遮道涕泣。請宥令還任。」不納。

上方寵任宦寺，勢甚恣，中外官與抗者，爲所誣陷輒得罪。時太監在邊者凡四人：珤主市舶，王堂爲鎮守，晁進督織造，張玉管營造，爪牙四出，民不聊生。僉事韓邦奇疏請禁止，堂亦奏邦奇阻格，下獄。

有工部主事王鑾，出轄徐、沛牐河，織造中官史宣過其地，索輓夫千人，沛縣知縣胡守約給其半。宣怒，自至縣捕吏，鑾助守約與抗。宣奏于朝，逮繫獄。

御史張經出按宣府，發鎮守太監于喜貪肆狀，爲喜所訐。

同時又有主事王瑞之及御史施儒等，皆入中官譖，先後逮治。

于是給事中徐文溥言：「朝廷刑威所及，乃在奄寺一言，旗校絡繹于道途，搢紳駢首于狴犴，遠近震駭，上下屏氣。向一瑾亂政于內，今數瑾縱横于外。乞治珐等誣罔罪。」上終不省，文溥遂引疾去。

于是唐、邦奇等，或謫外，或罷爲民。——邦奇，員外郎邦靖兄也。【考異】三編系下翟唐獄于是月，因彙記中官搆邦奇等諸人事。證之實録，唐下獄在是月丙辰，而中官所搆諸人，皆兩年前後間事。今牽連記之，並據明史文溥傳中補入王瑞之、施儒二人。

45 戊午，寧王宸濠奏淮王祐棨過失，並請逮淮府官校。濠不俟命，輒捕其長史莊典，箠擊之，死獄中。詔遣官勘問，皆如濠指，乃逮淮府官校，坐謫戍邊衞者二十八人，仍敕諭淮王戒飭之。

初，淮王先世有古琴，名「天風環佩」，其音殊絶，宸濠謀之不得，遂搆此隙。時濠久蓄異志，以饒郡湖地沃衍，陰懷吞噬心，王畏其威，訖不敢奏辨也。

46 己卯，以旱災，免廬、鳳、淮、揚四府及徐州被災秋糧。

47 是冬，北部額布勒自洮、岷入犯，松潘衞番人磨讓六少等乘機作亂，爲之鄉導，西土大震。巡撫、都御史馬昊，招土番爲間，發兵捕擊之。千户張倫等夜率熟番禽磨讓六少，額布勒遁去。昊以松潘地險阻，番人往往邀劫饋運，乃督參將張傑等修築牆栅，自三舍堡至風洞關，凡五十里。賜敕褒之。【考異】據實録，系之十二月丙辰，蓋據馬昊報捷之月日也。其敘寇入松潘，系以「初」字，核以九月額布勒寇洮、岷，則入松潘在十月以後也。今統系之是年冬下。

48 以冬無雪，遣定國公徐光祚、禮部尚書毛紀等祭告天地、社稷及山川、城隍之神。

十一年（丙子、一五一六）

1 春，正月，戊子，浙江道御史程啓充上言：「自古帝王莫不勤惕匪懈，所以畏天命，收人心，勵臣工，威（中外）〔夷狄〕者也。近者正旦令節，文武百官，四夷八蠻，待漏入賀，迄酉而禮始成，及散朝則夜已久矣。枵腹之衆，奔趨赴家，前仆後躓，互相蹂踐。有將軍趙朗者，竟死禁門；其他臣僚以下，失簪笏，毁冠裳，至相慰以得生爲幸。而午門左右，吏覓其官，子呼其父，僕求其主，喧如市衢，聲徹庭陛。萬一變起倉猝，何以禦之！即今郊祀在即，伏願昧爽而起，勤于視朝，屏棄游宴，則與古帝王一道矣。」疏入，不報。

2 乙未，大祀南郊。

先是大學士梁儲等請以是日子時詣大祀殿行禮，從之。越日，給事中潘塤言：「頃者大祀天地，夙駕出郊。行禮有度，頒宴以時，臣工頌于朝，軍民歌于市，莫不曰聖德維新，太平有象矣。臣願陛下思今日所以動人心之歡，即知前日所以拂人心之望。

日之出爲朝，朝則志氣清明，君子聽政時也；日之入爲夜，夜則精神收斂，君子宴息時也。故古先聖王，驗出入之景，制寢興之節；而或俾晝作夜者，詩人刺之。邇來視朝漸稀，每朝必晏，群臣因而偷安，或過朝不入，或入朝不早。〔散朝之際，〕喧呼蹂踐。甚者元旦之賀，蹂死力士，而使外蕃蠻使見之，不惟傳笑，亦且生侮，此非細故也。

至于經筵不舉，廟祀不親，游神于離宮，役志于群小，輔臣不得言，近臣不肯言，群臣不敢言，所以任情逸豫至于此也。

誠願自今伊始，早朝聽政，率循舊規，廟祀必躬，經筵必舉，任一時之勞，貽四海之安，則斯勞也，祇其所以爲樂歟！昔文王自朝至于日中昃，不遑暇食，故臺池鳥獸之樂得以享之。陛下欲享其樂，當自勤政始。」疏入，不報。

3 庚子，給事中徐文溥等言：「儲貳者，天下大本，國家治亂所攸繫也。陛下龍飛以來，螽斯未衍，爲臣子者，咸懷隱憂。竊惟漢文帝即位二年，群臣請豫建太子；唐憲宗立四年而李絳請；宋真宗改元五年而田錫請；仁宗未及十載，預育宗室宮中；高宗甫二十四，擇立藝祖之後。此數君者，未嘗以早爲忤，誠明哲知大計也。陛下改元踰四君之期，春秋越高宗之歲，豈宜復有待耶？竊願援前代故事，擇（完）〔宗〕親育之禁近，俾中外知聖心所屬，杜絶覬覦，實爲萬世至計。」疏入，不報。

未幾，大學士梁儲復力言之。亦不報。

4 二月，甲寅，給事中潘塤言：「邇聞西安門外積慶、鳴玉二坊居民譁傳，以爲朝廷有所興作，或云欲添設教場，或云欲創造私第。今京師軍民房屋皆吞并于勢豪，二坊託帝居以爲固，且猶不免。此必左右近幸，時出新奇可喜之事以惑聖心，非陛下本意。請諭坊民以安其心。」

時四鎮軍操練，毀二坊民居，造皇店酒肆，建義子府，故塤言之。御史熊相、曹雷亦以爲言，皆不報。

5 戊午，遣刑部郎中留志淑等十三人分行天下，審録罪囚。

舊制，審録官率五年一遣，以正德五年盜起暫免，至是以御史周倫言，刑部請如舊例，從之。

6 庚申，召巡撫江西、右都御史俞諫還。

先是寧王宸濠以諫不附己，諷所厚御史張鰲山首劾之，遂有是命。諫尋乞致仕，許之。

7 壬申，傳旨「以太監張忠、都督許泰分領東、西兩官廳，都督江彬兼領之。」上又别領群奄善騎射者爲一營，號「中軍」，晨夕馳逐，甲光照徹宫苑，呼噪聲達九門。上時臨閲，謂之「過錦」，言望之如錦也。

諸軍悉衣黄罩甲，中外仿之，雖金緋盛服，亦必加此于上，下至市井細民亦皆披之。泰等更于遮陽帽上飄靛染天鵝翎，以爲貴飾，貴者飄三翎，次二翎。時兵部王瓊得賜一翎，冠以下教場，自謂殊遇，時論鄙之。【考異】東、西兩官廳設于八年初，以江彬、許泰分領。至是東官廳易以張忠，改命江彬兼領也。今據實録分書之。

8 戊寅，巡按直隸、御史屠僑言：「近奉旨，『令居庸關太監李嵩等禽致虎豹生者』。臣惟虎豹非一人之力所能致，必廣集徒衆而後可得。今邊關烽火方急，顧乃撤防守諸兵盡赴山澤捕虎豹邪？且居庸東北，陵寢在焉，今爲捕虎豹震驚陵寢，尤非所宜。乞寢前命。」不報。

9 三月，壬午，内旨授馬昂爲右都督。

昂初爲延綏總兵官，以奸貪驕横劾罷。有女弟，善歌能騎射，嫁指揮畢春，有娠。昂因江彬奪歸，進于上，召入豹房，大寵，遂陞昂職，其弟炅、杲，並賜蟒衣，大璫皆呼之爲舅。賜第太平倉東，熏灼動京師。都給事中呂經等言：「陛下果爲皇儲之圖，自宜傳選世族以備嬪御，奈何溺卑污以自褻！且聞昂及其子弟，出入宮禁，肆無忌憚，又樹立徒黨以爲羽翼。小人之情無厭，失今不治，後悔何及！伏望將昂顯示誅戮，並斥所入孕婦以息人言。」

御史徐文華、張淮等亦以爲言。文華言：「中人之家尚恥再醮之婦，以萬乘之尊而顧爲此，反之于心則未安，宣之于口則不順，傳之于天下後世則可醜。爲陛下進此者，其罪可族。若謂其多技能而甚宜子，陛下悦彼甘言，已婚未婚，有娠無娠，皆不及計。萬一防杜未周，不幸而有李園之徒抵隙以進，豈細故哉！望早賜誅遣以絶禍源。」皆不報。

越數日，都給事中石天柱復上疏曰：「臣等議出孕婦，未蒙進止，竊疑陛下之意將遂立爲己子歟？秦以呂易嬴而嬴亡，晋以牛易馬而馬滅。彼二君者，特出不知，致墮奸計，謂陛下亦爲之邪？天位至尊，神明之冑尚不易負荷，而況幺麽之子！藉使以陛下威力成于一時，異日諸王宗室，肯坐視祖宗基業與他人乎？内外大臣，肯俛首立于其朝乎？望亟遣出，以清宮禁，消天下謗。」卒不報。

上數從數騎過昂飲。一日酒酣，召昂妾，昂以妾病辭，上怒而起，昂懼，復結太監張忠進其妾杜氏，遂傳陞炅都指揮，杲儀真守備。昂喜過望，又進美女四人謝恩。然馬氏寵後亦漸衰。

10 庚寅，巡按直隸、御史盧雍言：「近日軍民人等相傳，謂朝廷欲于宣府蓋造行宮。惟宣府北鄰虜寇，風土氣候與内地不同，人君一身爲宗廟社稷主，豈有輕于臨幸之理！而小民無知，互相煽惑，以爲萬一營建，規制必廣，民居必被拆毁，土木之役又將取給，其何以堪？請榜諭明示以杜民疑。」不報。

時江彬寵倖，數導上遠遊，因言「宣府樂工多美婦人，且可觀邊釁」。踰年而遂有宣府之幸。【考異】爲上幸宣府張本。證之雍言，則是年已建行宮矣，今據實録年月增。

11 夏，四月，丁巳，以久旱，命定國公徐光祚等禱雨，祭告天地宗廟社稷。

時大學士梁儲等以災異請策免，得旨慰留。

12 丙寅，賜寧王宸濠所建書院曰陽春，從其請也。

宸濠久蓄異志，厚賂中人，凡所奏請，朝入夕允。又假文墨以誘致賓客，而奏章上請，乃以河間、東平自擬云。

13 先是以旱災，禮部奏請修省。報曰：「上天示戒，災異頻仍。事關朕躬者已知之。中外官其同加修省以回天意。」

癸酉，給事中徐文溥上言：「陛下頃因災異，下令修省，謂『事關朕躬者皆已知之』。

臣惟玆一念之誠，足以事上帝，迓天休矣。雖然，知之非艱，行之維艱。陛下誠能經筵講學，早朝勤政；布寬恤以安人心，躬獻享以重宗廟；孝養慈闈，敬事蒼昊；舍豹房而居大內，遠嬖倖而近儒臣；禁中不爲貿易，皇店不以罔利；還邊兵于故伍，斥番僧于外寺；毋昵俳優，盡屏義子；馬氏已醮之女，弗留于後宮；馬昂梟獍之族，盡奪其兵柄；停諸路之織造，罷不急之土木；汰倉局門户之内官，禁水陸舟車之供奉；出留中奏牘以達下情，省傳奉冗員以慎名器；則陛下所〔謂『事〕關朕躬』者，非徒知之，且一一行之，而不轉禍爲福者，未之有也。」疏入，報聞。【考異】此據實録在是年四月大旱之時。其言「事關朕躬者皆已知之」，即先期敕廷臣修省詔中語。惟明史文溥傳特書十年四月，誤也。旱災在十一年，而「事關朕躬」之語，文溥敘入疏中，其非十年之四月明矣。且傳書文溥上疏之下，復敘其論救翟唐等五人而系以「初」字，蓋論救唐等在十年十二月，奏災異在是年四月，傳中系以「初」字本不誤。疑上文「十〔年〕〔字〕」下漏去「一」字耳，今刊正。

14 戊寅，振河南饑，發銀五萬兩，並移開封府東南州縣及南陽、汝寧等處倉粟振之，從巡撫副都御史李充嗣請也。【考異】明史稿書于四月戊寅，據實録也。惟實録又複書于五月癸未，發銀三萬兩，與前異。今據四月日分。

15 是月，科、道官周金、錢如京等，論奏「織造太監史宣、崔瑶及差往烏斯藏太監劉允，皆宜召還，所乞鹽課，悉令停止」。户部覆奏，「請如金等言」，不納。

16 五月，甲申，南京六科給事中殷雲霄等，十三道御史范輅等，復請「誅馬昂並斥昂妹于外」，語皆切直，不報。

17 己丑，振陝西饑。

18 庚寅，土爾番歸哈密城。

初，彭澤遣舍音和珊即寫亦虎仙。賂莽蘇爾。即滿速兒。——舍音和珊者，素桀黠，雖爲哈密臣，居肅州，而陰通莽蘇爾，爲之耳目，據城取印，皆其謀主，而澤不知也。澤還，巴雅濟即拜牙即。遂不得返，其據城之和卓塔實鼎即火者他只丁。亦不肯退。復邀重賞，始還城、印，而巴雅濟留如故。至是巡撫、都御史李昆上言：「得莽蘇爾牒，言『巴爾濟不可復立。即還哈密，人心已失，難保無變』。乞下廷臣議，仍求安定王後裔立之。如必欲仍取巴雅濟，亦乞降敕宣諭莽蘇爾並塔實鼎，仍乞厚賜繒帛以懷遠人。」事下兵部集議，以「經略西番已踰三年，而巴雅濟迄無還期。宜絕其貢使，以兵威之。惟今城、印已歸，宜從昆請，責而撫之。如其不從，則閉關嚴兵以爲之備。」詔如議。【考異】此據明史本紀年月，證之實録同。明史哈密傳系彭澤還于十一年，土爾番還城、印于十二年，皆誤差一年也。澤還在十年閏四月，還城、印在十一年五月，實録及明本紀皆有月日干支可據。且彭澤經理哈密在九年至十一年，正三年，與兵部覆奏語合，今從實録。

19 甲辰,録自宫男子三千四百六十人充海户,月給米人三斗。時有無票帖不録者尚數千人,復扣禮部門求録用,令「逐歸原籍,再至京奏擾者罪之」。然卒不能禁也。

20 是月,致仕兵部尚書劉大夏卒。

大夏既歸,以在孝宗朝裁抑中官,權貴嗛之不已。御史王相、廣東布政吴廷舉請復廩隸,輒爲用事者所持,不許。大夏家居,教子孫力田謀食,稍羸,散之故舊宗族。預自爲壙志,曰:「無使人飾美,俾懷愧地下也。」嘗言:「居官以正己爲先,不獨當戒利,亦當遠名。」又言:「人生蓋棺論定,一日未死,即一日憂責未釋。」

及是卒,年八十一。贈太保,謚忠宣。

初,大夏被劉瑾陷逮,方鋤菜園中,入室攜數百錢,跨小驢就道。赦歸,有門下生爲巡撫者,枉百里謁之,道遇扶犂者,問:「孰爲尚書家?」引之登堂,即大夏也。

朝鮮使者在鴻臚寺館,遇大夏邑子張生,因問起居,曰:「吾國聞劉東山久矣。」安南使者入貢,曰:「劉尚書戍邊,今安否?」其爲外國所重如此。【考異】憲章録載劉大夏卒于正德六年,弇州史乘考誤辨之,謂「大夏以五年自甘肅赦還,十二年始卒」。證之明史本傳,實十一年五月,據實録也。實録系之是月庚戌,然亦據奏至之月日耳。今系之五月之末。

21 六月,甲寅,太白晝見,凡六日。

22 丁巳，遣尚衣太監浦智往蘇、杭等處織造紗羅紵絲一萬六千七百餘疋。工部以「其地連歲兵荒，乞裁減其數，或十年五運以紓民力。」不從。

23 戊午，宣府大雨。

時游擊將軍靳英，遣兵三千禦寇于龍門，行至漫嶺迆東山，山水暴漲，官軍溺死者七十餘人。

24 乙丑，六科給事中吕經、十三道御史程昌等，皆疏論「山西左布政倪天民、右布政陳逵、右參議孫清、登州知府張龍爲天下四害」。且言：「登州之金滿籯，襄陵之酒盈載，潞州之綢，嘉興之絹，杼軸一空，蓋皆取之于窮民，散之于豪貴，故劾疏日上而不報。往年方面官一被舉劾，則朝廷不能容，大臣不能庇，而在己亦自知無所容，以得全歸爲幸。未有排之甚力而居之益安如四臣者，誠不知其果何所恃邪？朝廷留之，則爲容姦長亂；大臣庇之，則爲害正黨惡；使其依社憑城，壞天下非小也。」詔下吏部。

時四害中，清，樂工臧賢庇之；龍，錢寧庇之；天民、逵，或以爲楊一清庇之。故疏中「大臣」之語，蓋有所指云。

25 戊辰，南京六科給事中孫懋等言：「臣等累有論建，皆留中不報，不審果經聖覽，以爲不急而姑置之邪？抑左右壅蔽，未之達邪？夫明目達聽，堯、舜所以成聖治；偏聽獨任，秦、隋所以致敗亡；伏願以堯、舜爲法，以秦、隋爲鑒。」不報。

26 秋，七月，甲申，鎮守太監黎鑑奏：「東嶽泰山有碧霞元君祠，請收香錢爲修繕費。」許之。工科給事中石天柱言：「祀典惟東嶽泰山之神，無所謂碧霞元君者。淫祀非禮，可更崇重之乎？」疏入，下所司知之。

27 己丑，河南巡撫李充嗣奏：「近時鎮守太監進貢，有古銅器、窰變盆、黄鷹、角鷹、錦雞、獵犬、羔羊皮之類，皆假名科斂，自爲取財計。此外又有拜見銀、須知銀、圖本銀、税課司銀及椿草、馬價、甲夫、河夫等銀，動以數十萬計。而左右隨從，賣馬，賣布，賣紙鈔鋪陳，又沿塗抽索客貨，其弊甚多。乞行禁止以甦民困。」詔「進貢如舊，但不許下人科取」。

河南自太監廖堂附逆瑾勢，假以進貢，無名之徵百出。其後繼之者率以爲常，卒不能禁。

28 甲午，免山東等府、濟南等衞、所旱災税糧。

29 乙未，小王子犯薊州白羊口，命太監張忠監督軍務，左都督劉暉充總兵官，率東、西官廳軍禦之。

30 丙午，命工部右侍郎趙璜於順天等三府，左侍郎俞琳於保定等五府，整飭邊備，皆兼僉都御史。時北寇近邊，京師戒嚴，防其深入也。

31 是月，致仕大學士李東陽卒。

初，劉瑾等壞政，時閣臣劉健、謝遷皆罷，而東陽獨留，以是爲清議所持。累疏乞骸骨，晚始許之。然當瑾勢日張，衣冠之禍，未知底止，東陽潛移默奪，保全善類，蓋不爲無功云。爲文典雅流麗，朝廷大著作多出其手。工篆、隸書，碑版篇翰，流播四裔。罷政家居，求詩文書篆者填塞户限，頗資以給。

至是卒，年七十，贈太師，謚文正。【考異】東陽以戍藉居京師，故憲章録言其「病劇，楊一清、梁儲、靳貴就問之。一清等知其不起，慰曰：『國朝以來，文臣未有謚文正者。公如不諱，請以謚公。』東陽倚榻頓首，遂卒」。皇明通紀又易其詞，謂「東陽頗以謚爲憂」，此皆野史之傳聞也。一清等問疾，此必有之事，而至于許其請謚文正，恐出清議之口，以其依違劉瑾，不應得此美謚，故託爲預要之説耳，今不取。又按三編於諸名臣卒皆書其年月，獨東陽不書，示貶也。

32 八月，辛亥，命左都御史彭澤提督京營兵防邊。【考異】明史本紀，命彭澤、朱輔同系之八月丁巳，證之實録，則命澤在辛亥，命輔在丁巳，本紀蓋牽連並記耳。又按實録及明史澤傳，言「廷議初以許泰將兵，澤總制東、西兩邊軍務。及詔下，罷泰不遣，又不命澤總制。澤言『文臣不任鋒鏑』，王瓊乃奏遣朱輔」云云。據此，則遣澤在前，遣輔在後，今據實録分書之。

時小王子分道入寇，總兵潘浩敗績于賈家灣，裨將朱春、王唐死之。張永等遇于老營堡，被創走居庸。敵遂犯宣府，凡攻破城堡二十，殺掠人畜數萬，宣府告急，故有是命。

33 癸丑，以旱災，免順天、永平、保定、河間四府及陝西西安府所屬州、縣、山西大同州、縣、衞、所夏稅。

34 丁巳，命成國公朱輔充總兵官，偕彭澤行。

先是廷議以許泰領兵，澤總制東、西邊軍務。及詔下，罷泰不遣，又不命澤總制，但令提督兩游擊金輔、陳珣兵六千人以行。至是澤言：「臣文臣，摧鋒陷陣，不能獨任，請仍遣許泰同行。如泰別有差委，乞推名望素著之將官一人統領官軍。」兵部王瓊始議遣輔，從之，復命給事中俞泰、汪元錫隨軍紀功。

35 庚申，振宛平縣民被寇者人米二石。

36 甲子，大學士楊一清致仕。

初，一清入閣，張永方得罪罷，而錢寧用事。寧故善一清，有搆之者，因蓄怨。會一清因災異自劾，極陳時政，有「狂言惑聖聰，匹夫搖國是，禁廷雜介冑之夫，京師無藩籬之託」語，譏切近倖，上弗省。

寧與江彬輩聞之，大怒，使優人于上前爲蜚語刺譏一清。寧又嗾武學生朱大周訐「一清前任吏部，考察不公」。吏部駁大周誣罔，大周復上書醜詆一清。吏部以其「撓銓制，傷國體，乞下法司究治」。寧從中主之，詰責吏部互相掩飾，令陳狀。

户科都給事中周金等上疏曰：「考察内外官，皆吏部會同都察院奉命舉行，此累朝故事也，問刑條例備載『考察被劾之人不得挾忿摭拾』。大周前後具奏，瀆亂宸聽，開群枉之門，闢僥倖之路。迹其肆言無忌，必有主使之人。舞亂國經，未有若是之甚者。請嚴鞫大周，以爲將來之戒。」御史陳軾亦以爲言，皆不聽。一清乃力請骸骨歸。

37 戊辰，擢南京鴻臚寺卿王守仁爲都察院左僉都御史，巡撫南贛、汀、漳等處。

初，南贛之賊，爲陳金、俞諫先後討之，稍戢，不數年，復嘯聚爲亂。謝志山據横水左溪桶岡，池仲容據浰頭，皆稱王，與大庾陳曰能、樂昌高快馬、柳州龔福全等攻剽府縣，而大帽山賊詹師富等又起。于是江西、福建、廣東、湖廣之交，千餘里皆亂。前巡撫文森託疾求去，尚書王瓊劾罷之，薦守仁才，遂有是命。【考異】明史王守仁傳系之是年八月，證之實録，則是月戊辰也。年譜系之九月，時文成在南京，據其奉旨之日。又記其十月歸省，明年正月始至贛州，諸書皆據之，而紀事本末書于十月，尤誤也。今據實録及明史本傳。

38 南京地震，湖廣武昌府亦同日震。【考異】三編書云：「是月十九日也。」實録，是月庚戌朔。

39 丁丑，以禮部尚書蔣冕兼文淵閣大學士，預機務。

冕清謹有器識，雅負時望，至是以一清去，代之。

40 是月，寇犯清河鹻場，地方官軍陣亡及傷者五十餘人。詔逮問分守都指揮王宣，守堡指揮趙鐸等。

41 九月，癸未，寇犯龍門所，官軍失利，陣亡三十人。詔撫、按逮治守墩百户張鎮，領軍千户王隆等及守備參將並分守太監張鳳等。

42 庚寅，以旱災，免陝西鞏昌等府、衛、州、縣及山東濟南府、州、縣稅糧之半。

43 辛丑，巡撫江西都御史孫燧奏：「上猶盜謝志山，合廣東樂昌盜高快馬等(于)〔千〕七百餘人，掠大庾，攻南康、贛州，贛縣主簿吴玭戰死，兵士陣亡者五十人。」詔燧會南贛巡撫王守仁調兵進剿。

44 丙午，改南京祭酒魯鐸爲國子監祭酒。

鐸自司業累擢南祭酒，成均教士，務爲切實，不專章句。士有假歸廢學者，訓飭之，悔過乃已。

初，鐸爲司業，與祭酒趙永，皆大學士李東陽門生也。東陽生日，兩人相約以二帕爲壽，比檢笥，無有，徐曰：「鄉有饋乾魚者，盍以此往。」詢諸庖，食過半矣，以其餘詣東陽。東陽喜，爲烹魚置酒，留二人飲，極歡乃去。

45 是月，土爾番復據哈密，侵肅州。

初，哈密都督舍音和珊，與莽蘇爾通，已，忽有隙，莽蘇爾欲殺之；大懼，求和于和卓塔實鼎爲之解，許賂幣千五百匹，期至肅州畀之，且啗之入寇，曰：「肅州可得也。」莽蘇爾喜，令其壻瑪哈穆特舊作馬黑木。等俱隨入貢，以覘虛實，且徵賂。

時巡撫李昆慮他變，羈其使甘州，而驅舍音和珊出關，和珊懼，弗去。和卓塔實鼎有弟曰和卓繖扎爾，舊作火者撒者兒。亦充貢使偕來，爲所羈。

塔實鼎聞之，怒，遂復奪哈密城，請莽蘇爾移居之。分兵據沙州，擁萬騎寇嘉峪關，游擊芮寧與參將蔣存禮、都指揮萬榮、王琮各統兵往禦。寧以七百人先，遇寇，寇悉衆圍寧，而分兵綴諸將，寧援絶，死焉，一軍盡没。遂薄肅州城，副使陳九疇固守，先絶其内應，下舍音和珊于獄。寇知事泄，慮援兵至，大掠而去。

初，彭澤之賂土爾番也，九疇奮曰：「彭公受天子命制邊疆，不能身當利害，何但模稜爲！」乃繕營壘，練卒伍，常若臨大敵者，至是果却之。【考異】明史本紀系土爾番復據哈密于是月，無日。實録書于明年之正月，蓋據奏報之月日。而所敘據哈密、攻肅州事，皆在前一年，故諸書皆系之是年九月。明史哈密傳言「十二年正月，羽書聞」，則奏報之至在明年正月，而命彭澤總制恰在二月。今分書之。

46 改禮部尚書毛紀掌詹事府，進禮部侍郎李遜學代之。

47 冬，十月，己酉朔，享太廟，遣駙馬都尉游泰代行禮。

48 甲寅，免直隸順天等四府、南直隸池州府六縣、河南開封等五府、陳州、鄢陵等二十四州、縣、福建泉州等三府州、縣被災税糧。

49 己未，下監察御史徐文華于獄。文華爲御史，好建白，人多憾之。至是因議禮，論祧廟及祔食之失，下禮部議，謂「孝宗當日敕下廷臣議擬裁定，一遵成憲，傳之萬世而不可易者，臣等未敢别議」。詔以文華出位妄言，尋黜爲民。

50 十一月，甲申，免湖廣武昌、漢陽等八府、沔陽、安陸二州及山西太原、平陽二府、澤、潞二州被災州、縣税糧。【考異】明史本紀書是月「甲申，免湖廣被災税糧」，證之實録，兼有山西二府、二州，今據增。

51 壬辰，六科都給事中葉相等言：「邇來月不數朝，朝或入晏。今冬至正旦，令節在邇，天下諸司官朝覲及宗藩四裔皆入賀。朝廷舉動，四方儀法，不可不慎。伏望夙興視朝，以示法天下。」十三道御史屠僑等亦言：「近日免朝日多，視朝日少，諸司百辟，惟知有左順門之趨候而已。伏望罷順門之傳旨，復奏事之舊規。」皆不報。

52 十二月，丁未朔，上以明年南郊視牲，是日車駕暮出，比還宮，已夜分，邊軍馳騎擁門，扈從群臣爲其蹂踐，幾不得入。

53 己巳，振河間水災。

54 乙亥，免南直隸鳳陽、淮安、揚州三府及徐州所屬州、縣被災税糧。

55 是冬，小王子以二萬騎分掠偏頭關諸處，協守延綏副總兵安國偕游擊杭雄禦之，敗之岢嵐州，斬首八十餘級，獲馬千餘匹，寇遂遁。

先是白羊口之役，張忠、劉暉等統京軍至，寇已飽掠去。忠、暉恥無功，紀功御史劉澄甫，攘國等功歸之，大行遷賞，忠等悉增禄，予世蔭。國僅以署都督僉事實授寧夏總兵官，意不平，乃具疏力辭，爲部卒重傷者乞敘録，兵部始議進都督同知。

當是時，佞幸擅朝，債帥風大熾，獨國以材武致大將，克盡其職。在鎮四年卒。

56 是歲，安南社堂燒香官陳暠，與其二子昺、昇作亂，弑其主黎晭而自立，詭言前王陳氏後，仍稱大虞帝，改元應天，貶晭爲靈隱王。

晭臣都力士莫登庸，初附暠，後與黎氏大臣阮弘裕等起兵討之，暠敗走，獲昺及其黨陳璲等。暠與昇奔諒山道，據長寧、太原、清節三府自保。登庸乃共立晭兄濔之子譓，以登庸有功，封武川伯。自是登庸遂專國政。【考異】事見安南傳，書于是年，憲章録系之是年四月。今據書于是年之末。

明通鑑卷四十七

江西永寧知縣當塗夏　燮編輯

紀四十七

超彊圉赤奮若（丁丑），盡著雍攝提格（戊寅），凡二年。

武宗毅皇帝

正德十二年（丁丑、一五一七）

1 春，正月，戊寅，召内閣、府、部大臣及科、道官，傳旨，「十三日郊祀畢，駕幸南海子觀獵」。

于是大學士梁儲等上疏曰：「朝廷至大至重之事，無有過于郊祀者。今祀禮未畢而先有意于游獵，則精誠已分矣。祖宗百五十餘年來，未聞有此舉動。況塵埃草野之中，車馬叢雜，等威不辨，警蹕不嚴，萬一可虞之事或有出于意料之所不及者，則臣等雖萬死，不足以贖誤國負君之罪矣。」尋五府、六部、都察院、通政、大理等衙門及成國公朱輔等皆以爲言，不省。【考異】明史本紀，「正月己丑，祀南郊，遂獵于南海子。」三編則于目中書「戊寅，召百官至左順門，明告以己丑郊竣，將幸南海子」，蓋據實録也。武宗蓋慮臨時諸大臣之諫阻，而先傳旨明告，可謂不畏天怒，不恤人言，儲等之諫，亦何益哉！

2 己丑，大祀南郊。禮畢，遂獵于南海子。文武諸臣追從之，上方縱獵，門閉不得入。日晡傳旨，「令諸臣先還，候于承天門」。夜中，駕始入，御奉天殿，群臣行慶成禮。明日，以所獵禽獸分賜府、部、翰林、五品以上及科、道官。

初，上時出微行，猶諱之，自是(恃)〔特〕宣諭外廷，無敢力争者。旬日間，再獵南海子，西北巡邊之行自此始矣。

3 壬寅，甘肅守臣以土爾番侵肅州羽書上聞，並言「先後入貢番使，宜隨所在羈之」。而巡按御史王光，亦劾諸將失律罪，「請遣文武大臣有才略者往經略之」。【考異】實録書土爾番事于是月壬寅，實據奏報之日，而明史稿遂據之。後修明史改入于十一年九月，蓋參核彭澤傳，土爾番之復據哈密，乃十一年事。惟哈密傳于十一年五月下書「彭澤上言，『土爾番效順，請賜臣骸骨歸里』」。下文言「明年五月，甘肅巡撫李昆上言，『莽蘇爾謂巴爾濟不可復立。如必欲其復國，請敕諭莽蘇爾兄弟』」云云。按此即十一年五月事，故實録系之五月庚寅其非十一年之明年可證也。且上文既云「十一年五月」，下文又言「十二年正月」，不應中間複出「明年五月」四字。今詳加參校，彭澤召還在十年，傳中敘九年彭澤經略事下，當書「十年五月」，因轉寫衍「一」字。如此，則澤請賜骸骨在十年，而下文所謂「明年五月」者，正十一年之五月，與本紀及彭澤傳脗合，而上下文義亦一氣貫注矣。今記土爾番事年月，悉參實録、本紀書之，並附刊土爾番傳之誤于此。

4 是月，王守仁行抵贛州，開府郡中，選民兵，行十家牌法，其法仿保甲行之。又以連年調狼兵、土軍，動經歲月，糜費逾萬，有損無益，乃集江西、福建、廣東、湖廣四省之兵，選其驍勇者，每省或五六百人，或四五百人，分隊統帶，責之分守兵備官。

時左右多賊耳目，守仁乃呼老黠隸詰之，隸戰栗不敢隱，因貰其罪令詗賊，賊動静無弗知。于是檄福建、廣東會兵，先討大帽山之賊。

5 二月，庚戌，命左都御史彭澤提督陝西等處三邊軍務，鎮守寧夏，右都督郤永充總兵官，太監張永監軍。

6 增設陝西織造中官。

給事中任忠言：「陝西地瘠早寒，民多穴居，衣皮餔藿，無他生計。況沿邊郡縣屢遭寇掠，耕牧曠廢。其腹裏不被兵者，又以調集士馬，輓運芻糧，亦皆疲敝。粦麥槁于春夏，苗稼盡于雪霜。逃竄流移，十室而九。近聞復遣太監往監織造，費輒數萬，催督峻急，民不堪命。夫鳥窮則啄，獸窮則攫，臣不勝意外之虞，民或啄以攫也。」疏入，不報。

7 己未，免陝西鞏昌府、秦、隴等被災州、縣去年税糧。

8 三月，己丑，免大同府所屬州、縣被災稅糧。

9 癸巳，賜舒芬等進士及第、出身有差——芬，進賢人。是日，上微行，騎出北安門，軍士從者纔數人，至順天府大街而還。比夜，始傳制。

10 戊戌，陝西鎮、巡官復以織造爲言，「請將兩淮、浙江、四川、河東鹽課充陝西織造之用」，從之。

11 夏，四月，壬子，靳貴致仕。

貴在閣三年，無所建白。初，貴主辛未會試，以家人通賄鬻題爲言官所劾，是科復主會試，人言藉藉。給事中王俊民復劾之，貴始乞休。仍賜敕、給廩隸如例。

12 丙辰，甘肅副總兵鄭廉及哈密都督阿爾保喇見前，即奄克孛剌。等，敗土爾番于瓜州，斬獲七十九級，乃遁去。又與衛拉特即瓦剌。相攻，力不敵，移書求款。巡撫李昆以聞，且請罷兵，于是彭澤、張永等皆止不遣。總兵郤永已先發，命「暫駐甘州近地，俟事寧乃還」。

13 是月，毀積慶、鳴玉二坊民居，給事中石天柱等疏請停止，不省。

14 五月，丙子，以禮部尚書毛紀兼東閣大學士，預機務，代靳貴也。

紀以屢諫，有名望，同列皆倚重之。

15 戊寅，寧府典寶副閻順、典膳正陳宣等，潛走京師，告「寧王所親信典寶正涂欽與致仕都御史李士實、都指揮葛江等謀不軌，乞敕法司勘治」。有旨「執付錦衣衛獄」。已，王亦奏順等背義私逃，杖之五十，發孝陵衛種蔬。

時內外權貴皆受宸濠賂，雖上變勿問。

16 癸未，上微行至石經山、湯峪山、玉泉亭，數日乃還。——石經山，朱寧所營建也，窮極壯麗，至是邀上幸之。

17 乙未，都御史彭澤以衰病乞休，許之，馳驛、給夫廩如制。六科給事中黃鍾、十三道御史潘倣等交章請留，而爲兵部尚書王瓊所尼，不報。

初，瓊與澤以廷推有隙。而澤常使酒陵瓊，復時時謾罵錢寧，寧聞，大怒，遂與瓊偵澤事，欲共傾之。

舍音和珊之繫獄也，其黨實巴伊克舊作失拜煙荅。被捶死。及事平，械和珊至京下獄。實巴伊克子旋以入貢至京，探知王瓊欲傾澤，遂訟父冤，法司行甘肅訊報。瓊欲因此興大獄，奏遣科道二人往勘。

18 是月，巡撫南贛王守仁討大帽山賊，平之。

時賊首詹師富等據長富村爲巢，守仁督副使胡璉等破之，逼之象湖山。指揮覃桓、縣丞紀鏞戰死，守仁親率鋭卒屯上杭，佯退師，出不意擣之，連破四十餘寨，俘斬七千有奇，遂擒師富，散其脅從者四千餘人。【考異】事見明史守仁本傳，然系之是年正月，似誤也。文成以正月至贛州，調兵團練，一切部署，必無是月遽平劇賊，故憲章録，紀事本末皆系之五月。而證之實録，六月丙辰始以捷聞，則五月破大帽山賊可證也。若其年(譜)〔譜〕謂「是年二月平漳寇，四月班師，駐軍上杭」，則正與明史本傳合。蓋平漳寇後移師上杭，故討詹師富等即在是時，本傳「正」字，疑係「五」字之誤也。

19 六月，乙巳朔，日有食之。

20 乙卯，命安遠侯柳文防守古北口，署都指揮趙承序防守白羊口，華勛防守黃花口，以諜報寇在宣府沿邊駐牧也。

21 是月，禮部尚書李遜學改管誥敕，以吏部侍郎毛澄代之。王瓊遷左都御史，代彭澤也。以刑部侍郎張綸爲右都御史。

22 秋，七月，乙亥朔，享太廟，遣會昌侯孫銘代行禮。

23 陞山東按察僉事許逵爲江西副使。

逵以屢破劇賊，威名大著，擢授是職。會宸濠方謀逆，其黨横甚，逵至，以法痛繩之。語巡撫孫燧曰：「寧王敢爲暴者，恃權臣也；權臣左右之者，貪重賄也。重賄出于盜藪，今惟翦盜則賄息，賄息則黨孤。」燧深然之。

24 丙戌，下大理寺評事沈光大及司務林華于錦衣衛獄。

時有廠衛校卒，喧爭三法司道上，華出，不避，因杖之。校卒仍不遜，光大復杖而囚之。錢寧遂奏「校乃執駕人役，二人擅辱之」。有旨，俱下獄拷訊。且令法司從重擬罪。法司議降調，內旨「黜光大爲民，華調外」。

時廠衛聲勢赫奕，校卒至各部白事，呼卿佐爲「老尊長」，卿佐亦降顏禮遇之，皆錢寧、江彬等奧援也。

25 庚寅，命巡撫南贛、僉都御史王守仁提督軍務。

先是江西盜蠭起，守仁至，稍稍平之，因奏：「盜賊日滋，由于招撫之太濫；招撫太濫，由于兵力之不足；兵力不足，由于賞罰之不行。乞假以令旗令牌，得便宜行事。」兵部王瓊議請許之。乃更兵制：二十五人爲伍，伍有小甲；二伍爲隊，隊有總甲；四甲爲哨，哨有長，協哨二佐之；二哨爲營，營有官，參謀二佐之；三營爲陣，陣有偏將；二陣爲軍，軍有副將；皆臨事委，不命于朝，副將以下得遞相罰治。于是乃議討大庾之賊。

26 是月，上納江彬言，將幸宣府巡視居庸關，御史張欽上疏曰：「比者人言紛紛，謂車駕欲度居庸，遠遊邊塞，臣謂陛下非漫遊，欲親征北寇也。不知北寇猖獗，但可遣將徂征，豈宜親勞萬乘？英宗不聽大臣言，六師遠駕，遂成己巳之變。匹夫猶不自輕，奈何以宗社之身，蹈不測之險！今內無親王監國，又無太子臨朝。國家多事，甘肅有土番之患，江右有萑賊之擾，淮南有漕運之艱，巴蜀有采辦之困；京畿諸郡，夏麥少收，秋潦爲沴。而陛下不虞禍變，欲縱轡長驅，觀兵絕塞，臣竊危之。」已，聞廷臣切諫皆不納，復疏言：「臣愚以爲乘輿不可出者有三：人心搖動，供億浩繁，一也；遠涉險阻，兩宮懸念，二也；北寇方張，難與之角，三也。臣職居言路，奉詔巡關，分當效死，不敢愛死以負陛下。」疏入，不報。【考異】欽諫幸宣府事見明史本傳，特書于是年之七月，蓋欲諫止上行，非臨時奏也。諸書皆系之帝幸宣府之八月。今據實録書之，爲下幸宣府張本。

27 八月，甲辰朔，上微服如昌平。

乙巳，大學士梁儲、蔣冕、毛紀追及于沙河，上疏請還，不納。

己酉，至居庸關。

時傳報出關甚急，巡關御史張欽，命指揮孫璽閉關，納門鑰藏之。分守中官劉嵩欲詣昌平朝謁，欽止之曰：「車駕將出關，是我與君今日死生之會也。關不開，車駕不得出。違天子命，當死；關開，車駕得出，天下事不可知，萬一有如土木，我與君亦死；寧坐不開關死，死且不朽。」頃之，上召璽，璽曰：「御史在，臣不敢擅離。」乃更召嵩，嵩謂欽曰：「吾，主上家奴也，敢不赴！」欽因負敕印，手劍坐關門下，曰：「敢言開關者斬！」

復夜草疏曰：「臣聞天子將有親征之事，必先期下詔廷臣集議。其行也，六軍翼衞，百官扈從，而後有車馬之音，羽旄之美。今寂然一不聞，輒云車駕即日過關，此必有假陛下名出邊勾賊者，臣請捕其人，明正典刑。若陛下果欲出關，必兩宮用寶，臣乃敢開。不然，萬死不奉詔。」奏未達，使者復來，欽拔劍叱之曰：「此詐也！」使者懼而返，爲上言：「張御史幾殺臣。」上大怒，顧錢寧：「爲我趣捕殺御史！」

會儲等至沙河，再疏請還宮，于是禮部尚書毛澄、給事中王潮暨成國公朱輔、英國公張崙等，皆合詞疏請回蹕，欽疏亦至。丙辰，上不得已始自昌平還。

戊午夜，視朝。

28 庚申，大庾賊陳曰能，盤踞山峒，與上猶、浰頭諸賊相犄角，守仁督副使楊璋潛師以入，乘夜縱火焚巢，破十九寨，禽曰能，俘斬五百六十餘人。

時橫水賊謝志山乘間急攻，南安知府季斆擊敗之。【考異】事見明史本傳，紀事本末系之七月。實録書于八月庚申，據報捷之月日也。三編目中書禽曰能在十二年九月，蓋橫水賊之破又在其後，牽連並記耳。

29 癸亥，以廣東布政使吴廷舉爲右副都御史，振湖廣饑。

先是巡撫秦金奏，「武、漢、荆、岳、黄、襄、德、常、安、沔等府州並所屬俱水災，請特遣大臣一人發銀往振」，從之。

30 是夜，南京祭歷代帝王廟，風雨大作，雷震死齋房吏。

31 丙寅，上復微行，夜出德勝門，趨居庸關。

時御史張欽巡白羊口。上夜宿羊房民舍，辛未，疾馳出關，數問：「御史安在？」欽聞，追之已不及，欲再疏諫，而上已命谷大用守關，毋納京朝官。欽感憤，西望痛哭而已。

癸酉，大學士梁儲等請回蹕，不報。

32 九月，甲戌朔，車駕駐宣府。

江彬營鎮國府第，悉輦豹房珍玩、女御實其中，上遂忘歸。時夜出，見高門大户即馳入，或索其婦女，富民率厚賂彬以求免。軍士樵蘇不繼，輒毁民房屋以供爨，市肆蕭然，白晝户閉。

閣臣梁儲、尚書毛澄等，南京尚書吴儼等，僉都御史胡瓚、禮科給事中陳霑等，皆先後諫，不報。

33 辛卯，河決城武。

34 壬辰，上駐蹕陽和。

時上自署「總督軍務威武大將軍總兵官」，所駐蹕稱「軍門」，凡有徵發，悉以威武大將軍鈞帖行之。

閣臣梁儲等言：「舊制，一應軍馬錢糧，非奉敕旨不許擅行支應。今一旦以此帖行之，異日設有姦人乘機詐冒，軍衛有司不能辨其真僞，安能保無他患。伏望停止，並請即日還宫以安中外。」不報。

35 庚子，有旨，「户部發銀一百萬兩輸宣府，以備賞勞」，户部尚書石玠力持之，不納，乃輸其半。

36 冬，十月，癸卯朔，車駕駐蹕順聖川，會韃靼小王子入寇。

先是上在陽和，聞小王子以五萬騎駐邊，將入寇，上喜以雄略自見，遂命大同總兵官王勛、副總兵張輗、游擊陳鈺、孫鎮軍大同，遼東參將蕭滓軍聚落堡，宣府游擊時春軍天城，副總兵陶杰、參將楊玉、延綏參將杭雄軍陽和，副總兵朱鑾軍平虜，游擊周政軍威遠。時前月戊戌也。

其月，辛丑，寇分道南下，勛等率所部禦之，上命春、滓往援，政、鑾及參將麻循、高時尾敵後，又調宣府總兵朱振、參將左欽等俱會陽和，參將江桓等爲之策應。

是月，甲辰，勛與敵遇，督軍步戰，寇南循應州而去。明日，勛等復遇敵于應州城北五里寨，戰數十合，殺傷相當。薄暮，寇傍東山去，既而分兵圍勛等。比曉，天大霧，圍解，勛等入應州城，鑾及都指揮徐輔兵至。明日，勛等出城大戰，時春、滓兵亦至，寇復以別騎迎敵，官軍不得合。

丁未，上自率太監張永、魏彬、張忠、都督江彬等兵，自陽和來援，衆殊死戰，敵少却，諸軍乃得合。日暮，即其地爲營，乘輿止焉。明日，敵來攻，上復督諸將禦之，自辰迄酉，戰至百餘合，敵退，引而西。上與諸將躡敵後，至朔州邊，會大風霧，晝晦，官軍亦疲困。辛亥，還駐大同。

是役也，斬首十六級，官軍死者五十二人，重傷者五百六十三人，乘輿幾陷。命勛等以捷聞于朝。【考異】此九、十兩月事，實録統書之于是月甲辰下，三編全據其文。證之明史本紀、外國傳，亦大略相符。而至于「官軍死傷」、「乘輿幾陷」等語，韃靼傳皆佚之。且云，「是後歲犯邊，然不敢深入」，似據正史之文，然不如實録所紀之詳而信也，令悉據書之。

37 甲子，歲星晝見，凡六日。

38 是月，王守仁討橫水、左溪，令都指揮許清、贛州知府邢珣等各一軍會于橫水，南安知府季斆及守備郟文等各一軍會于左溪，又令吉安知府伍文定等遏其奔軼。守仁自駐南康，去橫水三十里，先遣四百人伏賊巢左右，進軍逼之。賊方迎戰，兩山舉幟，賊大驚，謂官軍已盡犁其巢，遂潰。乘勝克橫水，謝志山及其黨蕭貴模等皆走桶岡，左溪亦破。

守仁以桶岡險固，移營近地，諭以禍福。賊首藍廷鳳等方震恐，見使至，大喜，期仲冬朔降，而珣、文定已冒雨奪險入。賊阻水陣，珣直前搏戰，文定等自右出，賊倉猝敗走。諸軍遂破桶岡，志山、貴模、廷鳳面縛降。凡破巢八十有四，俘斬六千有奇。時湖廣巡撫秦金，亦破龔福全，禽斬千人。

乃奏請設崇義縣于橫水，隸南安府，從之。

39 十一月，丙戌，總督兩廣都御史陳金討府江賊，平之。

府江地方綿亘二千餘里，皆賊巢穴。金偕總兵郭勛、太監甯誠調兩江土兵及湖廣官軍，分六路討之，禽斬賊首王公珣等百餘人，餘賊六十餘人，俘獲男婦千五百餘人。

捷聞，以功進金少保兼太子太保。尋召還。

40 丁亥，命大學士楊廷和入內閣供職。

先是廷和服闋，召至京，上已北巡。吏部爲請，至是已踰月，乃得旨。【考異】此據實録之原文，云「廷和至京，上已北巡」，則以八月後至也。云「吏部爲請，踰月乃得旨」，則以九月請也。明史本傳亦言：「廷和至，帝方獵宣府。」惟下文言：「帝在宣府，賜廷和羊酒銀幣，廷和疏謝，因請回蹕。不報。復與大學士蔣冕馳至居庸，欲身出塞請，帝令谷大用扼關門，乃歸」云云。按武宗北巡及出居庸關，令谷大用扼關門，皆八月事，無論廷和未到，即到，亦未上聞，何從有羊酒銀幣之賜？若使帝有所賜，廷和復有疏諫，實録中不容無一語及之。且廷和傳言「與蔣冕馳至居庸」，而冕傳言「上出關時，冕方以病在告，因上疏諫」云云，則是冕亦何嘗至關？凡此，非楊文襄誄墓之詞，即升庵行狀歸美之語，今不取，但據實録書之。

41 戊子，上還至宣府。

42 辛丑，冬至，上在宣府，文武諸臣行遥賀禮。

43 南京六科給事中汪元錫、十三道御史孫孟和等上疏諫親征，且請返蹕，不報。

44 十二月，壬寅朔，上在宣府，傳旨「以閏月朔省牲」。大學士楊廷和等「請明降諭旨，振旅還京師」。

45 癸亥，太監張永等自宣府還，傳旨：「以邊報未寧，未得還京。自閏十二月初一日爲始，遣官省牲及大祀，皆照例舉行。」

于是楊廷和等復上疏言：「我祖宗列聖百五十餘年來，每遇郊祀前一月，躬往省牲，歲之首月，卜日行禮，所以天心克享而天下久安。今陛下駐蹕關外，顧以邊報未寧，遂欲廢此百五十餘年盛典，萬一天下臣民及各處宗藩疑而問故，則將何説以應之？伏望收回新命，即日車駕遄還，以成大禮。」禮部尚書毛澄等，科道官朱鳴陽、袁宗儒等，亦以爲言，皆不報。

内閣大臣及九卿欲赴行在請還宫，行至居庸關有禁，不得出關而還。

46 閏月，壬申朔，上在宣府，大學士楊廷和等代行省牲禮。復傳旨：「京城九門守門官，毋放朝官出城。」

47 甲申，楊廷和等言：「近日武清、東安等縣，蘆溝橋、清河店等處俱有盜賊，少則四五十人，多則百餘人，劫掠村店，燒毀房屋，殺虜人口，搶掠財物，道路爲之不通。而京城之内東直門諸坊，强賊白日剽殺。該部奏請調度兵馬，未奉明旨，不敢輒行，恐誤事機。竊思盜賊之起，固由饑寒所迫，實亦數月來窺知乘輿遠狩，京城居守無人，投間抵隙，肆無忌憚。若不及早撲滅，恐日漸滋蔓，不但如近年劉六、楊虎之禍而已。況今郊祀天地、時享太廟及正旦朝賀諸大禮，相踵在邇，所以聳四方之觀聽，繫天下之人心，請及早還京，次第施行。此實治亂安危之機，臣等故敢昧死言之。」不報。

48 丁亥，立春，上命迎春于宣府，備諸戲劇。又飾大車數十兩，令僧與婦女數百雜載戲謔，上觀之大笑以爲樂。

十三年（戊寅、一五一八）

1 春，正月，辛丑朔，上在宣府。

2 壬寅，佛郎機來貢。

其地近滿剌加，因襲而據之。至是遣使臣加必丹永等貢方物，請封。至廣東，鎮、巡官以海南諸番國無其名，又使臣亦無本國文書，未可信，乃留其使者以請。詔「給其方物之直遣還」，其人久留不去，已而賫緣鎮守中貴，遂入京。【考異】佛郎機，即今之佛蘭西，亦曰「法蘭西」，大西洋歐羅巴洲之一國也。萬曆間，利瑪竇至中國，自稱大西洋，禮臣不知。其後艾儒略出其所撰職方外紀，始知歐羅巴洲中七十餘國，統名大西洋，而意大里亞、佛郎西皆在焉。考之明代，自正德以前，大西洋朝貢未嘗通于中國，即鄭和七下西洋，歷諸番數十國，亦僅至西南洋而止，故大西洋之通中國，實始于佛郎西。而其時明人不審，但以其自滿剌加來，遂以爲地之相近。不知佛郎西遠在大西洋，時因來至南洋，開通市埠。滿剌加即南洋之一國，今所稱「麻六甲」者，佛郎西據之，而非其本國之相近也。明史外國傳但知意大里亞爲大西洋，而不知佛郎西亦大西洋，又因佛郎西取滿剌加，遂併佛郎西亦誤以爲南洋之一國，自西人地理書出，輿圖瞭然。今仍據明史書之，而附識于此。

3 癸卯，户科給事中邵錫言：「去秋雨水爲災，秋成失望，順天、保定、河間，被災尤甚，真定、大名等五郡次之。人民艱食，流移日多，盜賊漸起。陛下近發户部銀兩、德州倉糧，遣郎中二人振濟，恐所發不足以贍所振。請敕大臣一人專司振事，仍乞量予蠲免。」從之。于是以僉都御史李鉞督順天、河間、保定等府，與巡撫李瓚、臧鳳分道振之。

4 丙午，車駕至自宣府。

先是禮部具迎駕儀，令京朝官各朝服迎候。而傳旨用曳撒大帽鸞帶，並賜群臣大紅紵絲羅紗各一，具綵繡，一品斗牛，二品飛魚，三品蟒，四品麒麟，五、六、七品虎彪，翰林、科、道官不限品級皆預焉，惟部曹以下不預。言官論其非制，不納。

及是迎駕德勝門外，群臣具綵帳、綵聯，皆金織字，序詞惟稱「威武大將軍」，不敢及尊號，衆官列名其下亦不敢稱臣，各陳羊酒、白金、綵幣，手紅梵夾候道左，蓋皆中官預傳上意也。

時上戎服，乘赤馬，佩劍，邊騎簇擁。遥見火毬起戈矛間，烟直上，乃知駕至，群臣齊伏地叩首。上下馬，坐御幄，大學士楊廷和奉觴，梁儲注酒，蔣冕進果榼，毛紀擎金花稱賀。上曰：「朕在榆河親斬敵首一級，亦知之乎？」廷和等皆頓首稱聖武。上遂馳馬入東華門，宿豹房。

是日，大雨雪，駕至，夜已久，廷臣迎駕，僕馬相失，曳走泥淖中。夜半入城，有幾殆者。【考異】此據三编，皆本實録之全文。而明史廷和傳，謂「廷和獨不可，曰：『此里俗以施之親故耳，天子至尊，不敢瀆獻。』帝使使諭意，執不從，乃已。」今證之實録，廷和並未嘗執奏，而綵帳、羊酒稱賀之事，未見中止，疑亦志、狀中歸美之詞，而明史因之。且傳中亦言「上多過失，廷和諫不聽，亦不能有所執奏，以是邑邑不自得」。此紀實之語，與上文「執不從」之語矛盾矣。大抵野史所記廷和附權貴事，多出仇口，弇州辨之是也。而至于武宗失德，廷和依違其間，此實有之。三编多據明史列傳，獨此一段删之，具有斟酌，今從之。

[5]丁未，罷南郊致齋，初至不及也。

[6]庚戌，大祀南郊。祀畢，復幸南海子。

先是南京尚書吳儼等言：「臣等初聞車駕出幸昌平，曾具疏極論，不蒙采納。既而又聞出居庸，幸宣府、大同，宰輔不及知，群臣不及從，六軍之士不及衛護，臣等戰懼驚惶，未測其故。既而思之，是必因邊圉告急，陛下慮群帥之不力，憫邊氓之被俘，急于制御，遂不暇咨謀而行耳。然今在廷之臣，文武如林，寧無一人可委任者，而陛下必欲自行耶？

方車駕之初出，臣民引領北望，首謂回蹕必在九月萬壽節時，則以天下之朝賀者畢至，蕃服之貢獻者在廷，豈宜使之空行！及九月既過，人謂回蹕必在長至令節時，則以九廟有灌獻，兩宮有慶賀，豈宜遣人以代！及長至既過，又謂必在明年元旦時。今過元旦又十日矣，車駕還否，遠不可知；萬一未還，則郊祀大禮，尤非臣下所敢代者，將遂缺而不舉歟？若謂寇尚在邊，則待寇滅而後還歟？又萬萬無此理。

況近者內外人心搖動，口語藉藉，轉相傳播。徐、淮以南，饑饉千里，去冬雨雪爲災，民無衣食，至于父子流移，兄弟離散，略不繫念，甚有自引決者。民窮至此，安保其不爲盜？臣恐所禦之寇尚在藩籬，而不虞之患或起肘腋，此不可以不慮也。」

時户部侍郎張津，應天府丞許廷光，給事中孫懋，御史潘洙，先後馳疏請回駕，皆不報。三編質實：「按是年正月辛丑朔。武宗以丙午還京，乃月之六日。吴儼疏有『過元旦十日』語，蓋儼官南京，尚未知武宗之已還也。」

7 辛亥，至自南海子，御奉天殿。夜，宴文武群臣及四夷朝使，復以親征所獲刀械衣器示群臣縱觀之。

8 丁巳，留盧、鳳、淮、揚並徐州兑運糧五萬五千石及折糧脚價銀四萬兩、淮、浙鹽價銀各三萬兩，分給被災府州縣，以大水故也。【考異】三編敘于正月振京師目中，云「二月發運糧及鹽價等銀」，證之實録，即正月丁巳也，今據之。

9 己未，賜文武群臣銀牌于左順門，一品重三十兩，二品、三品十兩，鏤其上曰「慶功」，四品、五品及都給事中五兩，左、右給事中四兩，給事中御史三兩，鏤曰「賞功」，又各被以花紅。

先是廷臣具綵帳及賀儀，其出銀以品級爲差，故所賜亦如其數。翰林以無賀儀，是日遂不預賜云。

10 辛酉，上復如宣府，廷臣從者四人，餘以次追及。

于是楊廷和等復上疏言：「臣等蒙賜襲衣、獵品，又給花紅、銀牌，終夜思之，不勝踧踖！竊惟自古帝王，雖以武功定天下，而恒以文德致太平。有虞之時，三苗不服，帝乃誕敷文德，而有苗來格。漢武帝窮兵黷武，卒致海內虛耗，後雖有輪臺之悔，抑已晚矣。伏望陛下以虞舜爲法，漢武爲戒。即今四方水旱相仍，餓殍載道，朝廷每差官振濟，猶恐不及，若復勞師費財，其何以堪！伏望深居大內，頤養天和。」疏入，不報。

11 壬戌，都給事中汪元錫等言：「前日頒賜賞功銀牌，臣等實不敢受。竊念應州之役，殺虜人民，難以數計，六軍之衆，損折亦多，得失相較，實爲懸絶，而君臣動色相賀。不知寇退之時，亦有此等大賚如中國之爲乎？民之拘係于北庭，南向而哭者，亦望吾君臣有以救之乎？由此言之，則前項賜物，非惟臣等不敢受，抑亦不忍受矣。」貴州道御史李潤等亦共疏辭免，皆不報。

12 是月，又振山東水災。給京師流民米人三斗。瘞死者。

13 提督南贛軍務王守仁討浰頭賊，平之。

初，守仁之平詹師富也，龍川賊盧珂、鄭志高、陳英咸請降。及征橫水，浰頭賊將黃金巢亦以五百人降，獨池仲容未下。

橫水破，仲容始遣弟仲安來歸，而嚴爲戰守備，詭言：「珂、志高，讎也，將襲我，故爲備。」守仁佯杖繫珂等，而陰使珂弟集兵待，遂下令散兵。

歲首，大張燈樂，仲容信且疑。守仁賜以節物，誘入謝，仲容率九十三人營教場，而自以數人入謁。守仁呵之曰：「若皆吾民，屯于外，疑我乎？」悉引入，厚飲食之。賊大喜過望，益自安。守仁留仲容觀燈樂，正月三日，大享，伏甲士于門，諸賊入，以次悉擒戮之。自將抵賊巢，連破上、中、下三浰，斬馘二十有奇。餘賊奔九連山，山橫亘數百里，陡絕不可攻，乃簡壯士百人，衣賊衣奔崖下，賊招之上。官軍進攻，內外合擊，禽斬無遺。乃于下浰立和平縣，置戍而歸。自是境內大定。

14 二月，庚午朔，上在宣府。

丁丑，巡撫山東、右副都御史黃瓚以災異上言：「天道遠而難知，然徵之人事，亦有可得而言者。伏見皇輿北巡，累月弗返，輔臣百官，至有涕泣欷歔于邸舍而不忍言，亦且不敢言，是以譴見于天以警動陛下。陛下自視，遠寓邊將之家，孰與夫金闕紫宸之壯麗？邊土擊牛炰羔，孰與夫大官尚食之珍腴？乃快意于彼而忘此者，殆必有邪慝者爲之地主，使陛下微服，混迹臣庶，兜鍪加于龍衮，刁斗徹于宸聰，堂陛淩夷，莫甚于此！伏望及今還宮，以振天下紀綱，循祖宗法度，則災變猶可止也。」不報。

15 己卯，慈壽太皇太后王氏崩。

越三日壬午，上至自宣府，乃發喪。

16 癸未，降監察御史張士隆、許完爲判官，士隆晉州，完定州。初，士隆出按鳳陽，織造中官史宣，列黄梃二于騶前，號爲「賜棍」，每以抶人，有致死者，自都御史以下莫敢問，士隆劾奏之。又劾錦衣千户廖鎧奸利事，且曰：「鎧虐陝西，即其父鵬虐河南故習也。河南以鵬故召亂，鎧又欲亂陝西，乞置鎧父子于法。」錢寧素暱鎧，見疏，大恨。會士隆按薛鳳鳴獄。鳳鳴者，寶坻人，先爲御史，坐事削籍。諂事佞倖，尤善寧。與從弟鳳翔有隙，嗾緝事者發其私，下吏論死。刑部疑有冤，並捕鳳鳴。鳳鳴懼，使其妾訴枉，自刎長安門外。詞連寶坻知縣周在及素所讎數十人，悉逮付法司，而鳳鳴得釋。士隆與完先後按治，復捕鳳鳴對簿，釋在還職。寧怒，令鳳鳴女告士隆、完治獄偏枉。並下詔獄，尋謫外。【考異】士隆劾史宣事在十一年。據明史本傳，言「寧恨士隆，遂因士隆按薛鳳鳴獄以陷之」。證之實録，士隆謫外在是年二月，今據之，並記其被搆之本末。

17 禮部尚書毛澄等請上視朝，文武群臣行奉慰禮。上曰：「朕哀痛方切，未能視朝。」乙酉，澄等再請，仍不允。

18 丙戌，傳旨，以「大行山陵將開隧道，朕欲輕騎往視，啓土工畢，徧祭諸陵。」大學士楊廷和、尚書毛澄等言：「山陵之役，祖宗列聖以來，皆以付之有司。雖梓宫發引，送之不踰禁闕，其爲慮也深矣。伏望勉從家法以安人心。」

科、道朱鳴陽等言：「梓宮在殯，陛下于視朝聽政猶且不允，輕騎遠出，豈禮所宜！且吉凶異禮，喪祭異宜，陛下欲徧祀諸陵，不知服從吉乎，抑以凶乎？以衰絰之哀慘，行俎豆之雍容，尤不可之甚者也。」

修撰舒芬上言：「陛下三年之內，當深居不出，雖釋服後，儼然縈疚也。且自古萬乘之重，非奔竄逃匿，未有不嚴侍衛者。等威莫大于車服，今以天子之尊下同庶人，舍大輅袞冕而羸車褻服是御，非所以辨上下，定民志也。」不報。

19 戊子，諭「以二十二日西角門視事」。

20 兵部主事蘭溪、陸震上疏言：「日者昊天不弔，威降大戚，車駕在狩，群情惶惶。陛下單騎衝雪還宮，百官有司，莫不感愴，以爲陛下前蔽而今明也。乃者梓宮在殯，遽擬遊巡，臣知陛下之心必有蹙然不安者。且陛下即位十有二年矣，十者干之終，十有二者（友）〔支〕之終，當氣運周會，正修德更新之時。顧乃營宣府以爲居，縱騎射以爲樂，此臣所深懼也。古人君車馬遊畋之好，雖或有之。至若以外爲主，以家爲客，挈天下大器，賞罰大柄，付之于人，漠然不關意念，此古今所絕無者。伏望勉終喪制，深戒盤遊。」不報。

越五日癸巳，給事中石天柱見廷臣屢諫，上意不回，思所以感動之，乃刺血草疏。其略曰：「臣竊自念，生臣之身者，臣之親也；成臣之身者，累朝之恩也；感成身之恩，欲報之于陛下者，臣之心也。因刺臣血以寫臣心，明臣愚忠，冀陛下憐察。近者昊天不弔，禍延太皇太后，喪禮大事，孫子所當自盡。陛下于太皇太后未能盡孝，則群臣于陛下必不能盡忠。不忠將無所不至，猝有變故，人心瓦解矣。方今朝廷空，城市空，倉廩空，邊鄙空，天下皆知危亡之禍，獨陛下不知耳。治亂安危，在此行止，此臣所痛心爲陛下惜，復昧死爲陛下言也。」凡數千言。

當天柱刺血時，恐爲家人所阻，避居密室，雖妻子不知。既上，即易服待罪。聞者皆感愴，而上終不悟。

21 是月，大學士楊廷和以上失德，屢諫不聽，時以疾在告。再疏請致仕，不許。

22 下巡按御史董相及刑部主事鄭懋德、林桂于錦衣衛獄。

相以行部，遇江彬爲營卒報怨，遣百户朱英執人于平谷，勢張甚，相杖而繫之。方欲奏聞，彬遽愬于上，坐擅辱軍職得罪。

懋德、桂在刑部，部中獄卒例有供食錢，後移爲公使費，而以囚糧之贏者給之，相沿已久。會錢寧所善錦衣千户王注，有瞽者善歌，出入其家。瞽者之兄與人鬥不勝，注爲執鬥者搒掠之，尋死。其家訟于刑部，懋德捕注待質。寧庇之不發，乃陰諷東廠發盜用囚糧事。懋德與桂相繼提牢，遂坐罪。刑部尚書張子麟力解，乃寢不治。久之，二人皆謫外。

23 三月，壬寅，恭上大行太皇太后尊謚曰孝貞純皇后。

24 壬子，勒致仕都御史彭澤爲民，並逮甘肅巡撫李昆、副使陳九疇至京師。

初，王瓊憾澤，遣官往勘哈密事，欲中澤以危法，至是勘還，于澤一無所引。瓊又遣人嗾夷人之拘館中者令暴澤短，會同館主事張潫不可。

瓊計沮，乃自劾「澤擅遣使妄增金幣，遣書議和，失信啓釁，辱國喪師」，並及昆、九疇等。下廷臣議，多不平，然畏瓊，不敢言。尚書毛澄稍折辯之，瓊厲聲曰：「使械至闕前，鞫以重刑，當自吐實。」澄曰：「是何言也！古者刑不上大夫。」于是給事中王爌、石天柱皆曰：「事不可枉。」瓊迫衆議，乃援筆易奏稿，謂「澤歸踰年乃失事，請宥其逮治」。奉旨，「從輕奪職爲民。昆謫官，九疇削籍」。

澤材武知兵，然疎闊負氣，其經略哈密事頗不當，瓊與錢寧之交齮，亦有以也。【考異】彭澤致仕在十二年五月，王瓊欲搆之，遣科道二人往勘。證以明史本傳，澤以致仕之明年罷爲民，蓋勘還，澤無所坐，故瓊復摭其通賄請撫事。諸書或系之十年，或系之十一年，皆據其經略哈密及致仕之前後牽連並記耳。明史紀事本末書于十二年六月，正彭澤致仕後事，遣人往勘，當在六月以後。實録系澤罷爲民于是年二月，正勘還覆奏之時，今據之。

25 戊午，調給事中石天柱、王爌于外。

時以彭澤事，二人論救尤力。瓊憾之，竟取中旨調天柱雲南臨安府推官，爌廣東惠州府推官。

26 戊辰，上如昌平。

27 夏，四月，己巳朔，車駕謁六陵，遂幸密雲。吏部尚書陸完等，六科給事中朱鳴陽等，皆請返蹕，不報。

28 癸未，逮永平知府毛思義下錦衣衛獄。

時上在密雲，民間競傳欲括子女斂財物以充進奉，所至避匿。思義下令，謂：「大喪未畢，車駕必不出此，必奸徒矯詐。自今非有府部撫按文書，妄稱駕至擾民者，悉捕治之。」上聞，大怒，遂逮下獄，降雲南安寧知州。

29 五月，己亥朔，日有食之。

車駕駐喜峰口，上欲招朵顔三衛至關宴勞。巡撫薊州副都御史臧鳳言：「此夷雖朝貢不絕，而野性難馴。今屈萬乘之尊以臨之，彼懷譎詐，未必肯從；即使率其部落而來，無以塞無厭之求，請早回蹕，垂拱大廷，四夷自來王矣。」閣臣楊廷和等亦以爲言，皆不報。

30 丙午，巡按直隸、御史劉士元言：「招三衛入貢，有不可者四。請亟還宮以示威重。」

時給事中汪元錫等亦以爲言，皆不報。

未幾，三衛窺邊，事亦中寢。

31 戊申，車駕自喜峰口還宫。

32 丁巳，執巡按、御史劉士元于京師，繫錦衣衛獄。

先是上幸河西務，指揮黄勳以供應爲名，科擾侵盜，士元按之。勳逃至行在，因嬖倖譖言：「士元聞駕至，令民間藏匿婦人，盡嫁其女」，遂命裸縛士元而訊之。野次無杖，取生柳，杖四十，幾死，囚繫車後馳入京，並執知縣曹俊等十餘人，皆下錦衣衛獄。于是左都御史王璟、六科給事中陳霑、十三道御史牛天麟等交章論救，皆不報。

33 是月，巡按江西御史范輅，請定出使官朝見諸王禮儀。

時寧王宸濠令諸司以朝服見，輅不可。因奏言：「高皇帝定制，王府屬僚稱官，後乃稱臣。其餘文武京官，出使者皆稱官，朝使相見以便服。今天下王府儀注，制未畫一。臣以爲尊無二上，凡不稱臣者，皆不宜具朝服，以嚴大防。」章下禮部議，宸濠馳疏争之。廷議請如輅言，宸濠銜之。尋輅又奏劾「寧府伶人秦榮僭侈，請按治」。又劾鎮守太監畢真貪虐十五事，疏留不下。真乃摭他事誣輅，遂下詔獄。值上巡幸，淹繫經年，始謫龍州。【考異】事見明史本傳，證之實録在是年五月，而輅之下獄即在六月。蓋實録但言宸濠卒中傷之，而七月南京御史曹銓等論救，且言「輅已械繫至京，而真晏然在位，是朝廷之法獨加于耳目之官，不及于近幸之臣也。」據此，則輅之下獄，即五月以後、七月以前事，今類記之。

34 六月，庚辰，大行太皇太后梓宮發京師，上戎服從。

癸未，至山陵，遣官祭告后土、六陵及天壽山之神。是夜，上飲于帳殿，遂宿焉。

35 甲申，葬孝貞純皇后于茂陵。

乙酉，車駕發昌平。己丑，至京師。

壬辰，祔孝貞純皇后神主于太廟。上逮暮乃入廟，雷電風雨大作，燭盡滅。言官上疏請修省，不報。

孝貞皇后之祔廟也，迎主自長安門入。修撰舒芬上言：「孝貞皇后作配茂陵，未聞失德。祖宗之制，既葬迎主，必入正門。昨孝貞之主顧從陛下駕由旁門入，他日史臣書之曰：『六月，己丑，車駕至自山陵，迎孝貞純皇后主入長安門。』將使孝貞有不得正終之嫌，其何以解于天下後世？昨祔廟之夕，疾風迅雷甚雨，意者聖祖列宗及孝貞皇后之靈儆告陛下也。陛下宜即明詔中外，以示改過。」不報。芬遂乞終養，不許。【考異】事見明史舒芬本傳，即是月孝貞皇后祔主後所上也。云「六月己丑，車駕至自山陵，迎孝貞皇后主入長安門」，而本紀則云「乙酉，至自昌平」。考之實録：「甲申，葬孝貞皇后于茂陵。乙酉，上奉神主還京。己丑，神主至京，百官奉迎于德勝門外。」據此，則明史本紀誤以發之日爲至之日，而芬疏中云云，乃其目見之月日，必不誤也。今據實録書：「乙酉發昌平，己丑至京師。」昌平至京師，不過兩日程，以中間行再虞，三虞，四虞，至己丑行七虞禮，皆在途中，故歷五日也。又，芬此疏，實録及三編皆不載，不知何以遺之，今據明史本傳增。

36 秋，七月，己亥，上將復巡塞上，傳旨，以「北寇屢犯邊疆，誠恐四方兵戎廢弛，其遼東、宣府、大同、延綏、陝西、寧夏、甘肅，尤爲要害。今特命總督軍務威武大將軍總兵官朱壽率六軍往征，令内閣草敕。」——「朱壽」者，上自名也。

有頃，復召内閣大臣及九卿、科、道官至左順門諭意。是時閣臣楊廷和、蔣冕皆在告，梁儲、毛紀泣諫，衆亦泣，皆不納。

37 録應州功，陞賞敘蔭者凡五萬六千四百餘人。

兵部援昔年禦寇例，議「當陞賞者九千五百餘人」。得旨，謂：「朕此次親統六師，全捷而歸，比之命將分討，事體殊異，仍敕依原册擬。」六科、十三道復言：「陞賞人員，有未聞出國門而冒名者，乞賜宸斷，處以至公。」不報。

尚書王瓊，復援征剿流寇予蔭例以媚張永、谷大用等，于是中官武職皆蔭其弟姪爲錦衣、千、百户等，軍功之濫，至此爲甚。

38 癸卯，令兵部議加威武大將軍公爵。内閣言：「陛下躬膺天命，所居者祖宗之位，則所行者當遵祖宗之法，以上順天意，下慰人心。今手敕威武大將軍公爵，傳之四方，必將群聚而議之曰：『所謂「威武大將軍」者，果何時官制？所謂「總兵官某」者，果何人姓名？』且『親統六師』之説，陛下既自任之矣，何爲又舉而歸之總兵官？爲總兵官者，豈可曰『統六師』乎？至于『神功聖武』之一言，乃臣下褒頌君上之詞，今以之施于大將軍，至欲加以公爵。公爵雖尊，亦人臣而已，豈可以當神聖之名乎？事之不經，名之不正，言之不順，一至于此，自古及今，未之有也，不知陛下何爲而樂此乎？或曰：『此陛下假飾之詞，姑以爲戲耳。』然不韙之名，無故而加諸人，人必咈然而怒，陛下貴卑而賤尊，惡祥而喜異。況人君一言一動，上通于天，豈可戲言以干天怒。邇者陛下久不親政，天下人心，危疑憂懼，若復聞此，其爲疑懼又當何如！萬一宗藩之中，或有援引祖訓，指此爲言，不知陛下將何以處之？又或以『朝無正臣，内有奸惡』爲名，不知陛下左右及臣等代言之臣，又將何以自解？臣等戮身亡家，固不足惜，但恐朝廷之上，禍亂將從此始耳。伏望追寢前旨，以釋天下之疑，弭未萌之禍。」疏入，不報。【考異】武宗自稱威武大將軍朱壽，又欲加公爵，楊廷和等諫，三編亦載其疏于九月目中。而證之明史廷和傳無諫語。梁儲傳則言「是年七月，廷和、蔣冕皆在告，儲及毛紀泣諫不納，已而紀亦引疾，儲獨廷争累日，帝竟不聽」。據此，則實録所云「廷和等」者，以廷和爲首輔，故儲等所諫，必署廷和爲首，此内閣例也，實録亦别無梁儲諫疏，此可見矣。今但歸之内閣，不書姓名。

39 丙午，上復北巡。黎明，發京師，由東安門出，廷臣知而送者五十二人。

40 丁未，車駕度居庸關，歷懷來、保安諸城堡，遂駐蹕宣府。

初，上以豹房爲家，及江彬導上宣府之行，治行宮，乃輦豹房子女珍玩實焉。上甚樂之，每稱曰「家裏」，還京後數數念之不置。至是彬導上復出，再度居庸，乃戒守者毋出。京朝官自是遂以宣府爲家云。

41 己酉，提督南贛、汀、漳軍務王守仁，奏江西諸賊盡平，賜敕奬勵。尋進右副都御史。

初，朝議賊勢强，發廣東、湖廣兵合剿，守仁疏止之，不及。桶岡既平，湖廣兵始至；及平浰頭，廣東尚未奉檄。守仁所將皆文吏及偏裨小校，遂平數十年巨寇。而王瓊在兵部，任以事權，不爲掣肘，以是成功獨速云。【考異】守仁平賊，實録及史稿、本紀皆系之是月己酉，蓋據其既平奏捷及賞功之月日也。明史守仁本傳，言「其所將皆文吏及偏裨小校，平數十年巨寇」等語，三編據之，此得其實。而實録所記，謂「守仁之改提督，實結王瓊得之，故凡奏捷章疏，專歸功于瓊，極其諛佞。瓊亦稱奬奏請無壅，賞賚稠疊，權譎相附，識者鄙之」云云，此蓋修武宗實録者與晉溪有隙，而文成爲晉溪所薦，故交詆之。弇州史乘考誤，言「武宗實録，廷和爲總裁，費弘繼之，而以副總裁專任者董玘也。實録敘前後平賊及禽宸濠之功，獨抑文成。蓋楊、王二人本有隙，而文成奏捷之書，皆歸美于兵部，而一字不及內閣，費以忤宸濠被禍，文成巡撫江西，亦無一疏相及。故玘修實録，既內忌文成之功，而外欲以媚楊、費，遂爲誣史。」予謂弇州此論得之。至于晉溪獨識文成，而文成感其知遇，故前後奏捷之書皆歸功于瓊，以爲發蹤指示之力。此是實録，其餘皆醜詆之詞，今不取，但據明史本傳參三編書之。

42 是月，上以威武大將軍行邊，時大學士蔣冕病，在告，聞之，疏諫曰：「陛下爲天地神人之主，中國四裔孰不尊陛下爲皇帝！猶稱天爲天，稱日爲日，誰敢以『威武大將軍』稱者？陛下命名于先帝，自祭告外，誰敢稱名？况公爵雖尊，下王爵一等，倘車駕所過，諸王竟以大將軍禮見，陛下何詞以折之？曩睿皇帝北征，六軍官屬近三十萬，猶且陷于土木；今宿衛單弱，經行邊徼，寧不寒心！請治左右引導者罪。」不報。

43 八月，戊辰朔，上在宣府。

44 庚午，六科給事中徐之鸞、十三道御史李潤等言：「大學士楊廷和、蔣冕、毛紀，並居師保重地，主憂與憂，主樂與樂。邇者敕諭中外，將有疆場之行，廷和等先後稱疾家居，比至駕行，竟不一出。今六飛臨邊且踰月矣，宗廟社稷，百官萬姓，寄于空城之中，正大臣身繫安危之日也。猶復杜門堅卧以求決去，其自爲計則得矣，居守之事，將誰是託？中外之心，將誰是恃？三臣者，正宜納約自牖，憂形于色；乃徒以疾求去，冀以感悟聖心，亦已迂矣。萬一意外之虞起于倉猝，大疑無所取決，而或至于僨事，三臣者將何詞以白于天下哉！伏望陛下以天下爲念，君臣同心，共圖化理，則人心固，宗社安矣。」俱不報。

45 乙亥，南京尚書喬宇等上疏曰：「夏太康畋于洛表，夷羿拒之；周穆王宴于瑶池，徐方叛之；自古逸豫害德，未有見其利者。且自古善用兵者，莫如漢高祖、唐太宗；然高祖伐匈奴而困于白登，太宗征高麗而困于鴨緑，佳兵不祥，足以爲鑒。然猶以外言也，抑聞季氏伐顓臾而不知憂在蕭牆，秦人築長城而不知禍在望夷。本根受病，可勿寒心！」不報。

46 乙酉，上自萬全左衛歷懷安、天城、陽和至大同。

47 九月，戊戌朔，上駐蹕大同。

大學士楊廷和等言：「聖駕出巡，今已一月，内外人心，慄慄危懼。又有謡言傳播威武大將軍名號，及巡幸山陝、河南、山東、南、北直隸之説。愚民無知，轉相告語，甚至扶老攜幼，逃避山谷。此風一傳，關係甚大。自古人君乘輿遠幸，皆因不容已之勢，乃有不得已之行。今陛下當無事之時，爲有事之舉，雖有内外左右忠良之臣，諫亦不聞，言亦不入，不知聖明之見，何以出此？方今邦畿遠近，盜賊公行，各處災異，奏報不絶，天變于上，人怨于下。竊恐朝廷之憂，不在邊方而在腹裏也。」不報。

48 庚子，上至偏頭關。

工科都給事中竇明等言：「南、北直隸並山東、河南，爲建乾清、坤寧二宫徵派物料，民已不堪。今又傳車駕不日臨幸，有司科擾，百姓流移，至以幼女適人，不待禮聘，萬里外傳聞之誤，又不知何如也？乞敕撫按官禁約民間非時婚嫁及有司之科斂病民者。」不報。

時車駕所至，近侍多先掠良家女子以充幸御，至數十車，在道日有死者。左右不敢聞，且令有司，餼廩之外，別具女衣首飾爲賞賚費。遠近騷動，民多逃匿，而上不知也。

49 癸丑，上在大同，降敕自封爲鎮國公，歲支祿米五千石，令吏部如敕奉行。

時楊廷和、蔣冕皆在告，于是梁儲、毛紀馳疏諫曰：「陛下謬自貶損，既封國公，則將授以誥券，追封三代，祖宗在天之靈，亦肯如陛下貶損否？況鐵券必有免死之文，陛下壽福無疆，何甘自菲薄，蒙此不祥之詞？臣等決不敢阿意苟從，取他日戮身亡家之禍也。」廷臣皆相繼極諫，皆不報。

50 江西鉛山縣民李鎮等作亂，巡撫孫燧討平之。

初，費弘致仕，歸鉛山，寧王宸濠以其力持護衛屯田事，銜之。弘抵臨清，濠遣人焚其舟，資裝盡毀。及歸，杜門謝客，濠復求與通，不答，濠益怒。

會李鎮及周伯齡、吴三八等三姓人與弘族人訟，濠遣人誘致鎮等，諭以意，使專賊弘。于是鎮等三姓恃濠援，遂據險作亂，費氏舉族避之縣城中。三姓率衆斬關入，破縣獄大索，執所與訟者支解之，弘亦幾不免，守巡官以下畏濠，置不問。鎮等勢益張，衆且三千，發弘先人冢，劫掠鄉民二百餘家，遠近騷動。

弘遣人走訴于朝，下燧按治。燧以屢撫不服，乃調饒、信官民兵，檄副使王綸討之，執鎮于陣，伯齡解甲降，三八走匿濠府，諸俘獲者多所縱遣。及獄上，論斬，濠復欲脱鎮，燧覺，乃搒殺之，餘多瘐死。或有從濠反者，後殲于陣。

51 甲寅，封都督江彬、許泰皆爲伯。

時上張大應州功，陞賞敘蔭，復以二人領東、西廳兵，尤假重，乃親爲定爵名封之。給事中劉濟、御史張景暘等言：「彬無俘馘，泰足跡未至應州，賞不當功。乞愛惜名器，收回成命。」不納。

52 丙寅，免直隸河間府所屬被災州縣税糧。

53 是秋，秦王惟焯請關中閒田爲牧地，江彬、錢寧、張忠等皆爲之請，上排群議許之，命内閣草制。

時楊廷和、蔣冕皆在告，上怒甚。梁儲度不可争，乃上制草曰：「太祖高皇帝著令，茲土不畀藩封。非吝也，念其土廣饒，藩封得之，多畜士馬，富而且驕，奸人誘爲不軌，不利宗社。王今得地，宜益謹，毋收聚奸人，毋多畜士馬，毋聽狂人謀不軌，震及邊方，危我社稷，是時雖欲保全親親，不可得已。」上駭曰：「若是其可虞！」事遂寢。【考異】此事實録及明史秦王傳皆不載，惟見梁儲傳中，敘于是年九月下，而憲章録及諸書皆系之十二年七月。今按去年七月，廷和尚未至京，即至亦未入閣，安得有在告之語？是誤差一年也。今系之是秋下。

54 冬，十月，丁卯朔，享太廟，遣駙馬都尉馬誠代行禮。

55 戊辰，車駕渡河。

56 丁丑，大學士楊廷和等言：「每歲法司會審重囚，例該冬〔至〕前後處決，先期該科三覆具奏，皆出聖裁。去年因聖駕在外，該決囚犯，有旨監候。今冬至漸近，三覆奏本已下，未知所處。將欲如上年暫留不決，則奸宄何所懲戒？且奸獄積多，已不能容，凶惡搆結，慮生他變。將欲遽行處決，設有訴冤于登聞鼓下者，臣下又安敢擅便議擬？伏祈聖駕速回，以遵舊典。」不報。

57 己卯，上駐蹕榆林。

58 庚寅，副都御史王守仁辭陞秩，且請致仕，不允。【考異】文成年譜言：「是年三月，疏乞致仕，不允，遂平大帽、浰頭諸寇。」證之實録，文成三月並無致仕之請，而其平上、中、下三浰，事在正月，餘賊奔竄，亦必經數月之久始克盪平，故其奏捷至京師在七月，其平賊當在四、五月間。而據本傳，平三浰賊後，追及于九連山，禽斬無遺，安得有復平大帽山之事？其敘守仁平大浰，乃藉大帽山之降賊盧珂等集兵以助，並非珂之復叛，年譜蓋誤記也。文成平大帽山賊在去年五月，年譜但以「平漳寇」三字了之。

其實大帽山雖界連廣東、福建，亦非漳寇也。然則年譜蓋誤以平大帽賊在後，故相差一年，不如明史本傳所敘皆有次第可考。今參以實録，尤得其詳云。○文成進右副都御史，據實録即在是月，故並其請辭陞秩及致仕彙記之。年譜系之六月，以爲旌橫水、桶岡之功，不知平賊之奏以七月至，蓋是時三浰之賊盡平。若如年譜所載，則陞秩在前，奏捷在後，此亦誤也。至文成辭陞秩一疏，實録全載其文，蓋其疏中事歸美兵部，遂爲内閣諸人口實。今但據實録年月，餘皆不取。

59 是月，内閣、禮部及六科、十三道官，以「將屆冬至朝賀及大祀省牲之期，請先時返蹕以成大禮」，皆不報。

60 十一月，丁酉朔，上在榆林。

61 庚子，以火牌調西官廳勇士及四衛營兵六千二百餘人，馬六千五百餘匹赴宣大，又徵太監甘清、高忠等九十一人赴延綏，其家人匠役之等皆給傳以行。

時車駕遠發，凡所徵調，皆遣「夜不收」持火牌下所司施行，蓋循用邊帥之體。後遂以爲常云。

62 乙巳，大學士楊廷和等言：「祖宗以來，凡有政令下各衙門，均以旨意批紅，經由内府司禮監傳奉發出，並無火牌發與外衙門施行者。且調遣官軍，事體重大，乃不用旨意，惟用火牌。萬一奸人乘機，真僞莫辯，意外之患，將由此起。況火牌乃在外官府倉猝行下所部文移，豈可行于堂堂朝廷之上？一旦創見，不勝驚駭！又況勇士官軍，皆天子禁兵，所以擁護宗社，防守宮闈，關繫甚重，豈可無故遠調，以失居重馭輕之勢？伏望恪遵祖宗舊制，亟賜收回，仍停所調官軍勇士，則事體順而人心安矣。」不報。

63 丙午，冬至，上在榆林，文武百官于奉天門行遥賀禮。

64 己酉，以水災，免江西南昌等七府夏稅，又免應天、安、寧、池、太等五府稅糧。

65 壬子，上至綏德州，幸總兵官戴欽第，尋納其女，江彬導之也。

66 十二月，丙寅朔，上在榆林，諸大臣代行視郊牲禮。

67 己巳，免山東濟南等六府被災州縣秋糧。

68 癸酉，振杭、嘉、湖三府饑。

69 戊寅，上自榆林，歷米脂、綏德渡河，幸石州、文水。

時巡按陝西御史張文明以駕將幸陝，馳疏諫，且請誅江彬，不省。

70 戊子，車駕次太原。

先是上在偏頭關，索女樂于太原。晉府樂工楊騰妻劉氏，善謳，上悦之，載以俱歸，大見寵幸。左右或觸上怒，陰求之，輒一笑而解。江彬與諸近倖皆母事之，稱「劉娘娘」云。

71 是歲，欽天監博士朱裕請修改曆法。

初，弘治中，欽天監推月食屢不應，日食亦舛；正德十二、三年，連推日食起復皆不合。裕乃上言：「至元辛巳距今二百三十七年，歲久不能無差，若不量加損益，恐愈久愈舛。乞簡大臣總理其事，令本監官生，半推古法，半推新法，兩相交驗，回回科推驗西域九執曆法。仍遣官至各省候土圭以測節氣早晚，往復參較，則交食可正而七政可齊。」部覆言：「裕及監官曆學未必皆精。今十月望月食，中官正周濂等所推算，與古法及裕所奏不同。請至期考驗。」既而濂等言：「日躔歲退之差一分五十秒，今正德乙亥距至元辛巳二百三十五年，赤道歲差，當退天三度五十二分五十秒。不經改正，推步豈能有合？臣參詳較驗，得正德丙子歲前天正冬至氣應二十七日四百七十五分命，得辛卯日丑初初刻，日躔赤道箕宿六度四十七分五十秒、黄道箕宿五度九十六分四十三秒爲曆元，其氣閏轉交四應併周天黄赤道諸類立成，悉從歲差隨時改正。望敕禮臣併監正董其事。」部奏：「古法未可輕變，請仍舊法。別選精通曆學者，同濂等以新法參驗，更爲奏請」，從之。

明通鑑卷四十八

江西永寧知縣當塗夏　燮編輯

紀四十八屠維單閼（己卯），盡一年。

武宗毅皇帝

正德十四年（己卯、一五一九）

1 春，正月，丙申朔，上在太原。

2 戊戌，車駕將還京師，發太原。

3 辛丑，享太廟，遣官行禮。

4 甲辰，改卜郊。

先是太常寺奏以是月十二日郊祀，至是以聖駕未回，請改卜，內批改次日，既，又命改卜。

于是禮科給事中邢寰等言：「祖宗以來，郊祀必于正月上旬，所以重一歲之首，昭莫大之敬也。今改而又改，日復一日，不惟隳祖宗相循之制，亦且非祇畏天地之道。請如期返蹕以成大禮。」

先是尚書毛澄等，見車駕未有還期，因馳疏諫曰：「去歲正月以來，乘輿數駕，不遑寧居。今茲之行，又已半歲矣，宗廟社稷享祀之禮，並係攝行，萬壽、正旦、冬至朝賀之儀，悉從簡略。今歲律既周，郊禋已卜。皇祖之訓曰：『凡祀天地，精誠則感格，怠慢則禍生。』今六龍遐騖，旋軫無日，萬一冰雪阻違，道塗梗塞，元正上日，不及躬執玉帛于上帝前，陛下何以自安！仰惟趣駕遄還，躬親祼享，宗社臣民幸甚。」皆不報。【考異】「甲辰改卜郊」，據實録也。其下又言「太常奏以是月十二日」，則丁未也。蓋甲辰已及致齋之期而帝無還日，故請改卜。三編則云「郊祀卜于是月甲辰」，是臨期改卜，蓋牽連並書。證之實録改卜于三日前者，似爲近之，今從實録。

5 壬子，車駕至宣府。

上自宣府抵西陲，往返數千里，不御輦，率馳馬腰弓矢衝風雪以行，從者皆病憊，而上不以爲勞也。

6 壬戌，欽天監奏擬郊祀日期，傳旨：「令擇二月上旬以聞。」太常寺奏：「仲春當釋奠先師及祀社稷，而郊禮未成，請俟郊後擇丁戊日行禮。」報可。

7 二月，壬申，車駕至自宣府，文武群臣具綵帳、銀幣、羊酒迎駕，如先年儀。先是御史虞守隨言：「去年迎駕，文武諸臣皆曳大帽鸞帶，此非法之服，豈可以爲常制！請自今，迎駕禮儀，毋拘前旨。」疏入，不報。至是仍用之，並賜閱首級、器仗及廷臣銀牌、花紅皆如初。

8 丁丑，大祀南郊。上擁百餘騎馳入郊壇，禮畢，仍獵南海子。是日，京師地震風霾。戊寅，上夜還宮，風霾乃止。

9 甲申，大學士楊廷和等，「請明詔天下，自今以後不復巡遊」。先是上還宮，郊祀禮畢，廷和以所奉居守敕進繳，傳旨：「朕今不時巡幸，其勿繳。」廷和等憂懼。而風聞聖駕欲往山東、江南諸處，因上疏言：「東南乃國家財賦所出之地，近年大水爲災，兼以征徭煩重，民不能堪。若復軍旅經過，日費不貲，其將何以應之？且裏河一帶，路狹水淺，今營建大木及漕運糧艘，尚未能如期而至；又加以皇船數多，擁擠而行，大木必不能前，運船必不能急，誤事匪輕。況意外之虞，尤有不可測者。伏願端拱深宮，頤養聖體，以延椒寢之祥，宗社幸甚，臣民幸甚！」一時部、寺大臣及科、道官皆連章請止巡幸，悉留中不發。

時刑部主事汪金，疏論南巡不可者九，所宜戒者一，謂酒也。上嗜飲，常以杯杓自隨。左右欲乘其昏醉以市權亂政，故多備罌罍，伺其既醉而醒，又復進之，或未温亦輒冷飲之。終日酣酗，顛倒迷亂，故金力言之。時以爲對病之藥云。

10 己丑，上降手敕諭吏部曰：「鎮國公朱壽宜加太師。」又諭禮部曰：「威武大將軍太師鎮國公朱壽，今往兩畿、山東祀神祈福。」復諭工部，「急修黄馬快船備用。」閣臣楊廷和等諫，不聽。

禮部尚書毛澄偕廷臣上言：「陛下以天地之子，承祖宗之業，九州四海，但知陛下有皇帝之號。今曰『總督軍務、威武大將軍、太師、鎮國公』者，臣等莫知所指。夫出此旨者，陛下也，加此號者陛下也，不知受此號者何人？ 如以皇儲未建，欲徧告山川祈福，則遣使走幣，足將敬矣，何必躬奉神像，獻寶香，如佛老所爲哉！」因歷陳五不可，不報。

既而廷和等以「聖學久曠，請以三月御經筵」，亦不報。

11 三月，丁酉，六科都給事中邢寰、十三道御史王度等疏諫巡幸，南京六科孫懋、十三道張翀等亦以爲言，皆不報。

一時在京科道官徐之鸞、楊秉忠等請賜批答，相率伏闕俟命，自辰至申，上令中官宣諭，乃退。既而鴻臚寺請以望日升殿視朝，傳旨：「朕因氣感疾，免朝。」蓋欲託以爲伏闕者罪也。【考異】此據實録增，爲下文諸臣跪杖之張本。

12 癸丑，以諫巡幸，下兵部郎中黄鞏等六人于錦衣衛獄，跪修撰舒芬等百有七人于午門五日。

時上決意南巡，群臣憂惶，計無所出。于是鞏具疏言：「陛下臨馭以來，祖宗之紀綱法度，一壞于逆瑾，再壞于佞倖，又再壞于邊帥之手，蓋蕩然無餘矣。天下知有權臣而不知有陛下，亂本已生，禍變將起，竊恐陛下知之晚矣。」因陳最急者六事：「一崇正學，二通言路，三正名號，四戒遊幸，五去小人，六建儲貳。」

其言正名號曰：「孔子有言：『名不正則言不順，言不順則事不成，至于民無所措手足。』名之所繫重矣。陛下近日以來，忽無故自稱『威武大將軍、鎮國公』，遠近傳聞，莫不驚駭以爲怪事。陛下聰明智勇，上法唐、虞，下躋商、周，何所不可，顧乃自輕如此！夫陛下自稱爲公，誰則爲陛下者？天下不以陛下事陛下，而以公事陛下，是天下皆公之臣而非陛下臣也，臣等竊實恥之。」

言戒遊幸曰：「昔益之戒禹曰：『罔遊于佚，罔淫于樂。』周公之告成王曰：『毋淫于觀，于逸，于遊，于田。』春秋譏觀魚，終綱目書巡者二十九，皆譏也。陛下始遊戲不出大廷，論者猶謂不可。既而幸宣府，幸大同，幸太原，幸陝西、榆林、延綏諸處，所至費財動衆，州縣騷然，至使民間一夫一婦不能相保。陛下爲民父母，何忍使民至此！虧損盛德，貽譏萬世，陛下自以爲何如主也？近者復有南巡之命，南方之民爭先挈妻子以避去者，流離奔踣，敢怒而不敢言，幾何不驅之于死亡，流而爲盜賊也！一旦變生，陛下悔之晚矣。彼居位之大臣，用事之中官，暱昵之近侍，皆欲陛下遠出以擅權自恣，乘機爲利也；否則亦袖手旁觀，如秦人視越人休戚之不相涉也。夫豈有一毫愛陛下之心哉！」

言去小人曰：「易言：『開國承家，小人勿用。』自古小人用事，未有不亡其國而喪其身者也。竊觀今之小人，簸弄威權，貪圖富貴者，實繁有徒。至于首開邊事，以兵爲戲，使陛下勞天下之力，竭四海之財，傷百姓之心，至今不已者，則江彬之爲也。彬本行伍庸流，凶很傲誕，無人臣禮，臣等但見其有可誅之罪，不聞其有可賞之功。今乃賜以國姓，封以伯爵，託以腹心，付以提督京營之寄，此養亂之道也。彬外挾邊卒，內擁兵權，騎虎之勢，不亂不止。天下之人皆欲食彬之肉，彬不誅則天下之亂將日熾，陛下亦何惜一彬以謝天下邪！伏望大整乾綱，置彬于法，以爲奸邪小人迷亂之戒。」

末言：「凡此六者，芹曝愚忠，輒敢盡言，死生進退，不遑顧恤。天下安危治亂之機，誠不忍視陛下自取覆亡，爲後世笑，此臣等所以相對痛哭，臨楮嗚咽，而不知所裁者也！」

會員外郎陸震亦草疏將諫，見鞏疏稱嘆，因毁己稿，與鞏連署上之。——鞏，莆田人。修撰舒芬，見言官伏闕諫者皆被譙讓，又念寧王宸濠久蓄異謀，與近倖相結，恐生意外之虞，乃與吏部員外郎夏良勝、禮部主事萬潮、庶吉士汪應軫要諸曹連章入諫，衆皆許諾。芬、應軫遂偕編修崔桐、庶吉士江暉、王廷陳、馬汝驥、曹嘉同上疏曰：「自古帝王所以巡狩者，協律度，同量衡，訪遺老，問疾苦，黜陟幽明，式序在位，是以諸侯畏焉，百姓安焉。若陛下之出，不過如秦皇、漢武，侈心行樂而已，非能行巡守之禮者也，博浪、柏谷，其禍亦可鑒矣。近者西北再巡，六師不攝，四民告病，哀痛之聲，上徹蒼昊，傳播四方，人心震動，故一聞南巡詔書，皆鳥驚獸散。而有司方以迎奉爲名，徵發嚴急，江、淮之間，蕭然煩費。萬一不逞之徒，乘勢倡亂，爲禍非細。且陛下以鎮國公自命，苟至親王國境，或據勳臣之禮以待陛下，將北面朝之乎，抑南面受其朝乎？假令循名責實，深求悖謬之端，則左右倖臣無死所矣。

尚有事堪痛哭不忍言者：宗藩蓄劉濞之衅，大臣懷馮道之心；以禄位爲故物，以朝署爲市廛；以陛下爲奕棋，以革除年間爲故事；特左右寵倖，智術短淺，無能以此言告陛下耳。使陛下得聞此言，雖禁門之外，亦將警蹕而出，尚敢輕騎慢遊哉！」

疏入，尚書陸完迎謂曰：「上聞有諫者輒恚，欲自引決。諸君休矣，勿歸過君上沽直名！」芬等不應而出。有頃，良勝、潮過芬，扼腕且恨完。會太常博士陳九川至，芬酌之酒曰：「匹夫不可奪志，君輩可遂已乎！」明日，良勝、潮、九川遂連疏入。

于是吏部郎中張衍瑞等十四人、刑部郎中陸俸等五十三人繼之，禮部郎中姜龍等十六人、兵部郎中孫鳳等十六人又繼之。

而醫士徐鏊，亦以其術諫，略言：「養身之道猶置燭然，室閉之則堅，風之則淚。陛下輕萬乘，習嬉娛，躍馬操弓，捕魚玩獸。邇復不憚遠遊，冒涉寒暑，闢門不戒，膳飲不調，誠非養生之道也。況南方卑濕，尤易致病。乞念宗廟社稷之重，勿事鞍馬，勿過醉飽，喜無傷心，怒無傷肝，欲無傷腎，勞無傷脾，就密室之安，違暴風之禍，臣不勝至願。」

諸疏既入，上與諸倖臣皆大怒，遂下良勝、潮、九川、鏊及鞏、震詔獄，芬及衍瑞等百有七人罰跪午門外五日。乙卯，又下大理寺正周敘等十人于獄；丙辰，又下行人司副余廷瓚等二十人、工部主事林大輅、何遵、蔣山卿三人于獄。

是時諸人連名疏相繼上，上益怒，並下詔獄。俄令敘、廷瓚、大輅三人與鞏、震等六人俱跪闕下五日，加梏拲焉，至晚仍繫獄。諸臣晨入暮出，纍纍若重囚，道塗觀者，無不嘆息泣下，而廷臣自內閣外，莫敢有言者。尚書石玠論救，被詰責，請罪乃已。

于是諸大臣出入，士民爭擲瓦礫詬詈之，諸大臣皆恐，入朝不待辨色，因請「下詔禁通政司，有言事者格勿受」。

是時天連日風曀晝晦，南海子水涌四尺餘。金吾衛指揮僉事張英曰：「此變徵也。」乃肉袒戟刃于胸，持疏諫，當蹕道跪哭，即自刺其胸，血流滿地。衛士奪其刃，得不殊，因縛送詔獄，杖之八十，遂死。【考異】明史本紀「下黄鞏等六人于獄」，謂黄鞏、陸震、夏良勝、萬潮、陳九川、徐鏊也。「舒芬等百有七人罰跪午門」，據實録，張衍瑞等十四人，陸俸等五十五人，姜龍等十六人，孫鳳等十六人，則一百一人，加以舒芬及連名之汪應軫、崔桐、江暉、王廷陳、馬汝驥，曹嘉共一百有八人，多一人。而明史夏良勝傳，言「陸俸等五十三人」，如此則又少一人。據傳中，黄鞏等六人既下獄，復同跪午門，不在芬等跪數内也。至實録載「甲寅，楊廷和等論救黄鞏等六員，孫鳳等百一十二員」，則又于百有七人外多五人。疑紀載之異，抑或百有十二人中有内援庇之，不入罰跪之數，亦未可知。至所杖之人，明史夏良勝、何遵兩傳，紀載特詳，今據列于下，然亦不全具也。陸俸等五十三人，仍據明史，附著其異于此。

13 丁巳，南京禮部侍郎楊廉等上疏諫南巡，不報。

14 戊午，杖舒芬等一百七人于午門，各三十。以芬及陸俸、張衍瑞、姜龍爲倡首，俱調外任，仍戒吏部科道官毋得推舉録用。餘各罰俸六月。

方芬等之受杖也，江彬怒諸臣等斥其罪惡，陰助上怒，杖之特重，呼號之聲徹于禁掖。芬創甚幾斃，舁至翰林院中。掌院者懼得罪，命標出之，芬曰：「吾官此，即死此耳。」既謫，裹創就道。時以爲榮。

15 夏，四月，甲子，免南畿被災稅糧。

16 戊寅，杖郎中黃鞏、員外陸震等六人，六人名見上，即前繫獄者也。及大理寺正周敘、主事林大輅、行人司副余廷瓚三人各五十，餘三十人各四十。周敘、余廷瓚兩疏連名共三十三人，亦見上。鞏、震及夏良勝、萬潮、陳九川皆黜爲民，敘等三人降三級外補，徐鏊謫戍瘴方，餘皆降二級。

鞏、震之繫獄也，上怒甚，仍令日跪午門，衆謂天子將出，鞏曰：「天子出，吾當牽裾死之。」既黜爲民，江彬憾不已，遣人刺于道，治洪主事知而匿之，間行得脱歸。

震在獄，與鞏講易九卦憂患之道。既杖，創甚，江彬必欲致之死，絶其飲食。震季子體仁，年十五，變服爲他囚親屬，職納橐饘焉。震竟卒獄中。

一時同受杖者，吏部則姚繼巖，行人則陶滋、巴思明、李錫、顧可久、鄧顯麒、熊榮、楊秦、王懋、黃國用、李儼、潘鋭、劉黻、張岳，大理寺則寺正金罍、寺副孟庭柯、張士鎬、郝鳳升、傅尚文、郭五常，評事姚如皋、蔡時，並謫官。【考異】此據明史夏良勝傳中，亦本實録也。惟實録二十二人中，有行人王翰，無吏部姚繼巖，翰名見下。

其與震等同杖而死者，工部主事何遵。上之南巡也，以進香爲詞，遵抗言：「淫祀無福，萬一宗藩中有藉口奉迎，潛懷不軌，則福未降而禍已隨。」蓋指宸濠也。諸權倖受濠賄者，格其疏不進。會黄鞏等已得罪，遵乃偕同官林大輅等上疏，極言「江彬怙權倡亂，鞏等無罪，乞賜寬宥，毋使後世有殺諫臣名」。上怒，下詔獄，廷杖四十，創甚，肢體俱裂，越二日卒。

諸曹之諫南巡也，以次得罪，而諸奸又日以危言恫喝。以故户曹不敢出疏，工曹諫者止三人。

惟大理闔署諫，上怒加甚。評事林公黼主疏草，夜聞泣嘆聲，不顧。比入獄，鞏與語，嘆曰：「吾取友徧天下，乃獨遺質夫！」——質夫者，公黼字也。竟以體羸不勝杖卒。行人司副余廷瓚，行人李紹賢、孟陽、詹軾、劉槩、李惠，皆與遵同死杖下。

其先遵受杖死者，刑部主事劉校，照磨劉珏。刑曹之疏，校所草也，杖將死，大呼曰：「我無恨，恨不見老母耳！」子元夔，年十一，哭于旁。校曰：「爾獨不識事君致身義乎？善事祖母及母，毋媿爾父！」遂絶。

其以創死稍後者，禮部員外郎馮涇，驗封郎中王鑾，行人王翰，皆被創先後卒。然當廷杖時，死者傷者相繼，上亦爲之感動，竟罷南巡，蓋諸臣力也。【考異】兩次廷杖，明史本紀月日皆據實録。蓋三月戊午所杖，皆跪午門之人，四月戊寅所杖，皆繫獄之人。證之明史諸人傳，則鞏、震等六人及周敘等三人，亦入午門罰跪之列。是此九人者，既繫獄又跪午門，及其受杖，仍各五十，加重也。其杖而死者十一人，三編皆據實録書之，則陸震、何遵、余廷瓚、劉校、劉珏、林公黼、李紹賢、孟陽、詹軾、劉槩、李惠也。惟明史何遵傳更補出創死稍後之馮涇三人，又補出同時受杖之姓名姚繼巖等二十二人，今據書之。惟劉校、劉珏，據實録在十一人之列，而明史何遵傳，則云「劉校、劉珏先遵受杖而死」，似此二人之死又當在前月所杖一百七人之列。今證之明史，一百七人中之可考者，有刑部郎中陸俸等五十三人，是劉校所草刑曹之疏，即此時也。如此，則明史以爲先遵受杖而死者，必有所據，故本紀亦云「先後受杖死者十一人」，此得其實。

17 癸未，謫巡按御史劉士元爲廣東麟山驛驛丞。

士元自去年五月被杖，逮至京師，淹繫經年。至是錦衣奏送，刑部議贖杖還職，不許，遂有是謫。

維時南京六科給事中何邦憲等言：「邇聞巡撫雲南都御史范鏞，巡撫甘肅都御史李昆，巡撫山東都御史伍符，巡按直隸御史劉士元，巡按陝西御史張文明、潘倣，相繼繫獄，是數臣者，事之是非，罪之輕重，臣等雖未能盡知。竊聞其所坐或差委偶誤，或議處失宜，或迎候愆時，或敢言過當，似皆在可原之列。伏望通加寬宥。若果有罪，亦宜敕下法司，付諸公論。」不報。

18 是月，户部尚書石玠致仕，許之。詔倉場尚書楊潭回部管事。

19 五月，己亥，詔山東、山西、陝西、河南、湖廣流民歸業者，官給廩食、廬舍、牛種，復五年。

20 丙辰，遣太監賴義、駙馬都尉崔元，都御史顔頤壽往江西宣諭寧王宸濠。

初，宸濠久蓄異謀，交通肘腋，因上巡幸不時，人情危懼，逐日夕覬覦，與致仕都御史李士實、舉人劉養正等圖不軌。

閻順等之上變也，事見十二年。嬖人錢寧、臧賢庇之，得不問；而宸濠疑出承奉周儀指使，殺儀家及典仗查武等數百人，巡撫孫燧疏上其事，中道爲所邀，不得達。

燧念左右皆宸濠耳目，陰察副使許逵，忠勇可屬大事，與之謀。乃託禦他寇預爲備，先城進賢，次城南康、瑞州。患建昌縣多盜，割其地置安義縣，以漸弭之。而請復饒、撫二州兵備，不得復則請敕湖東分巡兼理之。九江當湖衝，最要害，請重兵備道權，兼攝南康、寧州、武寧、瑞昌及湖廣之興國、通城，此據明史孫燧傳。三編武英殿底本，傳寫誤以「興國」二字連「瑞昌」，書入江西下，質實遂誤以贛州之興國縣當之，今據明史本傳校改。以便控制。廣信橫峰、青山諸窯，地險人悍，則請設通判駐弋陽，兼督旁五縣兵。又恐宸濠劫兵器，假討賊盡出之他所。

宸濠瞯燧圖己，使人賂朝中倖臣去燧，而遺燧棗梨薑芥以示意，燧笑却之。去年，江西大水，宸濠素蓄賊淩十一、吳十三、閔念四等，出没鄱陽湖，燧與逵謀捕之，三賊走匿宸濠祖墓間。于是密疏白其狀，具言「宸濠必反」，章七上，皆爲所邀阻。

然宸濠反狀雖著，猶以上無儲貳，冀其子入嗣，可得大統，又不受悖逆名，故蓄謀不發。重賂錢寧，求取中旨召其子司香太廟。寧言于上，用異色龍箋，加金報賜。——「異色龍牋」者，故事所賜監國書牋也。宸濠大喜，列仗受賀，復脅鎮巡官及諸生父老奏闕下，稱其孝且勤。

時江彬與太監張忠，欲傾寧及臧賢，乘間爲上言：「寧、賢盛稱寧王，陛下以爲何如？」上曰：「薦文武百執事，可任使也。薦藩王何爲者？」忠曰：「彼稱寧王孝，譏陛下不孝耳；稱寧王勤，譏陛下不勤耳。」上曰：「然。」下詔逐王府人毋留闕下。

宸濠益與士實、養正謀，遣奸人盧孔章等分布水陸孔道，淶旬往返，蹤跡大露，諸權姦多得宸濠金錢，匿不以聞。

南昌人熊浹，官給事中，草奏盡列其狀，授御史蕭淮上之。時上已疑宸濠，而錢寧在上前，輒詆「淮妄言離間，宜罪」。上曰：「虛實久當見之。果誣，淮將焉往！」遂以淮奏示內閣大臣楊廷和等令議處，廷和「請如宣宗處趙府故事，遣勳戚大臣宣諭」，乃遣義等往，並收其護衞。

宸濠知事泄，義等未至而濠已反。【考異】廷和請收宸濠護衞事見明史本傳。而憲章録謂「東廠太監張鋭，初黨于濠，助楊廷和爲濠復護衞。已而知其有異謀，且知上入張忠等言，乃與廷和謀復革去護衛以免後患」云云，紀事本末、皇明通紀皆據之。此亦晉溪一輩人語，弇州以爲「仇口」者是也。證之實錄，但言「太監張鋭見上無繼嗣，與錢寧等欲結濠爲異日地。已而濠勢日横，徧賂近倖及諸大臣。有謝儀者，南昌人，出入鋭所，發濠反狀，勸鋭勿受其賄。而鋭是時與寧方有隙，亦欲藉以傾寧，遂疏濠諸不法事，因御史熊蘭授蕭淮上之」，並不及廷和一語。是初黨于濠乃張鋭，而所謂「賂諸大臣」者，乃指陸完輩，非廷和也。大抵宸濠反狀已著，非趙王之比，廷和此舉，未免優柔少斷，野史之訾，抑亦所謂連得間矣。今據本傳。

21 六月，丙子，宸濠反，巡撫江西、副都御史孫燧、按察司副使許逵死之。

先是賴義等行，京師競傳，謂且禽治寧王，王所遣偵卒林華者聞之，即兼程逃歸。先一日，爲宸濠生辰，宴鎮、巡三司等官，聞報，大驚，罷宴，遂密召劉養正等謀之。養正曰：「事急矣！詰旦，諸守官入謝宴，可就禽之，殺其不附己者，因而舉事。」乃夜集賊首吴十三等，皆衷甲以俟。

是日，各官入謝，拜畢，左右帶甲露刃侍衛數百人。宸濠出，立露臺大言曰：「孝宗爲李廣所誤，抱民家子，我祖宗不血食者十四年。今太后有詔，令我起兵討賊，亦知之乎？」衆相顧愕眙。燧直前曰：「安得此言？請出詔示我！」濠曰：「毋多言！我今往南京，汝宜扈駕。」燧大怒曰：「汝速死耳！天無二日，我豈從汝爲逆哉！」濠怒，叱燧，燧益怒，急起，不得出。濠入内殿，易戎服出，麾兵縛燧。逵奮身起曰：「汝曹安得辱天子大臣！」因以身翼蔽燧，賊并縛逵。二人且縛且駡不絶口。賊擊燧，折左臂，與逵同曳出。

先是宸濠反狀著，逵勸燧先發，燧曰：「奈何予賊以名？且需之。」至是逵謂燧曰：「我勸公先發者，知有今日故也。」

濠素忌逵，將曳出，問：「許副使何言？」逵曰：「副使惟赤心耳。」濠怒曰：「我不能殺汝邪？」逵駡曰：「汝能殺我，天子能殺汝。汝反賊，磔尸萬段，悔之何及！」遂與燧同遇害于惠民門外。

尋執太監王弘，巡按御史王金，主事馬思聰、金山，參議黄弘、許效廉，布政使胡濂，參政程杲，劉棐，副使賀鋭，僉事賴鳳，王疇，指揮許清、馬驥、白昂、王玘、郟文等，皆羈之獄。

黄弘被執憤怒，以手梏向柱擊項，是夕死，賊義而棺斂之。思聰亦抗節死。

一時從逆者，布政使梁宸，參政王綸、季斆，僉事潘鵬、師夔，按察使楊璋，副使唐錦。而綸受僞兵部尚書，位左右丞相李士實、劉養正下。

于是宸濠集兵十萬，馳檄遠近，指斥朝廷，皆養正主之也。【考異】實録，是月癸亥朔，丙子十四日也。先一日，爲宸濠生日，偵卒即以是日至，故諸書皆云十三日，明史孫燧傳特書「六月乙亥」者是也。其殺孫燧、許逵及舉兵反則在次日，史以爲「明日諸守官入謝」者是也。其一時執下獄中及從逆之人，明史諸王傳分書之，三編據之，而附識于質實中云：「王金下獄，見明史諸王傳。而孫燧傳則謂『金從逆，稽首呼萬歲』。考王守仁集處置從逆官員疏云：『參政王綸，脅受贊理。僉事潘鵬、師夔，被脅招降撫民，情罪尤重。知府鄭瓛，已經別案問結外，參照布政梁宸，參政劉棐、程杲，參議許效廉，副使賀鋭，僉事賴鳳，都指揮王玘，或行咨撫守，或盤庫放糧，勢雖由于迫脅，事已涉于順從。鎮守太監王弘，御史王金，主事金山，布政胡濂，按察使楊璋，副使唐錦，僉事王疇，都指揮馬驥、許清、白昂、郟文，或被拘于城内，或脅隨于舟中，事雖涉于順從，勢實由于迫脅。』據此，則金固始下獄而後脅從者也。又，『胡濂、程杲、許清』，明史諸王傳作『胡廉、陳杲、許金，』皆誤。」按質實分別下獄、從逆兩等，據守仁處置官員一疏。而王金之先繫後釋，已見實録中。惟據此疏，則先下獄而後脅從者，似不止王金一人。而明史諸王傳所載，如程杲、劉棐、許效廉、賴鳳，據疏中所勘，固同在行咨撫守、盤庫放糧之列，則亦脅從之確證，而疏中所指之賀鋭、王玘，則又遺之。證之實録，但云「黄弘憂憤卒，數日，馬思聰亦卒。」其餘則自梁宸以下十九人，皆云「稽首呼萬歲，濠令各羈置之」，則是脅從之人，其初亦皆下獄也。實録據初次奏報之文，似不如守仁處置一疏之得其實。然如賀鋭、王疇、馬驥、王玘、郟文五人，則明史所遺，而與守仁處置之疏實合，此外又有參議楊學體，則明史與守仁疏皆遺之。今所記多據明史、三編，惟王金仍入下獄中，而增入太監王弘、副使賀鋭，及僉事增入王疇，指揮增入馬驥、王玘、郟文，皆據守仁處置一疏。惟楊學禮一人，據實録後載已陞陝西參政，令之任，故不在處置之列耳。

22 丁丑，宸濠僞授賊首閔念四、吴十三、淩十一等爲都指揮等官，與承奉涂欽等領兵攻九江、南康，並掠運舟于吴城。又遣校尉趙智如浙江，報太監畢真令助兵。又遣儀賓李蕃等如瑞州，招華林、瑪瑙等寨僞參贊王綸，移檄招姚源等洞賊兵。又使妃弟婁伯募兵于進賢、廣信，僞參政季斅持檄諭南贛王守仁等，直至廣東。

時濠即欲僭大號，改元順德，李士實、劉養正等「請俟至南京行之」，從之。

23 戊寅，宸濠兵陷南康，自知府陳霖以下皆先期遁去。

己卯，陷九江，副使曹雷、知府江潁等亦遁。濠急欲東下，乃署師夔爲僞兵備副使，守九江。

濠兵之東下也，欲先取進賢以通廣信之路，李士實曰：「大事既定，彼將焉往！」進賢知縣劉源清聞之，積薪環室，命家人曰：「事急，火吾家。」一僕逸，手刃以徇。縣中諸惡少與賊通者，悉杖殺之。濠妃弟婁伯募兵過進賢，源清邀戮之。賊檄至，立斬其使。會餘干知縣馬津，龍津驛丞孫天祐，亦起兵拒賊。賊自稱「七殿下」者，奪運舟于龍津，天祐與戰，殺數人。賊黨募兵過龍津，天祐追殺之，焚其舟。婁氏家衆西下，亦爲天祐所遏，禽七十餘人。——賊兵不敢經湖東以窺兩浙者，三人力也。【考異】事見明史詹榮附傳，證之實録書于是月戊寅。蓋濠既東下，復謀取水陸兩路以通兩浙之兵，故遣將四出，即在東下之時，今系之陷南康、九江下。

24 庚辰，巡撫南贛都御史王守仁，會吉安知府伍文定超兵討宸濠。

先是守仁方奉命勘福建叛軍，行至豐城，聞宸濠反，遂亟趨吉安。文定聞守仁至，急以卒三百逆之峽江，進曰：「此賊暴虐無道，久失人心，其勢必無所成。公素望重，且有兵權，勤王之師，在此一舉。」守仁慨然任之。乃與文定徵調兵食，治器械舟楫，馳疏上變。即移檄數濠罪。集諸守令、將士議曰：「賊若出長江，順流東下，南都不保。吾欲以計撓之，使少遲數日，無患矣。」

乃多遣間諜，徧檄府縣，言「都督許泰、郤永將邊兵，劉暉、桂勇將京兵各四萬，南贛王守仁，湖廣秦金，兩廣楊旦，各率所部合十六萬，直擣南昌。所至有司缺供者，以軍法論！」又爲檄書遺士實、養正，奬其歸順之誠，令慫恿早發兵東下，而縱諜洩之，宸濠果疑；與士實、養正謀，則皆勸之疾趨南京即大位，濠益大疑。十餘日，詗知中外兵不至，乃悟守仁紿之也。【考異】守仁起兵以是月十八日，紀事本末系之庚辰，與實録合。惟年譜言：「文成以十五日丙子至豐城，聞變趨吉安，十九日馳疏上變。」按丙子係十四日，而十九日係辛巳，非庚辰也。年譜干支錯誤，又以七月干支雜之六月中，今據實録。

初，兵部尚書王瓊薦守仁巡撫南贛，尋以平賊，假便宜提督軍務。比宸濠反書聞，舉朝惴惴，瓊曰：「諸君勿憂。吾用王伯安贛州，正爲今日，賊且旦夕禽耳。」未幾，果如其言。【考異】文成以是月十五日至豐城，聞變即趨吉安，蓋與文定議討賊也。而實録所載，謂「守仁勘事福建，以宸濠生日將届，取道往南昌賀之。會大風，舟不得前行。至豐城聞變，遂載小艇潛迹還贛。及至吉安，文定請發兵，守仁初不許，既，深然之，乃檄各郡邑起兵」云云，此皆修武宗實録之誣詞，故明史不取，今悉據本傳書之。

25 己丑，宸濠兵圍安慶。

26 秋，七月，壬辰朔，宸濠統兵發南昌。先是濠將發，聞王守仁等在上流起兵，乃遣涂欽並賊首淩十一等領兵爲前鋒，而自留居守。既，聞守仁兵尚未集，乃與李士實、劉養正謀，留兵付宜春王拱樤、内官萬鋭等及降官胡濂、劉棐、許效廉、唐錦、賴鳳、王玘等使守城，而自引兵東下，選護衛及所鳩賊兵、市井惡少及脅從之衆合八九萬人，聯舟千艘。將行，祭天，奠牲，几折，牲覆于地。又僞封宗室宸澅爲九江王，使前驅，舟始發，雷雨驟作，澅震死。觀者皆知其不祥也。

27 丙申，謫御史張文明爲電白縣典史。初，文明諫北巡，不納；及朝行在，諸權倖隨駕者，文明復裁抑之，所需多不從。太監張忠因譖之于上，復摭他事，執繫京師，下詔獄。是年春，言官交章請宥，不報。比駕旋，命執至豹房，上將親鞫。文明自謂必死，及見，命釋之。尋有是謫。

28 甲辰，宸濠反狀聞。邊將在豹房者，各獻禽宸濠之策，上亦欲假親征南巡，遂傳旨言：「宸濠悖逆天道，謀爲不法，即令總督軍務、威武大將軍、鎮國公朱壽統各鎮兵征剿。命安邊伯朱泰爲威武副將軍，率師爲先鋒。」大學士楊廷和等力阻，不聽。

29 巡撫都御史王守仁起兵于南贛。

先是守仁傳檄四方，諸軍漸集，議所向，守仁曰：「兵家之道，利在速戰。今逆尚在南昌，非其時也。我師遷延不發，示以自守，彼必他出，然後尾而圖之。先復省城，擣其巢穴，彼必悉兵來援，然後邀而擊之，此全勝之策也。」至是聞濠果出，傳檄勤王。時都御史王懋中，編修鄒守益，副使羅循、羅欽德，郎中曾直，御史張鰲山、周魯，評事羅僑，同知郭祥鵬，進士郭持平，降謫驛丞王思、李中，咸先後赴軍，而御史謝源、伍希儒自廣東還，守仁留之紀功。

因集衆議所往，或謂：「宸濠經畫旬餘始出，留備南昌必嚴，攻之恐難猝拔。今聞濠攻安慶久不克，兵疲意沮，若以大兵逼之江中，與安慶夾攻之必敗，彼既敗，南昌不攻自破矣。」

守仁曰：「不然。我師越南昌下，與逆相持江上。安慶之衆僅能自保，必不能援我于中流，而南昌兵議其後，絶我糧道，腹背受敵，非計也。不若先攻南昌，逆賊志在東下，精鋭皆出，守禦必單弱；我兵新集氣鋭，可一鼓破也。彼聞我攻南昌，必解安慶圍，還兵自救；比聞南昌已破，喪膽奪魄。首尾牽制，此成禽矣。」衆皆曰：「善！」

30 丙午，宸濠攻安慶，不克。

先是都督僉事楊鋭，與知府張文錦、指揮崔文等禦之江上，見賊勢熾，收兵入城，誓以死守，令軍士鼓譟登城，大罵之。圍十餘日，濠至，泊黄石磯，躬自督戰，令軍士運土填塹攻城，城上矢石如雨，多死傷者。濠慚憤，語其下曰：「安慶且不克，安望金陵哉！」尋遣僞僉事潘鵬諭降，鵬遣家人持檄至城下，鋭手斬之，支解其尸以徇。濠乃引兵去，鋭復遣兵襲擊，敗之。

方濠之謀逆也，瑞州知府宋以方修城募兵，濠忌之。又以徵索不應，遂迫鎮守劾繫南昌獄。將東下，脅之降，不可，械舟中。至是兵敗，問：「地何名？」舟人曰：「黄石磯。」——江西土音則「王失機」也，濠以爲不祥，斬以方祭江，遂行。【考異】濠兵攻安慶在四月己丑，是月丙午解圍去，故實録以爲「凡被圍十八日而解」者是也。計濠發南昌在是月朔丙午，十五日正濠抵安慶時也，今據實録。

31 戊申，王守仁師至臨江樟樹鎮，知府臨江戴德孺、袁州徐璉、贛州邢珣，都指揮佘恩，通判瑞州胡堯元、童琦、撫州鄒琥、安吉談儲，推官王暐、徐文英，知縣新淦李美、泰和李楫、萬安王冕，寧都王天與，各以兵來會，合八萬人，號三十萬。

己酉，次豐城，以伍文定爲前鋒，先遣奉新知縣劉守緒襲其伏兵。庚戌夜半，文定兵抵廣潤門，守兵駭散。辛亥黎明，諸軍梯絙登，縛拱樤等，宫人多焚死。軍士頗殺掠，守仁戮犯令者十餘人，宥脅從，安士民，慰諭宗室，人心乃悦。【考異】文成平宸濠事，明史本傳及諸王傳記其月日，皆有干支，雖實録不具載，而證之憲章録、紀事本末，參之年譜，無不脗合。至于克南昌殺掠之事，實録所載，至于「積尸横路，雞犬不鳴」，未免過當，故不但明史删之，即憲章録諸書亦不載也。今所記克南昌本末，悉據明史本傳書之，爲得其實。

32 乙卯，伍文定等敗宸濠于黄家渡。守仁克南昌，居二日，遣文定與邢珣、戴德孺各將精兵分道邀宸濠，而使胡堯元等設伏以待。會濠還兵，遇于黄家渡，文定當其前鋒，賊趨利，珣繞出賊背，貫其中，文定及佘恩乘之，德孺與徐璉張兩翼分賊勢，堯元等伏發，賊大潰，退保八字腦。宸濠懼，盡發南康、九江兵，守仁遣官以次復二郡。

丙辰，復戰，官軍却，守仁斬先却者。文定親督官軍殊死戰，身犯矢石，火燎鬚不爲動。賊復大敗，退保樵舍，聯舟爲方陣，悉出金寶犒士。

33 丁巳，宸濠方晨朝其群臣，官軍奄至，以小舟載薪，乘風縱火，焚其副舟，濠妃婁氏以下皆投水死。濠舟膠淺，倉猝易舟遁，萬安知縣王冕所部兵追執之，士實、養正及降賊楊璋等皆就禽。士實、養正死于獄中。凡三十五日而賊平。【考異】明史所載守仁、文定兩傳月日，皆與實録符。惟實録以惡晋溪，遂及文成，又以忌文成之功，遂及文定等，因言「軍中争攘濠積，文定所獲以數十萬計，徐璉、邢珣、謝源、伍希儒亦各數萬，惟戴德孺一無所取」，此豈非仇口語乎？今皆不取，並附識之。○士實、養正之死，實録亦載之是月。惟言「守仁與養正交，比就禽，養正猶冀守仁活之。守仁畏其口，逼令引決，傳首京師。」又言：「守仁自南昌還，養正母喪暴露，使人葬之，月祭以文曰：『君臣之義，不得私于其身，朋友之情，尚可伸于其母』」云云。王弇州史乘考誤辨之，以爲「朋友之情，瘞其母可也，祭而重之以文則不可。」今按葬母祭文一事，亦見年譜中，以非正史，故不録。

34 是月，兵部尚書王瓊等，給事中汪元錫、御史吴閆等，皆諫親征，不報。御史陳察復以爲言，得旨：「罰俸一年。再有犯顔來奏者，治以極刑不宥。」

35 八月，壬戌，命江彬提督東廠兼錦衣衛，彬具疏辭，不允，優詔答之。時張鋭居東廠，錢寧居錦衣衛，而彬又兼之，自是中外大權皆歸于彬矣。

36 己巳，命「太監張永提督團營及宣府北路官軍，贊畫機密重務，兼覈勘宸濠反逆惡黨及改逆效順者，即于軍門奏請處分，仍查覈宮眷庫藏。」

37 乙亥，大學士楊廷和等請以宸濠謀逆詔告天下，並條陳寛恤事宜，從之。既而寛恤之詔竟寢不行。

38 上將親征，命草威武大將軍制，又欲以江彬爲威武副將軍，並下内閣。楊廷和不可，曰：「朝廷親征，奉行天討，誰敢云差遣？又誰敢稱『威武大將軍』？近聞逆濠移檄，方以失政爲名，『威武大將軍』是何政令邪？」上心恚。會推南京吏部尚書劉春理誥敕，以廷和私其鄉人，切責之。廷和謝罪乞罷，不許；梁儲等請與俱罷，復不許。廷和方引疾不入。上乃罷彬副將軍，但傳旨以威武大將軍敕行之。

癸未，車駕發京師，命廷和及毛紀居守，梁儲、蔣冕扈從。【考異】廷和不肯草敕，遂有廷推切責之事，此見明史本傳。而據高氏鴻猷録，但云「廷和辭疾」。而以力辭草制歸之梁儲一人。又言「儲不肯草制，上乃自稱之，不復言草制，彬亦罷副將軍」，而薛氏憲章録又增入「更命廷和草之」之語。楊慎丹鉛録辨「草制出自梁儲，内閣有敕書稿簿，綴撰者姓名于其下，焉可誣也！」王弇州信其説，以爲梁儲果有抗顔直諫之事，當爲生平第一節，何以楊文襄于墓志一字不及？然則草此敕者，寧非梁公耶？不然，將爲毛文簡也。予謂薛氏言梁儲不肯草敕而廷和草之固非，即丹鉛録謂其父不肯草敕而梁儲草之亦非也。二公皆非草敕之人，廷和兩次引疾，即其不肯草敕之張本。而至于十三年草鎮國公之敕，廷和在告，梁儲、毛紀泣諫，豈有前諫至于泣而南巡無一語？亦必不然。故高氏之歸美梁儲雖不足信，而其言竟罷草制及彬副將軍，此得其實。若升菴謂「梁儲草制有敕書稿簿撰人姓名可考」，然廷和是時引疾，則内閣姓名自以梁儲爲首，未可以此定儲之獨草也。弇州又引楊文忠行狀，謂「公不肯草敕，因言『朝廷親征，誰敢云差遣，又誰敢稱威武大將軍』」云云。當中官傳旨來内閣，閣臣必有詞以折之，此數語，似是紀實。而至于下文謂「上復遣蕭敬等來，以阻撓軍機脅之，不爲動。迨敬等相率跪拜，仍不從，敬等知不可奪，乃去。遂有八月十九日因廷推切責之事。」此似亦升菴歸美其父之語，與高氏、薛氏之歸美梁儲，皆有私意。惟明史于楊、梁二傳，寥寥數語，是亦不信兩家之説，可謂斟酌盡善，詞意謹嚴。今所敘仍據本傳，惟參用行狀「朝廷親征」以下四十四字。

39 丁亥，車駕次涿州。

王守仁捷奏至，且諫親征，其略曰：「臣于告變之後，選將集兵，振揚威武。先攻省城，擣其巢穴，繼戰鄱湖，擊其惰歸。今宸濠已禽，逆黨盡獲，閩、廣赴調軍士已散，地方驚擾之民已定。竊惟此逆睥睨神器，陰謀久蓄，招納叛亡，廣播奸細，臣下之奏，百不一通。發謀之始，逆料大駕必將親征，先于沿途伏有奸黨，期爲博浪、荆軻之謀。今逆不旋踵，遂已成禽，法宜解赴軍門，式昭天討。然欲付之部下各官，誠恐潛布之徒，乘隙竊發，或有意外之虞，臣死有遺憾矣。」疏入，上祕不發。

大學士楊廷和等馳請班師，梁儲、蔣冕等亦以爲言，皆不省。【考異】此據明史本紀，而守仁捷奏之至，諸書皆云「駐蹕良鄉」，則去京師僅七十里也。實録無發京師至涿州日分，但云「戊子至保定」。疑中間有漏脱也。車駕以癸未發京師，涿州去京師僅一百四十里，五日始至。而保定去京師三百五十里，安能以至涿州之次日遽抵保定？本紀謂「丁亥至涿州」，亦恐未確。今據書之，俟考。

40 是月，上至保定府。【考異】據實録書「戊子」，今依本紀「丁亥至涿州」，則至保定當在月終也。實録于九月書「駐蹕保定府」，則以前月至保定明矣。

宴行酒。

41 九月，壬辰朔，上駐蹕保定，宴于府堂，巡撫都御史伍符及巡按、御史、管糧主事皆侍宴行酒。上與符爲藏鬮之戲，符探得鬮，上不悦；飲符至醉，乃大笑。

癸巳，上發保定。

42 戊戌，車駕至臨清。

方上之南發也，劉姬疾不從，約以玉簪召。上過蘆溝橋，馳馬失簪，索之不得，及至臨清，遣使召姬，姬以無信約，不肯往。于是上復自臨清北行，乘單舸晨夜疾趨至張家灣，載與俱南，從官無知者。凡往返者踰月。

于是巡按山東、御史熊相亟馳疏言：「陛下挾一二親倖，單舸微服，野宿宵行。萬一不虞，如太后何，如宗社何！昔漢文帝忽于馳坂之險，以袁盎之諫而止；元帝不畏從舟之危，以薛廣德之諫而罷。陛下之爲是行，亦危且險矣。伏望思垂堂之戒，嚴警蹕之儀，天下幸甚！」清軍御史劉翀亦以爲言，皆不報。【考異】車駕至臨清，明史本紀不載，史稿次之癸丑。證之實録，帝以戊戌至臨清，因遣人召劉姬，往返十五日，至癸丑乃回舟而北，踰月始返也。史稿蓋據其發臨清之日書之耳，今據實録。

43 丁未，王守仁械宸濠，將獻俘，至杭州，授太監張永。

初，守仁上宸濠反書，因請黜奸諛。諸嬖倖恨甚。及事平，又欲相與媢功，且懼守仁發其罪，競爲蜚語，謂「守仁初與宸濠通謀，慮事不成乃起兵。」又欲令縱宸濠湖中，待上自禽之，于是命太監張忠、安邊伯許泰率禁軍往江西。守仁乘其未至，俘宸濠，發南昌，忠、泰以威武大將軍檄邀之；守仁不與，間道趨玉山，上書請獻俘，止上南征，上不許。

至是行抵錢唐，遇永。永時提督軍務，在忠、泰上，而故與楊一清除劉瑾，天下稱之。守仁夜見永，頌其賢，因極言「江西困敝，不堪六師之擾」。永深然之，曰：「永此來爲調護聖躬，非邀功也。公大勳，永知之，但不可徑情耳。」守仁乃以宸濠付永。聞上將至淮揚，復自杭州趨京口。【考異】文成獻俘，以是月丁未至杭州付張永，此據實録也。年譜謂其壬寅發南昌，六日而至，疑發南昌尚在壬寅前，今據實録至杭州之月日記之。至張永之行，亦是邀守仁令回江西，而實録謂「守仁攜家而還，永潛遣人邀其輜重，守仁懼，乃以宸濠付永，且厚結焉」，此亦修實録者誣詆文成之詞。今據明史本傳。

44 冬，十月，戊辰，大學士楊廷和等復請班師，且言：「時享已過，而瞬届冬至朝賀及十二月省牲、正月南郊，大禮所在，曠廢非宜。請乘輿速返，以順天意而協人心。」扈從之梁儲、蔣冕等亦以爲言，計自乘輿發後，累疏數十上，皆不省。

45 壬午，上發臨清。

46 甲申，御史謝源言：「逆藩宸濠，謀爲不軌久矣。當時固有先事折其奸謀而反爲中傷者，在今日尤宜録其功。如大學士費弘及其弟編修寀之去，以沮復護衛也；布政使鄭岳之爲民，以不遂侵求也；副使胡世寧之謫戍，御史范輅之褫職，以發其奸惡也。此五臣者，其明能逆料于逆謀未露之前，其枉尚未白于大害既除之後。伏望召還諸臣，復其官秩，以爲忠義之勸。」御史伍希儒等亦以爲言，且請起都御史俞諫，皆下其章于所司。

47 十一月，辛卯朔，車駕過濟寧。丙申，至徐州。辛丑，御龍舟自徐州順流而下。乙巳，至淮安清江浦，幸太監張陽第。

時上巡幸所至，捕得魚鳥，分賜左右，受一臠一毛者，各獻金帛爲謝。至是漁于清江浦累日。

南京及河南、山東、淮揚等處文武官，迎送車駕，皆戎裝步行，而江彬不時傳旨徵索旗牌官，拷縛郡縣長吏，有如奴隸。通判胡琮，懼而自縊；南京守備成國公朱輔，見彬長跪；總兵官鎮遠侯顧仕隆，稍不爲屈，彬數窘辱之。又遣官校四出至民家，矯傳上旨，索鷹犬、珍寶、古玩，民皆惴惴不敢詰。近淮三四百里間，無得免者。

48 壬子，冬至，車駕駐清江浦，扈從及撫、按等官朝賀于張陽第。

49 丁巳，上至淮安府，屏侍衛，徒步入城，幸總兵官顧仕隆第。

50 羈管太監錢寧于臨清，密遣人繫其家屬，以通逆濠事發也。

先是上將發京師，留寧居守，寧恐離上左右，爲人所發，乃求扈從，許之。江彬素與寧爭寵，至臨清進間，因止寧董皇店役。彬于途中遂盡白其通濠狀，上大怒，曰：「我固疑之，黠奴乃敢爾邪！」時將渡淮，遂令即所在繫之。籍其家，玉帶至二千五百束，金十餘萬兩，銀三千箱，胡椒數千石，他珍玩財貨不可勝計。

初，寧之通宸濠也，樂人臧賢主之；上將發京師，事始洩，杖之午門，詞連寧。及發遣，寧遣人殺之張家灣，欲以滅口也。【考異】憲章録：「是年七月，逮吏書陸完、太監蕭敬及秦用、盧明、錢寧、臧賢，俱下獄。」弇州考誤辨之甚詳。蓋附逆諸人，惟臧賢下獄最先，錢寧次之，其餘中官如盧明等及尚書陸完之下獄，皆在十五年十一月。據弇州考證，蕭敬則並無下獄事也。今據正史分書之。

51 己未，上至寶應，漁于氾光湖。

52 是月，王守仁自京口復返南昌。【考異】年譜言「文成趨京口，大學士楊一清止之。楊家京口也。」據此，則文成至京口始返，而紀事本末則云，「以宸濠付張永，乘夜度浙江，過越，還江西」，誤也。過越則必歸省，年譜不應漏脱。證之明史本傳，亦云「身至京口」。而年譜記其自湖口返省，則由大江取道，非由浙河明矣。惟楊一清之沮，年譜載之，明史王、楊二傳，皆不見，今不取。

先是守仁至京口，欲朝行在。會上命守仁巡撫江西，乃自大江取道還。

是時張忠、許泰等已先至，恨失宸濠，執知府伍文定縛之，文定罵曰：「吾不恤九族，爲國家平大賊，何罪！汝等天子腹心，屈辱忠義，爲逆賊報讎，罪當斬！」忠益怒，推文定仆地。文定求解任，不報。

忠、泰必欲誣守仁與宸濠通，詰責濠左右，皆言無有；嚴詰不已，曰：「獨嘗遣弟子冀元亨詣宸濠論學耳。」

初，宸濠懷不軌，而外務名高，貽書守仁問學，守仁使元亨往。濠以語挑之，佯不諭，獨與之論學，濠目爲癡。他日，講西銘，反覆君臣義甚悉，濠亦愧服。至是忠等聞其事，大喜，搒元亨，加以炮烙，終不承，乃械送京師詔獄。

比守仁至，故縱京軍犯之，或呼名嫚罵。守仁不爲動，撫之愈厚，病予藥，死予棺，遭喪于道，必停車慰問。京軍謂「王都堂愛我」，無復犯者。

忠、泰言：「寧府富厚甲天下，今所蓄安在？」守仁曰：「宸濠異時盡以輸京師要人，約爲内應，可按籍稽也。」忠、泰故嘗納宸濠賄者，氣懾不敢復言。

已，輕守仁文士，强之射，徐起，三發三中，京軍皆懽呼，忠、泰氣益沮。

會冬至，守仁命居民巷祭，已上冢哭。時新喪亂，悲號震野，京軍聞之，無不泣下思歸，忠等不得已乃班師。

53 十二月，辛酉朔，上至揚州。

先是江彬謀奪富民居爲威武大將軍府，知府蔣瑶執不可，彬閉瑶空室，挫辱之，脅以上所賜銅爪，不爲懾。

太監吴經，矯上意刷處女、寡婦，民間洶洶，有女者一夕皆適人，乘夜争門逃匿不可禁。瑶詣經懇免，麾之去。忽夜半，遣騎卒數人開城門，傳呼駕至，令通衢燃炬如白晝。經徧入人家，捽婦女出，破垣毁屋，必得乃已。尋以諸婦分送尼寺寄住，有二人憤恚不食死，瑶爲具棺斂，自是諸婦家皆以金贖乃得歸。

會上漁，獲一巨魚，戲言「直五百金」。彬以畀瑶，責其直，瑶懷其妻簪珥袿服以進，曰：「庫無錢，臣所有惟此。」上笑而遣之。府故有瓊花觀，詔取瓊花，瑶言：「自宋徽宗北狩，此花已絶，今無以獻。」又傳旨徵異物，瑶具對非揚産。上曰：「苧白布亦非揚産邪？」瑶不得已爲進五百疋。

當是時，權倖以揚繁華，要求無所不至，微瑶，民且重困云。

54 壬戌，上以數騎獵于府城西，遂幸上方寺。自是數出漁獵，以劉姬諫而止。

總兵神周，奉旨至泰州取鷹犬，城中騷然。

55 丙寅，免河南、開封等府被災四十五州縣秋糧。

56 辛未，大學士梁儲、蔣冕，以郊祀期近，請返蹕。

先是傳旨，以「郊祀不及，欲暫于南京行禮」。儲等言：「郊禮犧牲制帛等項，皆須先期備辦，嚴謹督視。若倉猝措置，取具一時，鹵莽苟簡，徒爲褻瀆。且南京郊壇配位，洪武時止有仁祖，永樂初方增太祖一位；遷都以後，京師郊壇，止以太祖、太宗並配。今若欲于南京舊壇行禮，既不可除去仁祖配位，又不可增設太宗配位，事體重大，臣等尤不敢妄議。」時上欲藉以緩班師之期，諭議再四，儲等力陳不可，事遂寢。

57 戊寅，上閱諸妓于揚州，撫、按官具宴，却之，令折價以進。

己卯，至儀真。

時上巡幸所至，禁民間畜豬，一時屠殺殆盡。

58 免大名、真定、順德三府被災十一州縣稅糧。

59 癸未，漁于儀真之新閘，命江彬祭告大江。

明日，幸民黃昌本家，閱太監張雄及守備馬炅所選妓，以其半送舟中。

60 乙酉，車駕渡江。丙戌，至南京。【考異】憲章録書至南京于十月，紀事本末又系之九月，未見實録也。若以南京爲南畿之通名，則武宗十月方發臨清，冬月朔始過濟寧，實録所記月日皆詳，計其至南京已在十二月下旬。明史本紀及三編皆據實録，今從之。

61 是歲，土爾番求通貢，許之。哈密都督舍音和珊即寫亦虎仙，見前卷。繫京師獄，至是減死，遂賁緣錢寧與其壻，得入豹房侍上左右。悅之，賜國姓，授錦衣指揮，扈駕南征。

明通鑑卷四十九

江西永寧知縣當塗夏燮編輯

紀四十九起上章執徐（庚辰），盡重光大荒落（辛巳），凡二年。

武宗毅皇帝

正德十五年（庚辰、一五二〇）

1 春，正月，庚寅朔，上在南京，詔百官戎服朝正旦，尚書喬宇不可，率群臣朝服賀。江彬索諸城門鑰，宇語都督府曰：「守備者所以謹非常，禁門鎖鑰，孰敢索，亦孰敢予！雖天子詔不可。」乃已。彬跋扈甚，惟宇與應天府丞寇天敘挺身與抗，彬爲之稍斂。

2 癸巳，改卜郊。

先是禮部奏以是月八日行南郊大祀，至是以車駕未還，傳旨，「本年郊祀改卜二月上旬」。

3 丙申，諭行在閣臣，以「宸濠將至，議處分」。梁儲、蔣冕「請如宣德間親征漢庶人例，罪人既得，即日班師，還告天地宗廟，下廷臣及各王府議其罪」。不納。

4 械太監劉瑯、畢真及廖鵬之子鎧下錦衣衛獄，言官發其通逆濠狀也。

5 丁酉，立春，上迎春于南京，仍備諸戲劇，如宣府故事。

6 辛亥，大學士楊廷和等言：「近欽天監改卜二月十三日郊祀；又孝貞太皇太后大祥，神主祔廟亦在二月十日；此禮皆皇上所當躬自舉行者。今日期漸近，内外人心不勝懸望，伏乞早迴乘輿。」不報。

7 甲寅，免南直隸鳳、淮、揚三府、徐、滁、和三州所屬被災州、縣稅糧，以去年淮揚大饑，人相食也。

8 戊午，免湖廣武昌、安陸等十五府被災稅糧。

9 復械太監劉璟、都指揮廖鵬、齊佐、王凖、都督同知王瓛等，皆繫錦衣衛獄，與畢真、劉瑯，同俟宸濠至日鞫訊定擬。

10 是月，王守仁被召至蕪湖，得旨，「仍返江西」，張忠等讒之也。

初，張永自杭州復械宸濠至江西，留數旬，偕張忠、許泰等歸。永見上，極言守仁之忠，而忠、泰等嗾紀功給事中祝續、御史章綸等讒毁百端，獨永時時左右之。

一日，忠、泰復讒之于上曰：「守仁在杭州，竟不赴行在，陛下試召之，必不來。」永遣急足先告守仁，守仁聞召，不退食即與偕行。比至蕪湖，忠、泰仍沮之不令見。守仁乃入九華山，日晏坐僧寺。上覘知之，曰：「王守仁學道人也，聞召即至，何謂反？」永復傳上意，令守仁還鎮重上捷音，乃返。【考異】事見明史本傳。三編系之閏八月目中，據其重上捷音及受俘之月日也。實録自守仁至杭州以宸濠付張永後凡數月，不及文成一字，故弇州以爲修實録者忌之，是也。據憲章録，文成聞召至蕪湖而返，系之正月，而年譜所載，亦云「趨至上新河，竟爲諸權倖讒沮，不得見」，其爲忠等尼之明矣。今據增入。

11 二月，庚申朔，上在南京。

12 兵科都給事中汪元錫等言：「宣府報寇警，稱『有萬騎自威遠東行』，京畿逼近。去年冬，白羊口所獲奸細，皆云『使探聖駕消息，乘機深入』，不可不慮。伏乞乘輿亟歸以防寇患。」不報。

13 大學士楊廷和等請罷養豕及宰殺之禁，不報。

14 己巳，孝貞太皇太后大祥，遣壽寧侯張鶴齡祭茂陵。其神主祔廟日期令改擇。

15 三月，己丑朔，上在南京。

16 戊戌，清明節，太常寺奏，「陵寢祭牲已有定制，豕爲必用之物，請弛其禁」，從之。

17 辛丑，大學士楊廷和等以「郊期屢更，嫌于褻玩，又瞬届廷試之期，御殿傳臚，不宜無事曠廢。乃玉音屢下而返駕無期，恐非所以示天下」。梁儲、蔣冕及禮部尚書毛澄、六科給事中邢寰、十三道御史唐符等相繼上疏，皆不報。

18 夏，四月，戊午朔，上在南京。

19 己未，振淮、揚等府饑。

時巡撫都御史叢蘭，巡按御史成英，以振濟不給爲言，「請截留蘇松漕運十萬石及輕齎銀七萬二千餘兩、鳳陽、揚州儲庫事例銀六千一百餘兩備振」，從之。

20 甲申，大學士梁儲、蔣冕言：「臣等自去年八月隨駕而南，罪人斯得。今宸濠解至，又兩月餘矣。比夏令已深，天氣炎熱，不時暴風作，或將賊船漂沈，或值賊衆病斃，則陛下此行，櫛風沐雨，越江涉湖，徒勞無益，何以祭告郊廟，詔諭臣民邪？且因討罪而廢大祀天地之禮，又廢太皇太后升祔之禮，以至殿試傳臚、朝覲考察之期無不違誤，竊恐陛下必有不能自安者。伏乞振旅早還，以順天意而悦人心。」南京六科給事中孫懋，十三道御史蔣亨等亦以爲言，皆不報。

21 五月，戊子朔，上在南京。

22 辛丑，以水旱災，免南直隸寧國、池州、太平、安慶四府所屬州縣税糧。

23 壬寅，都御史王守仁奏：「江西諸郡大水，千里爲壑，舟行于閭巷，民棲于木杪，室廬漂蕩，烟火斷絶，爲數十年所未有。非常之變，厥咎在臣。」因自陳四罪，請賜罷黜。下其章于所司。【考異】語見實録。據年譜亦系之五月。惟實録言「守仁自負其功，以爲人所抑，故上此奏」，亦誣詆語也，今不取。

24 六月，丁巳朔，上在南京，駕幸牛首山，宿焉。諸軍夜驚，左右皆不知上所在，大擾，久之乃定。傳者或謂江彬欲爲逆云。

25 癸亥，大學士梁儲、蔣冕言：「近南京錦衣衛重囚反獄，隨捕未獲。臣等竊以重囚在監，尚且逃逸，今反賊宸濠并逆黨，船泊江上，舳艫相銜，助逆奸細，豈無潛匿踪跡，往來窺伺，潛蓄異圖者！使聞反獄之變，萬一因風縱火，乘機劫奪，倉猝之間，何以禦之？伏乞早迴乘輿以消未形之患。」不報。

26 甲申，兵科都給事中汪元錫等言：「陛下臨幸南都，踰年不返。隨行人馬，不下數萬，供億之費，連及數省，陛下不及知也；姦宄之徒，詐充官校，陵虐有司，索騙財物，陛下不及知也；軍士在外，妻孥隔絶，不諳風土，客死道旁，陛下不及知也；少女老婦，充牣離宫，苦雨淒風，多成怨魄，陛下不及知也。夫天下可恃者理也，不可恃者勢也；易見者形也，難見者幾也。陛下不以宮闕爲重，專事遠游，欲望久安長治，豈可得哉！」不報。

27 是月，以陳金爲右都御史。

28 秋，七月，丁亥朔，上在南京。

29 辛丑，大學士梁儲、蔣冕等言：「陛下駐蹕南京，欲乘秋後獻囚振旅。而近數日來，遠近惶惶。或至夜間，爾我相傳，以爲耳目有所聞見，互相驚恐，常不自安；及行質問，則又彼此推託，莫知所自。竊惟聖駕所經，萬靈擁護，豈宜有此！或者因郊祀未舉，廟祭未親，太皇太后升祔未行，祖宗之心容有未安，在天之靈以此警動陛下，未可知也。」南京科道官，亦以爲言，皆不報。

時行在有物若豕首墮上前，色碧，又進御婦人室中若懸人首狀，人情益驚，故儲等云然。

30 是月，小王子犯大同、宣府。

31 王守仁重獻捷于京師，言「奉威武大將軍方略，討平叛亂」，而盡入諸嬖倖名，江彬、張忠等讒乃已。

32 八月，丙辰朔，上在南京。

33 癸未，免江西稅糧。

34 上之南巡也，在京之大學士楊廷和、毛紀，行在大學士梁儲、蔣冕，前後諫請班師，疏凡數十上，皆不省。及是守仁捷書至，儲等復動以危言，于是始有還意。而群小猶欲導上游浙西，泛江、漢，儲、冕益懼，復手疏跪泣行宮門外，歷未至酉。上遣人取疏入，諭之起，儲等叩頭言：「未奉俞旨，不敢起也。」上不得已許不日還宮，乃叩頭出。

35 上之南巡也，江彬縱其黨橫行州縣。將抵常州，民大恐，時知府、武進知縣咸入覲，推官張曰韜兼綰府、縣印，召父老約曰：「彬黨至，若等力與格。」又釋囚徒，令與丐者各具瓦石以待。已，彬黨果累騎來，父老直遮之境上，曰：「常州比歲災，物力大屈，無可啗若曹。府中惟一張推官，一錢不入，即欲具芻秣亦無以辦。」言已，彬黨疑有他變，乃稍退，馳使告彬。

曰韜即上書巡按御史言狀。御史束郊，行部過常州，謂曰：「事迫矣，彬將以他事縛君。」命曰韜登己舟先發，自以小舟尾之。彬黨果大至索曰韜，誤截御史舟。郊使嚴捕截舟者而陰令緩之，其黨恐御史上聞，咸散去。曰韜遂免，彬亦戒其黨毋擾。由是常以南諸府得安。

36 閏月，丙戌朔，上在南京。

37 癸巳，受江西俘。

上欲自以爲捷，命設廣場，戎服樹大纛，環以諸軍，令釋逆濠等，去桎梏，伐鼓鳴金而禽焉。然後置械，行獻俘禮。

38 丁酉，上自南京返蹕。是夕，發龍江。辛丑，至儀真。壬寅，漁于江口。癸卯，自瓜州濟江，登金山，遂次鎮江，幸大學士楊一清第，樂飲兩晝夜，賦詩賡和以數十。又偏覽一清所藏書籍，取册府元龜二百二册以歸。先月，致仕大學士靳貴卒，至是上幸貴第，臨其喪。【考異】上幸一清第樂飲賦詩，事見明史本傳。其取册府元龜以進，則據實録增也。惟傳言「一清從容諷止，帝遂不爲江、浙行」。是時業已返蹕，或一清迎駕時有此諫耳。然江、浙之行，實梁儲等挽回之力，傳中所載，恐亦後人歸美語耳，今不取。

39 庚戌，上發鎮江，宿望江樓。癸丑，至揚州。

40 九月，乙卯朔，上駐蹕揚州。戊午，發揚州。庚申，至寶應。復漁于氾光湖。鎮守太監邱得索進貢物不得，以鐵組繫知府蔣瑶，窘辱備至，數日乃得釋，扈駕至臨清而返。

41 辛酉，上駐蹕淮安。都御史叢蘭、總兵官顧仕隆等進賀功金牌、花紅、綵帳。上戎服簪花，鼓吹入城。

先是有司治故尚書金濂第，至是遂幸之。

42 丙寅，上至清江浦，復幸張陽第。

己巳，漁于積水池，舟覆，溺焉。左右大恐，爭入水掖之出，自是遂不豫。

43 丙子，上至東昌。

戊寅，至臨清。是日，萬壽節，百官稱賀于鎮守太監第。

44 是月，以水災，免順天、永平、保定、河間四府所屬州縣夏稅。又以旱災，免陝西鞏昌、臨洮二府及蘭州、甘州等衞夏稅。

45 冬，十月，庚寅，上至天津。庚戌，至通州。

上之北還也，每令宸濠舟與御舟銜尾而行，意甚防之。及抵通州，謂左右曰：「吾必決此獄。」乃入，召勳戚大臣議宸濠獄。

時上久駐于外，京師洶洶，人情危懼。大學士楊廷和、毛紀等，「請還大內，然後獻俘誅宸濠」，不納。群臣「請如宣德間處置高煦例，祭告天地宗廟社稷，敕天下諸王議罪，乃明正以法」，亦不聽。至是用江彬言，命治交通宸濠者罪。

46 十一月，庚申，執吏部尚書陸完赴行在。

先是中官張永至南昌搜逆濠籍，得完平日交通事上之。〔上〕大怒，還至通州，執完，並收其母妻子女，封識其家。完至通州，錢寧、畢真、劉瑯、劉璟、廖鵬、齊佐、王準、王瓛等，皆先完就執。

寧之通濠也，江彬盡發之。真始鎮守江西，與濠親厚，濠爲出貲賁緣，改浙江。及濠反，密遣人馳報真，真倡言寧世子來取浙，浙中大震，三司及府縣官先夕收城門鑰，令官軍甲以俟，遂不得發。瑯守備南京，欲自託于濠，遣弟瑋事之。比聞濠舉逆，聚家丁百餘，攜火藥軍器，欲爲濠應，事洩乃已。璟、瓛、鵬皆與濠通貨賂，佐、準則濠婿也，至是鞫訊，皆服。

而上以完大臣，寧素所信任，顧負恩通逆，尤恨之，欲置之極刑，皆命裸體反接，揭其姓名于幟，雜俘囚中，列凱旋前部以行。

47 逮太監商忠、杜裕，少監盧明、秦用、趙秀，錦衣衛都指揮薛璽、陳喜及監察御史張鰲山、河南布政使林正茂等，俱下錦衣衛獄，皆以通宸濠有迹也。

初，官兵克復南昌，得濠簿籍，所記平日餽送姓名，徧于中外，多者累數萬，少亦以千計。李士實疑其太費，濠笑曰：「此爲我寄之庫耳。」王守仁以簿籍連及者衆，令焚之，張永所發者僅百之一二云。

48 辛酉，傳旨，「司禮太監蕭敬、李英閒住」，亦以嘗與宸濠通也。

49 十二月，甲申朔，上在通州。

50 己丑，宸濠伏誅。

先是有旨，召皇親、公侯、駙馬、伯、内閣府、部大臣、科、道官，俱至通州治宸濠獄。至是列其罪狀上之，並同逆之宗藩栱㰘等皆論死。上令從輕賜自盡，仍焚棄濠尸。

是時江彬欲亟治宸濠獄竣，勸上復幸宣府，（仍）〔乃〕上言：「臣奉鎮國公朱壽指示方略，禽宸濠及其逆黨十五人，乞速正典刑。」上乃下詔褒賜鎮國公，次及彬，歲加禄米百石，廕一子，世襲錦衣衞。

將欲西幸，會上體憊甚，左右力請還朝，越三日，乃返京師。

51 甲午，車駕還京師，文武百官迎于正陽橋南。

是日，大耀軍容，俘諸從逆者及家屬數千人陳輦道東西，生者標其姓名，死者懸首于竿，皆標以白幟，凡數里不絶。上戎服乘馬立正陽門下，閱視良久乃入。諸俘者自東安門踰大内而出，彌望皆白，識者以爲不祥云。

52 以親征凱旋，遣定國公徐光祚、駙馬都尉蔡震、武定侯郭勛祭告天地、太廟、社稷。

53 丁酉，大祀南郊。初獻，上拜，疾作嘔血，不克成禮，遂還齋宮，踰宿乃入，御奉天殿，文武群臣行慶成禮，傳旨免宴。

54 庚子，免四川保寧、順慶二府被災州縣税糧。

55 丙午，免陝西西安府所屬被災州縣秋糧。又以霜災，免山西行都司並大同府所屬衞所州縣秋糧。

56 是月，改王瓊爲吏部尚書。

57 是歲，佛郎機使者在京師。

上之南巡也，其使火者亞三夤緣江彬，得入豹房侍上左右，上時學其語以爲戲。于是御史邱道隆，「請責令還滿剌加疆土，方許朝貢」。又御史何鰲言：「佛郎機最凶狡，兵械較諸番尤精。前歲駕大舶突入廣東會城，礮聲殷地；留驛者違制交通，入都者桀鷔争長。今聽其往來貿易，勢必争鬥殺傷，南方之禍，殆無紀極。祖宗朝，貢有定期，防有常制，故來者不多。近因布政吴廷舉謂缺上供香物，不問何方，來即取貨，致番舶不絶于海澨，蠻人雜沓于州城。禁防既疎，水道益熟，此佛郎機所以乘機突至也。乞悉驅在澳番舶及番人潛居京師者。」疏下禮部，議從之。

已，亞三從駕入都侍上，驕甚；居會同館，見提督主事梁焯，不屈膝，焯怒，撻之。江彬大詬曰：「彼嘗與天子嬉戲，肯跪汝小官邪！」

明年，彬敗，亞三始下吏，自言「本華人，爲番人所使」，乃伏法，絶其朝貢。【考異】事見明史外國傳。實録系之是年十二月，與傳合。今增系之是年之末。

58 四川芒部隴氏亂。

初，芒部土舍隴壽，與庶弟隴政及兄妻支禄争襲仇殺，所部夷蠻阿又磉等乘機倡亂流劫。事聞，命鎮守中官會撫、按官捕治。至是貴州參政傅習、都指揮許詔、督永寧宣撫司女土官奢爵等討擒阿又磉等四十三人，斬一百十九級，事乃定。

十六年（辛巳、一五二一）

1 春，正月，乙卯，以旱災，免淮、鳳、揚、徐二十三州縣及長淮等十三衞税糧。

2 庚申，以旱災，免陝西西寧、洮州二衞税糧。

3 癸亥，以上不豫，改卜郊。

4 癸酉，刑科給事中顧濟言：「人情之至親而可恃者，莫如子母室家。陛下久居在外，兩宫隔絶，至情日疎。今復聖體違和，所恃以爲安者何人哉？昔漢高帝以病卧數日，樊噲排闥直入，且曰：『陛下獨不見趙高之事乎？』今群臣之中，豈無樊噲之憂！但拘于形迹，不敢盡言。伏願慎擇近臣，如内閣、宫、坊並府、部、寺、院、科、道等官，輪日各一二員更番入直，凡起居動静，皆令與聞，膳羞藥餌，必令檢點，或時賜召對以通下情。其餘淫巧雜伎，傷生亂德之事，一切屏去。則保養有道，聖躬不患不安矣。」不報。

5 是月，以兵部侍郎王憲爲本部尚書，代王瓊也。憲時從幸，黨于中官，至是廷推居末，内批特擢用之。

6 二月，甲申朔，上以疾，不視朝。

7 庚寅，疾，不果郊。

8 己亥，巡撫雲南副都御史何孟春討雲南苗，平之。初，雲南彌勒州十八寨阿勿、阿寺等，交納寧州土舍禄（民）〔氏〕，爲居民害。都給事中劉洙屢以爲言，命孟春及巡按御史陳察會鎮、巡官軍進兵，禽寺，斬勿，俘其黨千七百餘人。至是以捷聞，並奏「請設永昌府，增五長官司、五守禦所」，從之。

9 乙巳，大學士楊廷和等言：「各處地方，水旱相仍，災異迭見，歲賦錢糧，小民拖欠。各邊軍士奏請餉需，殆無虛日，欲徵之于民而脂膏已竭，欲取之于官而帑藏已空。其畿内州縣及山東、河南、陝西等處盜賊，千百成群，白晝劫掠。若不早圖拯救，厚賜寬恤，則將來事勢有大可憂者。陛下近日聖體漸康，乞將前項詔書早賜頒降，以慰四海雲霓之望。」不報。

10 刑部員外郎周時望言：「聖體違和，輟朝累月，天象變異，人心憂皇。乞念宗廟社稷之重，建立國本以杜邪謀。」御史王琳、主事陸澄、陳器亦以爲言，俱不報。

11 是月，寇犯威遠松山等堡，軍士陳玉死之。

12 三月，癸丑朔，日有食之。

13 庚申，傳旨：「改西官廳爲威武團營，以西官廳監督太監張忠及江彬等提督團營教場與威武團營操練，令別闢團營教場。」彬矯旨也。

于是六科給事中汪元錫、十三道御史張仲賢等言：「別置教場，拓地則不免侵民廬墓，興工則不免費官財力。且威武團營既爲陛下自將，則泰等不過奔走麾下，乃概加以提督之名，不已僭乎！」兵部亦以爲言，不聽。命「團營官軍暫即五軍營教場操練，其團營教場，令所司亟相度以聞」。

14 乙丑，大漸。諭司禮監曰：「朕疾不可爲矣。其以朕意達皇太后，天下事重，與閣臣審處之。前事皆由朕誤，非汝曹所能預也。」丙寅，帝崩于豹房，年三十有一。

三編御批曰：武宗爲宦官所誤，至于元氣孱削，不克享年。乃回顧生平，不憚引爲己愆，而于群小則特明其無預。武宗固蠱惑滋深，亦不應始終不悟若此。當時豹房寢疾，左右無人，其言僅出自中涓之口，安知非若輩恐朝臣追論其罪，故矯傳此命以託爲解免之由，豈足爲憑信哉！

是日，太監張永、谷大用等，以皇太后命移殯大内，遂頒遺詔。

先是司禮中官魏彬，以帝無皇嗣，至内閣言：「國醫力竭矣，請捐萬金購之草澤。」大學士楊廷和心知所謂，不應，而微以倫序之説諷之，彬等唯唯。

至是帝崩，永、大用至内閣，議所當立。廷和出祖訓于袖中示之，曰：「兄終弟及，誰能易之？今興獻王長子，憲宗之孫，孝宗之從子，大行皇帝之從弟，序當立。」梁儲、蔣冕、毛紀咸贊之，乃令中官入啓皇太后，廷和等候左順門下。頃之，中官奉遺詔及太后懿旨，宣諭廷臣，一如内閣請。

遂定策，遣定國公徐光祚、駙馬都尉崔元及中官谷大用、韋彬、張錦奉遺詔迎興世子厚熜入嗣皇帝位。故事，奉迎當以内閣一人偕禮官往，廷和欲留蔣冕自助，而慮梁儲老，或憚行，乃佯惜之，儲奮曰：「事孰有大于此者，敢以老辭！」遂與禮部尚書毛澄偕光祚等行。

廷和又以遺詔，令太監張永、武定侯郭勛、安邊伯許泰、尚書王憲選各營兵分布皇城四門、京城九門及南北要害，廠衛御史以其屬捍掫。于是事大定。【考異】事見明史楊、梁二傳，與實録所載同。惟實録言「定策時，吏尚王瓊以己不預，厲聲排掖門入」，三編目中亦采之，而明史廷和及瓊傳皆不具。按修實録者處處指摘晋溪，不過爲新都修報復耳。定策事由内閣，非銓除之比。且新都是時密議禁中，方忌晉溪之生異議，而謂遽洩之于瓊，必不然矣。傳中删此數語，似有斟酌，今從之。

16 罷威武團練營，諸邊兵入衛者，俱重賚散遣還鎮。革皇店及軍門辦事官校悉還衛。哈密、土爾番、佛郎機諸貢使，皆給賞遣還國。豹房番僧及少林僧、教坊樂人、南京快馬船諸非常例者，一切罷遣。又以遺詔釋南京逮繫囚，放遣四方進獻女子，停京師不急工務，收宣府行宮金寶歸諸內庫。

17 戊辰，頒遺詔于天下。

18 庚午，以皇太后懿旨，下江彬、神周、李琮于獄。

彬知天下惡己，又見罷遣邊兵，益內疑。琮勸彬速反，不勝則北走塞外，彬猶豫未決，詭稱疾不出，陰布腹心，衷甲觀變。令許泰詣內閣探意，廷和慰以温言，彬稍安，乃出成服。于是廷和謀以太后懿旨捕誅彬，遂與蔣冕、毛紀及司禮中官温祥謀。張永伺知其意，亦密爲備。

司禮魏彬者，故與彬有連，廷和以其弱，可脅也，因題大行銘旌，與彬、祥及他中官張鋭、陳嚴等，爲言江彬反狀，以危語脅之。魏彬心動，惟鋭力白江彬無罪，廷和面折之。冕曰：「今日必了此乃臨！」嚴亦從旁贊決，因俾祥、彬等入白太后。良久未報，廷和、冕益自危。頃之嚴至，曰：「彬已禽矣。」

蓋是日上坤寧宮脊吻，遣彬與工部尚書李鐩行禮，彬吉服入，衆不得從。祭畢，張永以計留彬、鐩共飯于宮外。會懿旨令收彬，彬覺，亟走西安門，門閉；尋走北安門，門者曰：「有旨留提督。」彬曰：「今日安所得旨？」門者擁之，遂被執，拔其鬚且盡。有頃，周琮亦縛至。琮罵彬曰：「奴！早聽我，豈爲人禽！」既下獄，籍彬家，黃金七十櫃，白金二千二百櫃，他珍寶不可勝計。

19 甲戌，奉太后旨，「遣太監温祥、孫和、惠安伯張偉、兵部右侍郎楊廷儀，領官軍三千人迎護嗣君」。

20 夏，四月，癸未，興世子發安陸。

21 辛卯，禮部奏：「遺詔以日易月，是日當除服；今新天子未至，宜勿除。」懿旨從之。

22 癸卯，興世子自興邸至京師，止于郊外。

有議用天子禮奉迎者，尚書毛澄曰：「今即如此，後何以加？豈勸進辭讓之禮當遂廢乎！」乃具儀，請如皇太子即位禮。世子顧長史袁宗皐曰：「遺詔以我嗣皇帝位，非皇子也。」楊廷和「請如禮臣所具儀，由東安門入，居文華殿，擇日登極」，不允。會皇太后趣廷臣上牋勸進，乃即郊外受牋。

是日日中，入自大明門，遣官告宗廟社稷，謁大行皇帝几筵，朝皇太后，出，御奉天殿，即皇帝位。

頒詔天下，言：「奉皇兄遺詔，入奉宗祧。以明年爲嘉靖元年。大赦天下。卹録正德中言事罪謫諸臣。賜天下明年田租之半。自正德十五年以前逋賦悉免之。」

23 上之未至京師也，楊廷和總朝政者三十七日，中外倚以爲安。及上即位，廷和草詔，自卹録蠲租外，凡先朝蠹政，釐剔殆盡。所革錦衣内監旗校工役凡十餘萬，減漕糧百五十三萬二千餘石。其中貴、義子傳陞、乞陞一切恩倖得官者，大半皆斥去。朝野僉稱新天子神聖，且頌廷和功，而諸失職之徒銜之次骨。廷和入朝，有挾白刃伺輿傍者，事聞，詔以營卒百人衞出入。

24 甲辰，禮部尚書毛澄等言：「大行皇帝大喪，成服已畢，伏望皇上以宗廟社稷爲重，少節哀情，于西角門視事，文武百官行奉慰禮。」上曰：「朕哀痛方切，未忍遽離喪次。其以二十七日視朝，具儀來聞。」

于是澄等具上儀注曰：「本月二十七日，上服衰服，御西角門視事，文武百官素服，烏紗帽，黑角帶，行奉慰禮，二十八日以後如之。至五月十八日，遵遺詔二十七日服制已滿，自十九日後，合依孝宗敬皇帝服制，上釋衰服，易素翼善冠、麻布袍、要絰，御西角門視事，俱不鳴鐘鼓。文武百官仍素服朝參，至百日後變服如常。」制曰：「可。」【考異】此據實録，徐氏讀禮通考亦據之，以爲世宗服二十七日，如子爲父之服，以爲禰武宗之證。按武宗以三月丙寅崩，至此已過二十七日之期。此以世宗入京師至喪次成服計之，故以五月十八日爲二十七日之期。世宗初入，惟此一議最爲得禮，諸書不載，今據增。

25 丙午，遣使奉迎母妃蔣氏于安陸。

26 召費弘復入内閣。

宸濠既敗，諸言事者屢請起弘，不報。至是始召之，加少保，入輔政，並復其弟寀編修官。

27 戊申，詔議興獻王主祀及尊稱。

時上即位甫六日，于是禮部尚書毛澄請于大學士楊廷和。廷和出漢定陶王、宋濮王事授之，曰：「此足爲典據矣。」澄稱善。

28 己酉，下尚書王瓊于獄。

瓊自搆彭澤于錢寧，中以危法，又陷雲南巡撫范鏞、甘肅巡撫李昆、副使陳九疇于獄，中外多畏瓊。而大學士楊廷和，亦以瓊所誅賞，多取中旨，不關内閣，弗能堪。至是言官交章劾之，繫都察院。瓊疑出廷和指，力訐廷和，上愈不直瓊。下廷臣雜議，坐交結近侍律論死。瓊疏辨，減死戍邊。

29 是月，戶部尚書楊潭、兵部尚書王憲罷。工部尚書李鐩致仕。

30 五月，乙卯，罷雲南大理銀礦。

31 丙辰，大學士梁儲致仕。

儲從上自安陸還，給事中張九敘等，劾「儲結納權奸，持祿固寵」。儲三疏求去，命賜敕馳傳，遣行人護送，歲給廩隸如制。

32 戊午，毛澄會諸文武群臣六十餘人上議曰：「考漢成帝立定陶王爲皇太子，立楚孝王孫景爲定陶王，奉共王祀。共王者，皇太子本生父也，時大司空師丹以爲恩義備至。今陛下入承大統，宜如定陶王故事，以益王第二子崇仁王厚炫主後興國。又考宋英宗以濮安懿王之子入繼仁宗，司馬光謂『濮王宜尊以高官大爵，稱皇伯而不名』。范鎮亦言：『陛下既考仁宗，若復以濮王爲考，于義未當。』乃立濮王園廟，以宗樸爲濮國公，奉濮王祀。程頤之言曰：『爲人後者謂所後爲父母，而謂所生爲伯叔父母，此生人之大倫也。然所生之義，至尊至大，宜別立殊稱，曰「皇伯叔父某國大王」，則正統既明，而所生亦尊崇極矣。』今興獻王于孝宗爲弟，于陛下爲本生父，與濮安懿王事正相等。陛下宜稱孝宗爲『皇考』，改稱興獻王爲『皇叔父』，興獻大王妃爲『皇叔母興獻王妃』，凡（宗）〔祭〕告興獻王及上箋于妃，俱自稱『姪皇帝某』，則正統私親，恩禮兼盡，可以爲萬世法。」議上，上大愠曰：「父母可更易若是邪？」命再議。

論曰：天子諸侯，有統而無嗣，凡經史之言「嗣」者，皆嗣統之嗣，非嗣續之嗣也。繼統之義，不可以倫序言。故春秋僖公不書即位，公羊傳曰：「繼弑君，子不言即位。此非子也，其稱子何？臣子一例也。」何休注曰：「禮，諸侯臣諸父兄弟，以臣之繼君，猶子之繼父也。其服皆斬衰。」又，文公二年，大事于太廟，躋僖公。左氏言：「子雖齊聖，不先父食。」杜注云：「臣繼君，猶子繼父。」公羊傳曰：「譏逆（祖者武）〔祀〕也。其〔〕逆祀奈何？先禰而後祖也。」何休注云：「曰後祖者，（僖）〔僖〕公以臣繼閔公，猶子繼父，故閔公于文〔公〕，亦猶祖也。」春秋之義，後世議禮者皆宗之。

杜氏通典，晉武帝咸寧二年，安平穆王薨，無嗣，以母弟敦爲後。移太常博士問：「應何服？」博士張靖答：「宜依魯僖服三年例。」又，東晉康帝爲成帝之母弟，入繼大統，有司奏請一周除服，而帝深維君親相準，名教之重，遂終三年。其後哀帝嗣位，于穆帝則大功昆弟，而王琨、江霦議禮，援春秋先禰後祖之義，請于大行奠祭之文悉稱「哀嗣」。宋太宗之繼太祖，亦兄弟相及，雖以日易月，亦行斬衰重服。故其後哲宗崩，徽宗以弟嗣位，太常寺請用開寶故事爲哲宗服重衰。若宗廟祝詞，則當宋真宗時，禮官議稱「太祖皇伯」，户部尚書張齊賢，謂「天子絶期喪，安得宗廟中有伯氏之稱？請自今有事于太廟，則太祖並諸祖室稱『孝孫、孝曾孫嗣皇帝』，太宗室稱『孝子嗣皇帝』。」此即春秋祖閔公而禰僖公之例也。

世宗之天下，受之武宗，繼武宗之統，則當禰武宗而祖孝宗。楊廷和等乃舍歷代兄弟相繼之事足爲世宗今日鐵證者，概不之及，而但引定陶、濮議二事之不相類者以爲據，于是舍武宗而考孝宗；又以興獻之于孝宗，與濮王之于仁宗倫序相當，因襲其稱濮王爲「皇伯父」者而稱興獻爲「皇叔父」。不知（封）〔嗣〕君之孫盡臣諸父昆弟，稱興獻爲「皇叔父」，則夷之于臣下之列，世宗之心必有所不安。而至于舍武宗而考孝宗，遂爲繼統不繼嗣者口實。

今觀世宗初入喪次，舉行重服，當日詔旨所命與禮臣所上儀注，皆與古制不謀而合。自廷和、澄等議考孝宗一語，遂起後來無限波瀾。而以興獻爲「皇叔父」，遂爲後來改孝宗爲「皇伯父」張本，則甚矣言不可以若是其幾也！

33 己未，上大行皇帝尊謚曰毅皇帝，廟號武宗。

34 壬戌，以吏部侍郎袁宗皋爲禮部尚書兼文淵閣大學士，預機務。宗皋由進士授興府長史。上以藩邸舊臣，甫即位，擢至卿貳，至是遂入閣。

35 丙寅，補庚辰廷試，賜楊惟聰等進士及第、出身有差。

36 壬申，錢寧伏誅。

武宗時，内臣得幸豹房者，寧爲首，張鋭、張雄次之。鋭居東廠，雄入司禮監，招權納賂，勢行中外，宸濠前後餽送各萬計。次則張忠，屢以提督軍務，冒功受賞。于經首開皇店，又于張家灣、宣大等處税商榷利，怨聲載路，額進之外皆爲己有。孫和謀領團營，挾勢取賂。劉養營造侵欺，公私蠹耗。劉祥、邱得、吴經、顔大經、許全、馬錫、張信，始賄鋭、雄，繼賄錢寧、江彬，扈駕巡遊，與雄等張皇聲勢，所至搜求婦女，科索民財，甚于狼虎。帝爲此輩蠱惑而莫之悟，天下莫不恨之。至是言官交劾，悉執送都察院鞫治。

37 乙亥，毛澄復會廷臣上議曰：「禮：『爲人後者爲之子』，自天子至庶人一也。興獻王子惟陛下一人，既入繼大統，奉祀宗廟，是以臣等前議，欲令崇仁王厚炫主興獻王祀。至於稱號，陛下宜稱爲『皇叔父興獻大王』，自稱『姪皇帝名』，以宋程頤之説爲可據也。本朝之制，皇帝于宗藩尊行，止稱伯父、叔父，自稱皇帝而不名。今稱興獻王爲『皇叔父大王』，又自稱名，尊崇之典已至，臣等不敢復有所議。」因録程頤代彭思永議濮王禮疏進覽。上不從，命博考前代典禮，再議以聞。

澄乃復會廷臣上議曰：「臣等會議者再，請改稱興獻王『叔父』者，明大統之尊無二也。然加『皇』字于『叔父』之上，則凡爲陛下伯叔諸父，皆莫能與之齊矣；加『大』字于

『王』之上，則天下諸王皆莫得而與之並矣；興獻王稱號既定，則王妃稱號亦隨之，天下王妃亦無以同其尊矣。況陛下養以天下，所以樂其心，不違其志，豈一家一國之養可同日語哉！此孔子所謂『事之以禮』者。其他推尊之說，稱親之議，似爲非禮。推尊之非，莫詳于魏明帝之詔；稱親之非，莫詳于宋程頤之議；至當之禮，要不出此。」并録上魏明帝詔書。

時廷和、蔣冕、毛紀復上言：「三代以前，聖莫如舜，未聞追崇所生父瞽瞍；三代以後，賢莫若漢光武，亦未聞追崇所生父南頓君；惟陛下取法二君。」疏皆留中不下。【考異】毛澄兩次上兩議，皆在五月。明史本傳，一書五月七日戊午，一書是月二十四日乙亥，皆本實録，蓋是月壬子朔也。三編系之四月目中，蓋因詔議崇奉興王典禮，牽連並記耳。惟目中上文漏去「五月戊午」四字，而下文所謂「是月二十四日」者，乃五月日分也。今據本傳參書之。

論曰：伯父叔父，乃天子臣諸父而稱之之詞，此經義也。故張璁之言曰：「陛下稱聖母爲『皇叔母』，則當以君臣禮見，恐子無臣母之義。」然則繼統不繼嗣之説，豈非乘其間而攻之乎？至澄等謂「加『皇』于『叔父』之上，以示崇異」，不知「皇」亦大之稱而已。曲禮祭王父曰「皇祖考」，王母曰「皇祖妣」，父曰「皇考」，母曰「皇妣」，其見于特牲、少牢者，皆大夫、士祭其宗廟之祝詞也。若服問言「公子之妻爲其皇姑」，則庶婦尊其夫之所生者亦然。然則「皇考」亦生我之稱，而非至尊之號明矣。且以伯叔稱其所生之父，于古未之前聞，即後世士大夫之出繼者，亦臨文不易其考妣之稱，未有汰然夷之于伯叔之列者，唐、宋以來諸家之文集可證也。世宗謂「父母之稱，豈可移易」，此實至性中語。澄等此議，不足以動世宗之心，又焉能關張璁、桂萼諸人之口而奪其氣乎？父母爲所生之專稱，宋時政府已發此議，詳具明史考證中。至祭告署名「侄皇帝」，則毛奇齡大禮議辯之最晰。

38 是月，復起孫交爲户部尚書，彭澤爲兵部尚書，林俊爲工部尚書，以禮部尚書掌詹事府石珤爲吏部尚書。——珤，玠之弟也。

39 録正德中忠諫諸臣陸震等，死者加贈蔭，餘皆次第起用。

40 詔：「内外諸官一遵舊制，革其旗牌諸物，不許干預他事。」

41 遣使存問致仕大學士謝遷。遷弟迪起爲參議，子丕復官翰林。遷遣子入謝，勸上勤學法祖諸事，優詔答之。

42 六月，戊子，江彬伏誅。

先是福建道監察御史王鈞劾奏：「司禮太監魏彬，與逆惡江彬結爲婚姻，内外盤據。御馬監太監張忠、于經、蘇縉，或争功啓釁，排陷忠良；或首開皇店，結怨黎庶；或導引巡幸，流毒四方。今彬既捕治，此輩亦宜亟賜併處，以明法紀，以清姦黨。」得旨：「魏彬已有處分，忠等從寬發充孝陵衛净軍。」

既而給事中楊秉義復請亟治彬罪，給事中徐景嵩、吳巖並劾許泰、張忠等。得旨，「令錦衣衛執泰送都察院鞫治」，而魏彬等仍置不問。

于是雲南御史蕭淮等奏：「太監谷大用、邱聚、張永等，蠱惑先帝，黨惡爲奸，並宜誅戮以謝天下。」得旨，「大用、聚降奉御孝陵司香，彬、永閒住。」

時京師久旱，江彬誅，遂大雨。

而哈密舍音和珊亦伏誅。惟許泰、張忠以夤緣貴近，得減死戍邊，時以爲除惡未盡云。【考異】明史本紀，「戊子」上脫「六月」二字。今據明史稿增。

43 乙未，縱內苑禽獸，令天下毋得進獻。

44 丁酉，革錦衣衛冒濫軍校三萬餘人。

45 戊戌，振江西災。

46 壬寅，革傳陞僧道教坊官三百餘員，盡削內外金剛老及把總、大管家各色名目。

47 癸卯，振遼東饑。

48 己酉，停陝西織造絨服。

49 是月，以南京尚書金獻民爲左都御史，以陳金、王璟皆致仕也。

50 秋，七月，壬子，進士張璁上疏曰：「孝子之至，莫大乎尊親，尊親之至，莫大乎以天下養。陛下嗣登大寶，即議追尊聖考以正其號，奉迎聖母以致其養，誠大孝也。廷議執漢定陶、宋濮王故事，謂爲人後者爲之子，不得顧私親。夫天下豈有無父母之國哉！記曰：『禮非天降，非地出，人情而已。』漢哀帝、宋英宗，固定陶、濮王子，然成帝、仁宗皆預立爲嗣，養之宮中，其爲人後之義甚明，故師丹、司馬光之論，行於彼一時則可。今武宗無嗣，大臣遵祖訓，以陛下倫序當立而迎立之，遺詔直曰『興獻王長子』，未嘗著爲人後之義。則陛下之興，實所以承祖宗之統，與預立爲嗣養之宮中者，較然不同。且迎養聖母，以母之親也，稱『皇叔母』，則當以君臣禮見，恐子無臣母之義。禮：『長子不得爲人後』，聖考止生陛下一人，利天下而爲人後，恐子無自絕其父母之義。故在陛下，謂入繼祖後而得不廢其尊親則可，謂爲人後以自絕其親則不可。夫統與嗣不同，非必父死子立也。漢文承惠帝後，則以弟繼；宣帝承昭帝後，則以兄孫繼；非必奪此父子之親，建彼父子之號，然後謂之繼統也。臣竊謂今日之禮，宜別立聖考廟於京師，使得隆尊親之孝。且使母以子貴，尊與父同，則聖考不失其爲父，聖母不失其爲母矣。」

帝方扼廷議，得璁疏，大喜曰：「此論出，吾父子獲全矣！」亟下廷臣議。廷臣爲之大駭。【考異】明史本紀書張璁上疏于是月壬子，是月辛亥朔，壬子初二日也。明史毛澄傳書「八月庚辰朔」，則七月之朔當爲辛亥。而璁傳作「七月朔」，不繫干支。憲章録書「七月庚戌」，庚戌亦非七月之朔。證之實録，六月壬午朔，則庚戌乃六月之晦，今據本紀書「壬子」，删去傳中「朔」字。

51 癸丑，詔：「自今親喪不得奪情。著爲令。」

52 丁巳，小王子犯莊浪，指揮劉爵禦却之。

53 甲子，召大學士楊廷和、蔣冕、毛紀于文華殿。

初，廷和授大禮議于毛澄曰：「有異議者即奸邪，當斬！」時璁方成進士，觀政在部，與禮部侍郎王瓚言：「上入繼大統，非爲人後。」瓚微言之，廷和恐其撓議，改官南京。至是璁見廷議三上三却，乃揣上意言之。

上鋭意欲尊崇所生，屢召廷和慰諭，欲有所更定，廷和卒不肯順上指，毛澄等執奏如故。及璁疏至，上遣司禮太監持示廷和，廷和曰：「秀才安知國家事！」復持入。于是上召廷和等，授以手敕，欲尊父爲興獻皇帝，母爲興獻皇后，祖母爲壽安皇太后，廷和等持不可，封還手詔。于是給事中朱鴻、湯史、于光、御史王溱、盧瓊交章劾璁，皆不聽。【考異】楊廷和等封還手敕，史稿本紀連敘于壬子張璁上疏之下。證之實録，召廷和等在甲子，憲章録、明書皆同，今據之。

54 丙子，革錦衣衛及監局寺廠司庫、旗校、軍士、匠役投充新設者，凡十四萬八千餘人。

55 丁丑，寧津盜起，轉掠至德平，知縣龔諒率吏民禦之，力竭被害。事聞，贈濟南通判，恤其家。

56 是月，吏部尚書石珤改掌詹事府，典誥敕。

自群小竊枋，銓政混濁。珤剛方，謝請託，諸犯清議者多見黜，時望大孚，而內閣楊廷和有所不悅。甫二月，仍改故官。

57 八月，庚辰朔，再命廷臣集議。

尚書毛澄等復上疏曰：「先王制禮，本乎人情。武宗既無子嗣，又鮮兄弟，援立陛下于憲廟諸孫之中，是武宗以陛下爲同堂之弟，考孝宗，母慈壽，無可疑矣，可復顧私親哉！」疏入，上不懌，復留中。

會給事中邢寰請議憲廟皇妃邵氏徽號，澄上言：「皇妃誕生獻王，實陛下所自出。但既承大統，則宜考孝宗而母慈壽太后。孝宗于憲廟皇妃宜稱『皇太妃』，則在陛下宜稱『太皇太妃』，如此則彝倫既正，恩義益篤。」疏入，報聞。

58 是月，以南京尚書喬宇爲吏部尚書。

59 九月，乙卯，袁宗皋卒。

宗皋初入閣，以疾辭，不允。至是甫踰四月，亦無所建白云。

60 庚午，葬毅皇帝于康陵。

61 癸酉，上母妃蔣氏自安陸至通州。

先是下廷臣議奉迎禮，尚書毛澄等請由崇文門入東安門，上不可；乃議由正陽左門入大明東門，又不可。比母妃次通州，聞尊稱未定，止不肯入。上聞而泣，欲避位奉母歸藩，澄等仍執議如初。上乃自定議，由中門入，仍下廷臣前疏，更令博采輿論以聞。【考異】蔣妃至京師，明史本紀書之于十月壬午。證之毛澄等傳，蓋以九月末至通州，故諸書皆系之九月癸酉。是母妃以尊稱未定，故久留也，今從之。

62 是月，免山東、山西被災州縣稅糧。

63 冬，十月，己卯朔，追尊父興獻王爲興獻帝，祖母憲宗貴妃邵氏爲皇太后，母妃蔣氏爲興獻后。

先是尊崇禮未定，會母妃在通州，又聞朝議考孝宗，恚曰：「安得以我子爲他人子！」于是張璁益喜，著大禮或問上之，且曰：「非天子不議禮，願奮獨斷，揭父子大倫明告中外。」

章既下，毛澄等知勢不可已，乃謀于內閣，請以皇太后懿旨行之，遂頒詔。壬午，興獻后至京師，謁奉先、奉慈二殿。初欲廟見，以廷議而止。【考異】明史本紀書追尊興獻帝、后于是月己卯朔，證之毛澄傳，則云「十月二日庚辰」，相差一日，今從本紀。又，澄傳言「稱興獻帝妃曰興國太后」，與本紀稱「興獻后」者異。按初封太后係興獻，其改稱與國，具見明年三月（語）〔詔〕中，本紀分書之是也。今據本紀。

64 毛澄等之考孝宗也，時兵部主事霍韜私爲大禮議駁之。澄貽書相質難，韜上書力辨其非。已，知澄意不可回，是月，韜上疏，其略言：「廷議謂陛下以孝宗爲父，興獻王爲叔，考之古禮則不合，質之聖賢之道則不通，揆之今日之事體則不順。儀禮喪服章云：『斬衰爲所後者。』又云：『爲人後者爲其父母報。』是于所後者無稱爲父母文，而于本生父母又無改稱伯叔父母之云也。漢儒言爲人後者爲之子，果如其言，則漢宣帝當爲昭帝後矣。然昭爲從祖，宣爲從孫，孫將謂祖爲父，可乎？唐宣宗當爲武宗後矣，然武宗姪而宣宗叔，叔反謂姪爲父，可乎？是考之古禮則不合也。天下者，天下之天下，非一人所得私也。孟子言舜爲天子，瞽瞍殺人，皋陶執之，舜則竊負而逃，是父母重而天下輕也。若宋儒之説，則天下重而父母輕矣，是求之聖賢之道則不通也。武宗嗣位十有六年，孝宗非無嗣也。今欲强陛下重爲孝宗之嗣，是孝宗有兩嗣子，而武宗無嗣子，可乎？若曰武宗以兄固得享弟之祀，則孝宗獨不可以伯享姪之祀乎？既可越武宗而繼孝宗，獨不可并越孝宗直繼憲宗乎？武宗無嗣，無可如何矣。孝宗有嗣，復强繼其嗣而絶興獻之嗣，是于孝宗無所益，而于興獻不大有損乎？是揆之今日之事體則不順也。」已而巡視松潘御史熊浹亦馳疏如韜言，而是時興獻帝、后之稱已定，俱下所司。

65 十一月，庚戌，復振江西災。

66 丁巳，録平宸濠功，封王守仁新建伯。

初，上在興邸，深知守仁平逆功，甫即位，趣召入朝受封。而廷和以王瓊故銜之，廷臣亦多忌其功者，乃託言國喪未畢，不宜賜宴行賞，因拜守仁南京兵部尚書，守仁以親老，請歸省。至是論功，授特進光禄大夫、柱國，封伯爵，世襲，歲禄一千石。然不予鐵券，歲禄亦不給云。

67 甲戌，乾清宮成，上入居之。

御史鄭本公上言事之可思者六。「是宮八年營搆，一旦告成，陛下居安思危，當遠群小，節宴遊，以防一朝之患；重妃匹，廣繼嗣，以爲萬世之計；慎終如始，兢兢業業，常若天祖之臨；求言益切，訪政益勤，用防壅蔽之患；持聖心，遠貨色，毋溺于鴆毒；重興作，惜財力，永鑒于先朝。」上嘉納之。

時上方欲加興獻帝號，本公力言不可。然不能用。

68 罷廣西貢香。諭「各鎮、巡、守備官，凡額外之征悉罷之」。

69 是月，敕修武宗實録。

70 十二月，己丑，復傳諭：「興獻帝、后皆加稱『皇』字。」内閣楊廷和封還手敕，尚書毛澄抗疏力争，又偕九卿喬宇等合諫，皆不納。【考異】明史本紀不具。毛澄傳云「十二月十一日己丑」，蓋是月己卯朔也，今據之。

71 初，宸濠謀逆于南昌，守臣死事之最烈者，巡撫、都御史孫燧，副使許逵。濠既禽之明年，守臣上其事于朝，不報。

至是歲，上即位，追贈燧禮部尚書，謚忠烈；逵左副都御史，謚忠節。明年改元，復加贈逵禮部尚書，並祀南昌，賜祠曰「旌忠」。又追贈參議黄弘太常少卿，主事馬思聰光禄少卿，並配享旌忠祠。

燧生有異質，兩目爍爍，夜有光。死之日，天忽陰慘，烈風驟起，凡數日。逵當事急，以文天祥集貽其友給事中張漢卿而無書。漢卿語人曰：「寧邸必反，汝登其爲文山乎！」逵父家居，聞江西有變，殺都御史及副使，即爲文易服哭。人怪問故，曰：「副使必吾兒也。」南昌吏民見天變，亟走收兩人尸，尸未變，黑雲護之，蠅蚋無近者。伍文定起義兵于吉安，設兩人木主于文天祥祠，率吏民哭之。

宸濠已禽，燧子堪率兩弟墀、陞扶櫬歸，兄弟廬墓蔬食三年。服除，以父死難，更墨衰三年，世稱「三孝子」。逵長子瑒，好學，有器識。既葬父，日夜號泣，六年而後就廕。語人曰：「吾父死，乃因之得官，忍就蔭邪！」痛哭不能仰視。二家子孫，孫氏最貴顯，許亦能傳其家云。

72 方宸濠之謀爲變也，西江士民受害者不可勝紀。初遣閹校四出，籍民田廬，收縛豪强，不附者有萬木、鄭山，俱新建人，集鄉人結寨自固。賊黨謝重一馳入村，二人執之，積葦張睢陽廟前，縛人馬生焚之，濠黨不敢犯。二人飲江上，爲盜淩十一所逼，趣見宸濠，烙而椎之，皆罵賊死。趙楠，南昌諸生，兄模，嘗捐粟佐振，宸濠捕模索金，楠代往，脅之，不屈，被掠死。同邑辜增，見迫抗節不從，一家百口皆死。諸生劉世倫，儒士陳經官，義士李廣源，皆被掠不屈死。葉景恩者，以俠聞，族居吴城。宸濠將作難，捕景恩，脅降之，不從，死獄中。宸濠兵過吴城，景恩弟景允以三百人邀擊賊。賊分兵焚劫景允家，其族景集、景修等四十九人皆死。